# 有效教学难点突破与教学对策

YOUXIAO JIAOXUE NANDIAN TUPO
YU JIAOXUE DUICE

徐世贵 董 玮◎著

天津出版传媒集团
天津教育出版社

**图书在版编目(CIP)数据**

有效教学:难点突破与教学对策/徐世贵,董玮著.
—天津:天津教育出版社, 2012.8
ISBN 978-7-5309-6810-9

Ⅰ.①有… Ⅱ.①徐… ②董… Ⅲ.①教学研究
Ⅳ.①G420

中国版本图书馆 CIP 数据核字(2012)第 172378 号

**有效教学:难点突破与教学对策**

出 版 人:刘志刚

著 作 人:徐世贵　董　玮
责任编辑:王剑文

出版发行:天津教育出版社
天津市和平区西康路 35 号
邮政编码:300051
印　　刷:三河市人民印务有限公司
经　　销:全国新华书店
版　　次:2017 年 9 月第 1 版第 2 次印刷
开　　本:710 ×960mm　1/16
印　　张:16.5
字　　数:230 千字

书　　号:ISBN 978-7-5309-6810-9
定　　价:37.00 元

# 代 序

当下，研究课堂有效性已经成为人们关注的焦点，也使课程改革进入了深水区。那么实施有效教学、建构高效课堂都有哪些突破难点呢？显而易见，要解决的困难和问题是很多的，但是笔者认为以下10个难点更为重要和突出一些。

难点1：基本概念与思路不清。什么是有效教学，什么是高效课堂？怎样科学理解它们的内涵？课堂有效性研究与课程改革是什么关系？而目前课堂有效性专业人员研究多，一线教师研究少；理论探索多，实践操作少；盲目跟从赶时髦的多，冷静思考的少；单一孤立研究多，整体综合研究少。

难点2：陈旧教育观念难以突破。许多校长和教师到全国各地去学习，天真地希望能讨教一种能“包治百病”的教学方法，可是很难找到这样的“灵丹妙药”。改革课堂教学离不开改革方法，但核心是转变观念和增强进取精神，教师教学根本差异是在于观念。观念决定思路，思路决定出路。观念不变，教师就不变；教师不变，课堂就不变。

难点3：传统备课方式难以突破。有效课堂源于有效备课。备课不充分、备课不到位、备课不得法、备课不深刻是导致课堂低效的重要原因。传统备课内容、方法、策略、管理方式都存在着许多弊端，而优化新课程教学设计是教师提升教学能力、建构高效课堂的瓶颈。传统备课正面临一次深刻的变革。

难点4：没有跳出“重教轻学”的思想牢笼。教学的本质是教学生“学”。当下建构高效课堂基本上还热衷于“教”的研究，并没有真正进入对“学”的研究，教师教什么，学生就学什么；教师教多少，学生就学多少；教师怎么教，学生就怎么学。“重教轻学”的局面亟待改善。

难点5：重教师知识技能素养，轻激情动力素养。成功=心态×能力。教师知识技能素养固然重要，但工作激情更重要。工作有激情，不管是土办法还是洋办法，只要是好办法都管用；工作没动力，土办法、洋办法都不管用。当下，对于相当一部分教师群体而言，真正影响教师工作效果的因素可能不是来自知识技能，而是来自于责任心和工作激情，教师职业倦怠有恶化趋势。

难点6：重教学内容的讲授，轻教学管理研究。“三分教，七分管”，教学管理的非教学因素是建构高效课堂的重要组成部分。我们倡导愉快教学，同时也倡导学生的勤奋学习。质量是教出来的、学出来的，同时也是管出来的。可是教学怎样管，目前许多情况表明这方面学校还处于盲目状态。

难点7：学生作业无指向、重复、无序的状况令人堪忧。在教学研究中，大家把关注点都集中在课堂上，作业有效性被忽略了。当下，无指向、重复、无序的作业不仅造成学生学习低效，而且导致学生大面积厌学。目前教师设计作业的本领正在被边缘化。由于教辅和各种练习册的大面积泛滥以及网络的发展，教师不再设计作业，家庭作业的载体完全由“教辅”充当。目前作业有效性研究刻不容缓。

难点8：盲目追求创新，轻视常规性工作。有人把提高课堂有效性都寄托在创新上，于是今天学洋思中学、明天学杜郎口、后天学东庐的讲学稿，盲目跟从赶时髦。其实课堂有效性，既来自创新，更来自于学校备课、上课、批改、辅导、检测、评估等基础性、常规性的教学活动和严格的教学管理，如果这些工作做不到位，任何改革创新可能都是徒劳无益的。

难点9：解决教师问题重要，解决校长问题更重要。如今在应试教育体制下建构高效课堂是很艰难的。教学改革需要一种环境和气候，如果仅靠教师个人努力势必势单力薄。当前建构高效课堂，需要一大批潜心课堂教学研究的好教师，更需要一批像蔡林森、崔其升、刘京海、顾元彩等这样的既重视课堂教学研究，又懂课堂教学，还有创新精神，能引领教师研究课堂教学的好校长。

难点10：研究有效教学重要，提升有效教研也势在必行。当前，许多校长和教师已经开始重视对有效教学的研究，但止于这种研究教学的本身是远远不够的。“教不研则浅，研不教则枯”，目前低效、肤浅、形式化、异化了（仅仅为应试教育服务）的教研，已难以适应课堂教学研究的需要。提升各级各类教研工作的有效性、实效性刻不容缓，用有效教研引领教师课堂教学和专业成长势在必行。

空谈误国，实干兴教。摒弃理论上的虚华和浮躁，重实际、讲实用，摆在读者面前的这本书对上面提到的实施有效教学、构建高效课堂的10大难点，从理论到实践提出了有针对性的解决对策与建议。本书的特点是创新——有突破性，系统——有科学性，实用——有操作性，通俗——有可读性，看得懂、用得上。

# 目录
Contents

*The first series*

第一编

# 「观念转变对策篇」

# 主题一　理清有效课堂思路，明确研究方向

## ——有效教学概念及其思考

“三寸笔、三寸舌、三尺讲台，十载风、十载雨、十万栋梁。”高效课堂是教师一生的职业追求。

当下，有效教学、高效课堂已经成为很时髦的话题，提高课堂有效性，建构高效课堂似乎已成为当前教学研究的主旋律。那么，到底什么是课堂有效性，应该怎样去科学理解它的内涵？怎样从少数的专家研究转变成广大教师的自觉行动，怎样让课堂有效性从理论层面的研究向实践操作层面转化呢？

【问题呈现】

### 困惑中的课堂有效性研究

今天，尽管提高课堂有效性的研究如此如火如荼，但是“提高课堂有效性的研究”在理论和实践方面还是存在许多让人们困惑的问题。

• 关于课堂教学有效性的研究，专业人员研究得多，一线的教师研究得少；理论探索得多，实践操作得少；盲目跟从赶时髦的多，冷静思考的少；从单一孤立的因素研究得多，从整体综合因素研究得少。

如一位一线教师困惑地说：“很长一段时间，对新课程改革，对有效教学等一些新概念感到应接不暇，甚或无所适从。因此更不能将新的理念运用到自己的教育教学上，难免也会出现对新的理念的抵触情绪。对于理念，也许我们都能接受，但是真正运用到实践中，可能需要更大的勇气……”有这种思想的教师乃至校长，可能不会是少数。

- 对概念的理解还处于模糊状态。什么是课堂有效性，课堂教学有效的本质特征是什么？目前专家学者对课堂有效性的理解诠释还是智者见智、仁者见仁，莫衷一是。
- 多重概念，有效课堂、有效教学……大家不知道使用哪个概念更合适。
- 有效教学与实施新课程是什么关系？课堂教学是一种理念，还是一种实践活动？

……

看来目前关于课堂有效性的研究还存在很多让人困惑的问题需要我们进一步探索。

【问题分析】

**课堂有效性研究——课程改革的深水区**

目前关于课堂有效性的研究引起人们的关注和重视不是偶然的，有它的必然性。一是它有其背景，二是它是深化课堂教学改革、探索教育规律、提高教学质量的需要。

基础教育课程改革走过10年的历程，总体而言，它的理念和方向是正确的，课堂教学改革在朝着新课程的理念和方向扎实推进，并取得了实质性的进展。《课程标准》的诞生是一个伟大的创举，具有划时代的意义，是与世界教育接轨的标志。尽管它还有这样那样的不足，有待修改完善，但是它毕竟规划了我国基础教育的发展蓝图。它无论是从教学理念层面还是从操作层面上都有很大的突破，为我们基础教育当前和将来的发展指明了方向。

但是由于对新课程理念理解、领会不到位，以及由于实施者缺乏必要的经验和能力，课堂教学改革走了一段浮躁的路，出现了形式化、低效化的现象。所以可以说，课程改革今天在课堂教学层面所遭遇到的最大挑战就是“有效性”问题。如今研究课堂有效性使课程改革进入了深水区，也就是说，能不能提升课堂教学的有效性是当前深化课程改革的关键和根本要求。所以大家关注这个问题也就不足为奇了。

课堂有效性研究并不是一个新的命题。今天，虽然大家对提高课堂有效性很关注和热衷，但它不是今天才有的事，也不是一个新的命题。过去我们曾有过多年对这个问题的关注和研究。我们也从未停止过对有效教学追逐的脚步。如20世纪80年代，上海育才中学段力佩校长提出了“读读、议议、练练、讲讲”教学法、“茶馆式”教学，湖北大学黎世法教授研究的“六阶段教学法”，魏书生研究的“六步教学法”，多年前倡导的、耳熟能详的“向45分钟要质量”“精讲精练”等，所有这些都是“有效教学”的最有益尝试。其实“精讲多练”其潜台词就是追求教学的有效性。可见广大教育工作者和理论工作者从来就没有放弃对课堂有效性的研究。

苏联著名的教育理论家巴班斯基自20世纪70年代初起一直从事教学教育过程最优化理论的研究。他亲自参加了顿河—罗斯托夫市两所学校的教育实验，在此基础上，逐步形成了教学过程最优化理论。1977年，他发表了《教学过程最优化》一书；他还在《国民教育》和《苏维埃教育学》等杂志上发表了多篇关于教学原则、课堂教学等方面的论文，其实这些都是在研究如何提高课堂有效性问题。

当然，虽然多少年来我们一直在研究课堂有效性，但是今天的研究和昨天的研究有了很大的变化；有效教学的内涵是不断发展的，具有时代的特征，需要我们与时俱进地重新认识。

研究讨论“实效性”，不是要走回头路，而是在继承发展、改革创新的基础上回顾反思新课程改革以来课堂教学存在的问题，有的放矢地改进教学。研究“实效性”的意义在于通过触及课堂教学更深层面的实质问题，唤起广大教师研究探索的热情，使教师在“实效性”的大讨论中更有针对性地反思自己的课堂教学，提高对课堂教学实效性本质的再认识，提升教学水平和教学能力。通过课堂教学实效性的落实使每个学生在每节课上有所得、有所获，为学生和谐、全面、可持续发展注入后劲，同时也促进教师自身的专业成长。

【解决对策】

## 梳理课堂有效性研究的基本思路

### 一、专家关于课堂有效性研究的思考

为了梳理课堂有效性研究的基本思路，这里先介绍专家关于课堂有效性研究的一些思考。

【崔允漷】教育学博士，华东师范大学终身教授、博士生导师，主授课程：课程理论、教学理论课程开发的理论与实践、校本课程开发。研究领域：课程开发、课程政策、课程评价、教师专业发展。

崔允漷教授在《有效教学》一书中指出："有效教学，就是在符合时代和个体积极价值建构的前提下其效率在一定时空内不低于平均水准的教学。"所谓"有效"，主要是指通过教师在一段时间的教学后，学生所获得的具体进步或发展。教学有没有效益，并不是指教师有没有教完内容或教得认不认真，而是指学生有没有学到什么或学生学得好不好。如果学生不想学或者学了没有收获，即使教师教得再辛苦也是无效教学；同样如果学生学得很辛苦，但没有得到应有的发展，也是无效或低效教学。因此，学生有无进步或发展是教学有没有效益的唯一指标。

【余文森】教授，博士生导师，福建师范大学教育科学与技术学院院长，教育部福建师范大学基础教育课程研究中心主任。

余文森教授说："通俗地说，课堂教学有效性是指通过课堂教学活动，使学生在学业上有收获、提高、进步。具体表现在：认知上，从不懂到懂，从少知到多知，从不会到会；情感上，从不喜欢到喜欢，从不热爱到热爱，从不感兴趣到感兴趣。"

课堂教学的有效性问题，最形象的比喻就是穿越玉米地。第一，看谁最先穿过玉米地，那就是速度问题。第二，看谁掰的玉米最多，也就是看谁收获最多、获得知识最多，就是效益问题。第三，看谁身上的伤痕最少，也就是安全问题。只有三个方面同时具备，课堂教学才是有效率的，才是有艺术性的，才实现了眼前利益和长远利益的结合，才真正走出了低效和无效的怪圈，才能使有效教学上档次、有品位，才会在未

来的竞争中立于不败之地。显然，课堂教学的有效性绝不仅仅限于教学的效率与效益，更不能将其窄化为“双基”和考试分数。

【王敏勤】天津教科院基础教育研究所所长，全国“和谐教学法”研究会理事长，天津师范大学兼职教授，教育学硕士，天津市“十五”立功先进个人，所研究的“和谐教学法”是目前国内实施素质教育的六大教学流派之一。

王敏勤教授认为课堂教学的有效性是指：“在规定的课堂教学时间内，师生对既定教学目标的达成情况。”这个定义有两方面的规定性：第一，时间的规定性。凡是效率问题都与时间挂钩，离开时间不能说明效率。我们提倡向课堂要质量是指向40分钟（小学）或45分钟（中学）要质量，而不是向24小时要质量。也就是说，教师要在课堂上完成教学任务，而不是把课堂上的任务延伸到课前或课后，以所谓预习和作业的形式挤占学生课外所有的时间。第二，目标的规定性。凡是效率问题都要与目标挂钩，离开目标也无所谓效率。一堂课的教学目标要适度、明确，并要告诉学生。只有学生清楚了一堂课的学习目标才能与教师积极配合，高效完成教学任务。

课堂教学效率不是由单一因素决定的。我们一般谈课堂教学有四大要素：教师、学生、教材、方法。这四大要素构成六种关系：教师与学生的关系、教师与教材的关系、教师与方法的关系、学生与教材的关系、学生与方法的关系、教材与方法的关系。这四大要素、六大关系的和谐，就是和谐教学研究的主要内容。所以提高课堂教学效率是一个系统工程。总结一下可以归纳成“一二三四五”：一个设想、两个支点、三个途径、四个问题、五个环节，简称为提高课堂教学效率的五大方略。

【吴正宪】特级教师。现任北京教科院基础教育研究中心小学数学室主任，教育部中小学教材审查委员会委员，全国小学数学专业委员会副秘书长，北京教育学院兼职教授。她坚持教书育人，注重学生创新精神的培养和健全人格的发展，使传授知识、启迪智慧、完善人格三者有机地结合起来，创造了孩子们喜欢的数学课堂。

课堂实效具体指什么？它包括哪些方面？课堂教学的实效主要指课堂教学整体的效果。至少应该包括以下几个具体方面的问题。如制定的教学目标是否符合学生和教学内容的实际，定位是否准确；教学内容的选择是否符合学生的认知规律，是否充分有效地利用了教学资源；教学中是否通过为学生创设现实的有价值、有意义且富有挑战性的学习环境，调动起学生的学习兴趣和求知欲望，促进学生积极主动地探索知识；教学环节的设计是否关注了学生参与学习的过程，学生是否进行了有效的自主学习、探究学习、合作学习；课堂教学中是否通过有效的评价与调控，因材施教，促进不同学生的反思与进步，帮助学生体验成功，建立自信；课堂教学是否关注基础知识、基本技能的落实；教学中教师采取的教学手段和方式是否有利于每个学生在原有的基础上有所提高，是否为学生的发展注入了后劲。

追求高质量的课堂教学，讲求高质量的课堂效率是落实课堂教学实效性的基本保证。换句话说，具有实效性的课堂教学一定是追求高质量的教学过程，具有实效性的课堂教学一定是讲求高效率的教学过程。

高质量的课堂教学既要关注教师教的质量，又要关注学生学的质量，二者缺一不可。

高质量的课堂教学必须讲求课堂教学的高效率。教师要有“课堂成本意识”，要处理好“投入”与“产出”、“长效”与“短时”、“可持续发展”与“暂时利益”的关系。提高学生学习质量不能以牺牲学生身体健康为代价，靠加班加点、题海战术、机械训练的方法是不可取的。这样的教学即使获得了暂时利益，比如学生的考试成绩暂时提高了，但学生身心疲惫，失去学习的兴趣和热情，这不是我们提倡的“实效性”。教师要在单位时间里高质量地完成教学任务，必须用关注学生全面可持续发展的理念实施教学。

**二、课堂有效性研究的基本走向**

有效教学与高效课堂是因果关系，只有实现有效教学，才能达到课堂高效的目标。尽管专家们对概念的诠释和理解各有不同，但是总体方向和目标是一致的。

什么是课堂教学的有效性？课堂教学的有效性是教师遵循教学活动的客观规律，以尽量少的时间、精力和物力投入，而产生的一种极佳的教学效果。它经历这样一个过程：低效甚至负效→有效课堂的探索→实现课堂高效。它旨在发挥45分钟的时间效能，尽可能不浪费每一分钟。课堂目标：学会知识→基础学习能力→终身发展能力。实现课堂真正意义上“质”的提升；课堂即成长，既成长知识能力，也成长精神创造。课堂的真正奥秘在于“学习能力”，学生只有会学才能减少对“教师”和“教”的依赖。因而教师敢于把课堂还给学生，突出学生的主体地位，“我的课堂我做主”，让学生去“经历”并且“体验”，学习的过程才充满生命的律动。

### （一）有效课堂的基本特征

（1）学生学习：教学活动满足了学生的学习需要，学生学习有兴趣，主动积极；教学面向全体，又体现差异，参与面广。

（2）教学效果：学生在认知上，从不懂到懂，从少知到多知，从不会学到会学，教学活动的结果与预期的教学目标相吻合。这种效果不是以牺牲学生身体健康、心理健康及良好的精神状态为代价换来的。

（3）教学效率：看教师的“成本意识”，师生是否用尽可能少的时间、精力和物力投入，而取得尽可能多的学习效益。这可以用下面这个公式来表述。

$$\text{教学效率}=\frac{\text{有效教学时间}}{\text{实际教学时间}}\times 100\%$$

（4）教学魅力：能够吸引学习者继续学习，促进全体学生素质和个性的最优化发展。即反映在学生学习成绩与学生学习兴趣的关系上。不仅看暂时成绩，更看兴趣培养和学生的学习后劲。其实，一个优秀的教师、一堂高效的课以及随之产生的学生的良好学习兴趣和学习习惯是我们所无法估量的。

### （二）课堂教学有效性的研究走向

（1）课堂教学有效性的研究不能过多地去纠缠概念，实践是检验真理的唯一标准。课堂教学有效性的总体目标是深化课程改革，探索教育规律，减轻学生和教师负担，带动教师专业成长。有效教学的核心是学生发展，落实新课程三维目标。

（2）课堂有效性的研究其根本依据是《基础教育课程标准》，研究最终的目的是如何更好地贯彻实施《基础教育课程标准》。不要提法太多太乱，一会儿讲素质教育，一会儿讲有效教学，一会儿讲高效课堂，让一线教师和校长无所适从，也不要搞一阵风。作为一线的领导和教师，要抓住不变的东西，作到“以不变应万变”。

（3）我们的教育不缺少理念，缺的是对一线教育活动的真正参与。课堂有效性的研究要进入实践操作层面，不要只是少数理论工作者在研究；如果这一研究的成果不能变成广大校长、教师的实际行动，这种研究还有什么意义？

## 三、课堂教学有效性研究是一个整体工程

我们一定要清醒地认识到，提高课堂教学有效性不仅仅涉及教师“教学方法”这一单一的因素。有人天真地想寻找一种万能的教学方法，希望它像“灵丹妙药”那样灵验，能包治百病；也有人希望抓一下课堂教学、抓一下教师提高就可以大功告成了。其实提高课堂教学有效性根本没有那么简单，这不仅是一个整体综合性工程，而且是一个长期而艰巨的任务。

为什么说提高课堂教学有效性是一个整体综合性工程？

### （一）从学校教学管理层面看（校长与教师的关系）

我们不排除有一些教师的教学改革经验和新的教学模式也能在学校脱颖而出，但是这是缓慢的而且是凤毛麟角。对大多数地区和学校来说，要解决的问题有教师层面的，但是关键还是校长和教育行政领导问题，领导的管理思路不变革，有些改革是徒劳无益的。

提高课堂教学有效性需要一种环境和气候，如果仅靠教师一人努力势必势单力薄，成功率很有限，更不用说他（她）时时要受到应试教

育的“围剿”（带着应试教育镣铐跳舞，校长都很难，教师又能怎样呢）。而我们清楚地看到，大凡课堂教学改革出彩的学校的经验总是有一个好校长。因为有了段力佩校长，才有“读读、议议、练练、讲讲”的“茶馆式”教学模式；因为有了蔡林森校长，才有“先学后教，当堂训练”教学模式；因为有了崔其升校长，才有“三、三、六”自主学习模式；因为有了刘京海校长，才有“成功教育”……

所以当前解决教师问题重要，解决校长问题更重要。

（二）从教学过程看（教学过程的各种因素之间的关系）

我们知道，提高课堂有效性要靠优化备课、上课、作业批改、辅导、考试等教学过程的多种因素才能实现，而绝不是抓了课堂就能实现的。比如，众所周知，备课不成功上课肯定不成功，备课不优化怎能上出高质量的课？而且我们还清楚，即使备课、上课优化了、高效了，可是教学过程中的作业和批改、考试和评价等其他活动是低下或低效的，提高教学有效性的预定目的能实现吗？

（三）从教与学的关系看（主导与主体的关系）

我们知道“教”是为“学”服务的，“教”的成功是通过“学”的成功来实现的。但是提高课堂教学有效性只有教师教的积极性而没有学生学的积极性不行，只研究“教”而不研究“学”不行。当下提高课堂教学有效性基本还热衷于“教”的研究，并没有真正进入对“学”的研究，大部分情况下关注的是“教”的有效，忽略的是“学”的有效。教师教什么，学生就学什么；教师教多少，学生就学多少；教师怎么教，学生就怎么学。有效教学评价的唯一标准是“学生学得有效”。如果提高课堂教学有效性研究重心不能向“学生如何学得有效”转移，这种研究还有什么意义？

（四）从教师专业素养看（教师专业素质结构之间的关系）

教师教学素养直接影响课堂教学有效性。教师的专业素养也是一个整体结构。如知识与能力、责任心与工作激情、思想与观念、师德水平等，可我们往往对提高教师教学素养只着眼于专业知识和能力上，效果并不理想，这是为什么呢？其实有两种更重要的因素被忽略了。

一是教师的责任心和工作激情。工作有激情，不管是土办法还是洋办法，只要是好办法都管用；工作没动力，土办法、洋办法都不管用。其实，对当下相当一部分教师人群而言，真正影响教师工作成效的因素可能不是来自知识技能，而是来自于责任心和激情。二是教师的教育思想观念。思想是课堂的风骨，思想新，方法才新；思想落后，方法必然落后。观念决定思路，思路决定出路。教师的教育观念不改变，领导的管理思路不变革，所有的教育改革都是徒劳的。所以提升教师专业素养要坚持改变和提升教师的思想。

缘此，提高课堂教学有效性的研究要有整体思想，要有大视野和大格局。

## 四、对课堂教学有效性研究的冷思考

为了追求课堂教学有效性研究的真实有效，我们对这项工作脑子要“热”，即要有积极的态度，同时也要克服盲目性，脑子还要“冷”。课程改革、教学研究要实事求是、扎扎实实，不能搞一阵风，不能靠“忽悠”。所以课堂教学有效性研究要有冷思考。

目前，全国关于课堂教学有效性的研究无论是概念内涵的界定，还是理论研究和实践操作，专家还存在许多争论。为了帮助教师和校长来思考这一问题，这里做一简单介绍。

### (一)“有效教学”的提法存在着模糊悖谬之处

因为“有效教学”弹性限度极大，可由人任意诠释。在许多教育实践工作者那里，它几乎可以包罗有益于教学的一切好处，但他们却没设想过“这些内涵是否相容”。具体来说又表现在对内涵理解的笼统与含混两方面，笼统是说无论在“时间”“数量”及“质量”上差别悬殊的教育工作都可归入“有效教学”，甚至只要在观念上有一个亮点，在实践中只要有一点可取之处，都统统冠以“有效教学”之名；而含混是说使用“有效教学”概念的人其观察立足点不清晰，从而对“有效”的界定也就很模糊。

### （二）“有效教学”的提法导致重教轻学

“有效教学”的提法容易误导教育工作者将注意力过多转向教师的教，而忽视学生的学，从而加剧教与学的关系失衡。尤其从近年来的教学变革实践来看，各个地区、学校和教师几乎被针对“有效教学”的校本教研“淹没”，林林总总的“有效教学模式”“有效教学方法”“有效教学策略”如雨后春笋般涌现，人们空前地关注、研究教师的教，尽管他们中的大多数也都知道要“因学论教”“以学定教”，设法推动学生的自主学习才是“有效教学”的终极目的，但真正认真、扎实、深入地关注和研究学生的学习，进而在“学”方面的认识上有所提升的却是寥寥无几。如此的“有效性”追求多少有些一厢情愿，甚至是南辕北辙。

### （三）“有效教学”的提法关注“显性”成果，忽视“隐性”成果

十年树木，百年树人。育人工作既是细致工作，又是一个慢效的、长期的效益过程。如果刻意追求有效、急功近利（况且有效教学的评价标准又无法准确考量），可能会带来一系列负面的教育后果。如更加追求考试成绩的“显性”成果，忽视做人、智能、实践能力、创新能力等“隐性”成果。我们要重视显性效果，也更应着眼于长期的隐性效果。

### （四）“有效教学”的提法变成追求应试教育的借口和招牌

有的学校和教师虽说是搞有效教学研究，但并不是从学生和谐发展的育人大目标出发，实际刻意追求的有效是应试教育的有效。即有效教学=高分数。这样，有效教学研究就变成片面追求升学率的一个借口和招牌，这样搞的结果是学生负担更重，学生更加片面发展。

对上面这些对课堂有效性研究的冷思考也应持有理性思维，为了使

提高课堂有效性的研究沿着正确的方向健康发展，我们必须实事求是地对待提高课堂有效性的研究中出现的各种问题。

## 五、当前中小学低效课堂教学的八种表现

有人对课堂教学现状曾做过一项调查，统计结果如下：

| | |
|---|---|
| 魅力课堂（5%） | |
| 优质课堂（10%） | |
| 高效课堂（10%） | |
| 有效教学（35%） | 合计60% |
| 低效课堂（25%） | |
| 无效课堂（10%） | |
| 负效课堂（5%） | 合计40% |

**当前课堂教学现状的七种水平**

从这个调查可以看到目前中小学教师的课堂教学现状并不令人乐观：能称得上魅力课堂、优质课堂、高效课堂的只占25%；有效教学占35%；而低效、无效、负效的课堂教学占到40%。而来自教研部门的大量调研也证明，在一些中小学校，无效的课堂教学现象是普遍存在的。有些课堂时间有效利用率只有70%，也就是说一堂课只有30分钟左右是充分利用的，其余时间都在不知不觉之中浪费掉了，所以提高课堂教学有效性的研究已是刻不容缓。

那么，这些低效、无效的课堂教学都表现在哪里？产生的原因是什么？显而易见，搞清这些问题对教师有效备课是大有裨益的。

通过多年在中小学课堂听课、评课，以及开展教研培训中所了解的情况可以看出，目前中小学课堂教学低效率有许多具体表现，这里着重谈谈八种突出的表现。

### （一）教学目标的盲目性

我们知道，对教师教学来说，教什么比怎么教更重要。重方法轻目标是目前课堂教学较普遍的现象。很多教师在教什么还没弄明白的情况

下，就试图通过研究怎么教来提高教学效益，其结果必然是事倍功半。所以教师要成功上好一节课，教学目标的确立十分重要。但是现在许多教师恰恰是不重视教学目标的确立和研究，从而使课堂教学陷入盲目性。关于教学目标的确立，主要存在着这样几个问题：①目标含糊不清，定位不准；②目标确定太高，学生达不到；③目标油水分离，缺乏整合；④目标确立残缺不全；⑤目标确定太多，完不成；⑥目标确定太死，无差异。

（二）学生学习的被动性

我们千万次地问：什么是一节好课？一节好课的一个重要标志是：追求学生课堂上的成功，而不是追求教师课堂上“表演”成功。但是现在许多教师上课还是一讲到底满堂灌，不给学生自读、讨论、思考、交流的时间。主要表现有：①以教代学，教师主宰课堂；②不折不扣地执行教案；③刻意表演得精彩；④把听懂当学会；⑤把讲完当学完。

（三）教师作用的虚化性

目前有的教师课堂从一个极端走向另一个极端——听其自然，不计实效，该讲的不讲、该练的不练、该问的不问，教师的主导作用被淡化、虚化了。主要表现有：①备课不充分；②方法单一；③该引领不引领；④该释疑不释疑；⑤该纠正不纠正。

（四）课堂训练的无序性

俗话说“拳不离手，曲不离口”。训练是一个人掌握知识、形成技能，由懂到熟、由熟到巧的必由之路。学生的学习也是如此。没有训练就没有过程，没有训练就没有能力，没有训练就没有积累。但是如今课堂训练大有被忽略的倾向。主要表现有：①重讲轻练；②重点轻面；③重量轻质；④重旧轻新。

（五）课堂提问的低效性

课堂提问是一种重要的课堂教学策略，但是只有那些设计科学合理又很巧妙的提问，才能发挥作用。那些肤浅、平庸的提问，零敲碎打、互不联系的提问，单调、陈旧还有些八股式的提问，对教学不仅无益，而且有害。据调查，目前中小学一般教师平均每堂课的无效提问已占44%，主要表现有：①大——不着边际，没有梯度；②浅——没有难度，没有挑战性；③滥——问题满天飞，充满随意性；④窄——面向少数，先叫人后提问。

（六）课堂组织的松散性

课堂组织的松散，也是造成课堂效率低的一个重要原因。主要表现有：①活动目的不明确；②活动内容太多；③活动组织得不好；④时间观念不强；⑤管教不管导。

（七）课堂调控缺少反馈性

只管教、不顾学，教学信息反馈不及时，课堂上教师一厢情愿，导致课堂陷入盲目状态。例如在数学课上，有的教师在让学生练习后对习题作了分析，但是，分析后只是让做对了的学生举手。至于哪些学生做错了、错在哪里、分析后懂了没有、怎么解决这些不懂的孩子的“不懂症状”，不少老师却不闻不问，这会让学困生越学越困惑。

（八）教学手段形式化

多媒体教学可在瞬间展示大量突破时空局限的生动形象的资料，能有效地激发学生学习的积极性。它的积极作用是毋庸置疑的，但如果用得过多，不但起不到应有的作用，反而会分散学生的注意力，影响教学效果，主要在于：①分散了注意力；②淡化了示范；③增加了教学成本。

造成低效课堂教学的原因可能是多方面的，如应试教育的干扰、教师素养、学校教学管理等，解决课堂教学有效性的问题也要做很多方面的工作。我们认为，加强对教师的备课工作的研究和管理是最好的举措。

# 主题二　观念决定思路，思路决定出路

## ——课堂有效性与转变观念

教育思想是一种生产力，思想新，方法才新；思想落后，方法必然落后。

提高教学效率，离不开教学方法的改革，但是决不能把提高教学质量完全寄托在教学方法的改革上，因为并没有一种教学方法是包治百病的“灵丹妙药”。

**【问题呈现】**

### 教师教学根本差异：观念

我们千万次地问：什么样的课是一节好课？即真实有效的课堂到底是一个什么标准？从盲目到理性，从浮躁到真实，让我们去探求有效课堂的真义。特级教师董大方撰写的《董大方这样教数学》一书记载着五位教师的课堂教学经历。

- 教师1：学生为什么不听她的课？

一位中年女教师课讲得好，勤奋敬业，但成绩与她的能力和付出不成正比。学生在她的课堂往往注意力不集中，学习劲头不足。教师自查原因，得出的结论是：不够厉害，镇不住学生。

那么真正原因是什么？请看调查者与学生的对话。

问：你的老师课讲得好不好？

答：好！

问：那你为什么不听课呢？

答：她还要讲好几遍呢。下午自习课要讲一遍，放学之前还要讲一遍，明天的早自习还会讲一遍。我听一遍就会了，所以现在不听没关系。

● 教师2：他是个“无章法”的老师？

一位三十多岁的男教师，上课相当不规范，板书乱七八糟，讲起课来虽然有激情，声音很大，但是课堂很随意，让人感觉不到亲和力。可是学生成绩非常好。

研究发现：

(1) 他的问题设计与问题提出的时间“巧”。他提出的问题给学生很大的思考空间，且有一定的梯度。他注意把握火候，常常指导学生从多角度思考问题，探索非常规的解题方法。

(2) 他讲课始终突出一个“比”字。他在课堂上，经常引导学生比较新旧知识的异同、比较问题之间的异同，找出变化、找出联系，再寻找解决问题的方法。

(3) 备课时，他格外注重“换位”。每次备课他都把自己当成听课的学生，想想会在什么地方出现困难、如何解决困难。

● 教师3：她为什么会有这么高的教学成绩？

校长说：“全校所有的数学教师中她的解题能力最弱，教材中的习题还要问其他老师，语言表达能力一般，也不够勤奋，但教学成绩却很好。”

那为什么她的教学成绩会很好呢？请看调查者与她的对话。

问：听说您的教学成绩一直很高？

答：那是因为学生聪明。

问：如果不介意的话，可以和我谈谈您的数学学习的经历吗？

答：可以，我的初中、高中都是在“文化大革命”期间度过的。我的数学成绩不好，大学是工农兵学员，学的东西很少。

问：谈谈您的数学教学，好吗？

答：我主要让他们自己学习。

问：怎样一个自学形式？

答：一般情况下是学生自己看书，看不懂的地方就问。有时候问我，有时候问同学。我如果不会就如实地告诉同学们，让他们自己研究，或者去请教其他的老师。班级里有一些学生学习非常好，也很钻研，从不放过任何一个不会不懂的问题。

她这一番话不禁让我们想到了凤城六中的课堂。

走进她的课堂：全等三角形的证明。

她很少讲课，总是启发学生，引导学生自主提出、思考、回答问题。上课开始时，她首先让学生分组回顾前几节学过的相关问题，然后讨论如何证明两个三角形全等。大概四五个人一组，每个人都有发言的机会，然后开始证明例题。证明的时候先是学生独立完成，然后互相对答案，相互找错，最后再看例题，规范自己的证明步骤。

她知识水平低，但是教学水平高。高就高在：她最大限度地解放了学生；高就高在她把学生放在了重要位置，尊重学生，让学生树立了自信心；高就高在她为学生创设了一个浓郁的研究氛围，激发了学生的创造力。

● 教师4：她的教学成绩为什么不高？

听了她的课，感觉课讲得很好，但校长说，她的教学成绩并不好。

这是为什么？研究发现：

她讲课时，对每一个知识分析得特别细，没有给学生一点思考空间。她留的作业在课堂上要逐一提示一遍，怕的是学生回家不会做。

老师把学生的活都干了，学生还干什么呢？

● 教师5：轰轰烈烈的背后是什么？

校长反映：学校里有一些老师上过很多观摩课，获得过一些课堂教学评比大奖，工作也勤奋，但教学成绩却很低。

为什么？表演成分大。

(1) 讲课内容肤浅，重复前人较多，个人创造较少。

(2) 问题设计思维含量低，不能激发学生积极探索。

(3) 活动设计形式化，很多是多余的或不恰当的。

这就如同河面浇了一些油，点着后，表面上油燃烧得很旺，而下面的水依然是冰凉的。

五位教师的课让我们思考，得出以下结论。

教师 1：教师课堂讲的东西不一定都是有效的，更不是教师讲得越多教学效果越好。

教师 2：教师讲课不精彩不等于学生学得不精彩。

教师 3：教师上课讲得少，不一定效果不好，一节课好坏固然要看教师的“教”，但是更应该关注的是学生的“学”。

教师 4 和教师 5：教师上课不能看表面。教师上课表面看似精彩，但是课堂教学效果不一定是真实有效的。

缘此，我们可以看出，教师教学根本差异并不在于方法，而在于观念。教育思想是一种生产力，思想新，方法才新；思想落后，方法必然落后。

【问题分析】

## 观念决定思路，思路决定出路

通过上面的介绍我们清醒地认识到，当前提高课堂有效性最重要的不是如何改进方法，而是重在转变教学观念。任何一种教学方法都是在一定的教育思想的指导下产生的。思想是“道”，方法是“术”，“道”统领着“术”，“术”是“道”的具体反映。

观念决定思路，思路决定出路。由于人的思想观念不同解决问题的方法也不同；方法不同，其结果和命运也不同。我国三十多年的改革开放将“以阶级斗争为纲”改为“以经济建设为中心”——指导思想的转变大大解放了生产力，给国家带来翻天覆地的变化。这就是思想观念发挥出的巨大的作用。教育观念对教学起着指导和统率的作用，教师要变革方法首先应该变革思想。

特级教师钱梦龙说：“我认为判断一名教师是否成熟，主要看两条，一看教学思想是否明确一贯地追求；二看是否具备独立处理教材的能力。”的确，观念是行动的灵魂。正确的教育思想是课堂教学的灵魂，有什么样的教育思想就会有什么样的教学行为。魏书生的成功不是因他拥有高于他人的语文水平，而是由于其拥有教会学生学习语文的能力。

上课是教师的人生追求，上课是教师的一种再创造。一个教师没有了自己的个性思想做支撑，是很难上出高水平的课的。

为什么现在的课堂教学质量怎么也提不上来，这与一些教师的教学观念陈旧而不注重学习、创新有密切的关系。教育理念听校长的，教学设计抄组长的，上课内容看参考书的，作业及答案全是练习册上的，自己的东西太少了。另外教师队伍中出现一批“上课靠《教学参考书》、布置作业靠《同步练习》、考试靠《标准化试题》”的三靠教师。教学特长没了，创造力没了，怎么能呈现出让学生喜欢而又高效的课堂？观念不变，教师就不变；教师不变，课堂就不变；课堂不变，教育就不会变。

特教教师于漪说：“观念转变影响改革的全局，观念转变了，就能居高临下，看得清楚，看得透彻，纠缠在一起的问题也比较容易剥离，一通百通。”所以当前深化课堂教学改革、提高课堂教学有效性，无论作为教师个人还是一所学校都应该从转变观念做起。

【解决对策】

## 有效课堂教学教师应转变的五种观念

### 一、从“单纯教知识”向“促进发展”转变

切的教学要围绕“学生发展”四个字来做。教育的核心问题是培养目标问题，即我们应该培养什么样的人。这是教学的出发点，也是教学的归宿。而当今对一节好课来说，是单纯的教知识，还是培养综合素质？说到底，促进学生的全面发展才是衡量一节课的重要标准。

新课程提出的三维目标体现了学生的全面发展、个性发展和终身发展的基本规律。但是，至今有人仍不理解，为什么要提出“过程与方法”这一教学目标。其实，这一目标对促进学生的全面发展是极其重要的。

首先，“过程与方法”是一种知识，一种默会知识。（见图 2 – 1 知识的冰山模型）

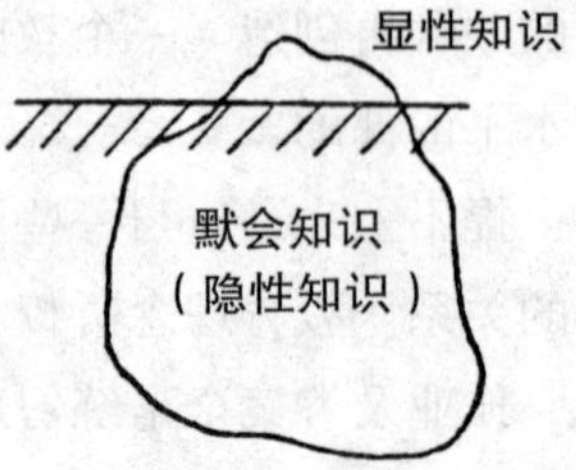


▲默会知识特点：

（1）可意会，不可言传。

（2）显性知识的基础。

（3）个人经验体会。

图 2－1　知识的冰山模型

“默会的知识”，又称“内隐的知识”，主要是相对于显性知识而言的。它是一种只可意会不可言传的知识，是一种经常使用却又不能通过语言文字符号予以清晰表达或直接传递的知识，如我们在做某事的行动中所拥有的知识。默会知识的范例体现了智力的各种机能，它本质上是一种理解力、领悟力、判断力，比如眼光、鉴别力、趣味、技巧、创造力等。

正如上面的图 2－1 所示，虽然像这样的默会的知识平时考试很难评价测量，但是对学生是十分重要的，因为它是显性知识的基础。一个学生“默会的知识”越丰富，他的显性知识才积累得越多，而且会因之而记得牢。为什么许多学生学无后劲，越学越跟不上？这里除了显性知识欠缺，更主要的是因为缺少默会的知识。因为他们的知识主要是靠机械背诵得来，没有“默会的知识”做支撑。

其次，“过程与方法”符合学生认识规律，有助于学生的感悟和体验。默会知识教学启示我们：教学应强调过程性，即实践—体验—感悟。

所谓重过程就是教师在教学中把教学的重点放在揭示知识形成的规律上，让学生通过“感知—概括—应用”的思维过程去发现真理，掌握规律。这是学习知识的过程，又是发展智能的过程。如识字教学，许多教师基本局限在于让学生反复认读和机械抄写的教学方法，这就是偏重于教学而忽略了教学的过程的结果。

过程远比结果更重要，学生学习知识的过程是不可省略和压缩的。压缩和省略学生思维过程，而直接得出结论及背答案的做法都是舍本逐末。如果学生对知识的概念、原理、定理、规律的掌握不是通过自己思维过程获得的，那只能是死记硬背和生搬硬套的机械学习。

综上所述，以学生发展为中心构想的教学目标是，立足于人的本质性教育，教育学生着眼于开发身心潜能，学生在掌握知识的同时，形成现代人的思想，掌握现代人的本领，知识、人格、智力、能力、非智力、创造力、个性等都得到和谐全面发展，由一个自然人转变为一个社会人。这就要求今天的教师不应是平面型的，而应是立体型的。

### 二、从“重教师教”向“重学生学”转变

教学伊始，教师可能有两种不同的设计思路。一种思路是这节课教师应该怎么讲，学生应该怎么听；一种思路是这节课学生应该怎么学，教师应该怎么教。这两种思路恰恰反映了“以教定学”和“以学定教”两种不同的教学思想。而这两种不同的教学思想，在课堂上会出现两种完全不同的教学效果。

教学的本质是教学生“学”。

- 特级教师宁鸿彬说：“我中师毕业后被赶上了讲台，就像孩童在教学道路上歪歪扭扭地走着……我绕过弯，迷过路，但也使我从中吸取了教训，锻炼得步伐渐近平稳。回顾往事，我时常想这段从学‘教’到教‘学’的里程。”从学“教”到教“学”，虽然一字之差却反映了宁老师教学思想的重大转变。

- 特级教师窦桂梅说：“做教师的关键是要认清自己是替学生当梯子，还是学生替自己当梯子。”

- 河北衡水中学对教师提出五个“要让”：能让学生观察的，要让学生自己观察；能让学生表述的，要让学生自己表述；能让学生动手的，要让学生自己动手；能让学生思考的，要让学生自己思考；能让学生自己得出结论的，要让学生自己得出结论。

- 陶行知先生说：“我认为好的先生不是教书，不是教学生，而是教学生学。”

- 另外，我国古代的教学法——以学定教，顺学而导。在现代，新

加坡——多学少教，因材施教；洋思中学——先学后教，当堂训练；杜郎口——三三六教学模式；魏书生——培养自学能力。

所以一言以蔽之；"教"的成功是通过"学"的成功体现的。最成功的课是学生"学"的成功，不是教师讲授的成功，更不是教师的表演成功。怪不得有的学生说："只是告诉我，我会忘记，只是演示给我，我会记住，如果让我参与其中我就会明白。"

但是今天我们的教学重教轻学的现象还普遍存在。教师决定课堂教学的一切，形成五个"中心"，即教学活动以教师为中心，教学过程以讲课为中心，教师讲课以教材为中心，学生学习以做题为中心，教学价值以应试为中心。这也许正是我们的课堂不能走向现代化的重要原因之一吧！

重视"学"不能降低教师的作用。我们强调教学重在"学"，以学定教，教为学服务，并不能淡化和降低教师的作用。我们不能从一个极端走向另一个极端。因为主体参与绝不是可以自发形成的，学生从被动学习转向主动学习，并参与教学全过程中，关键在教师。主体参与的有效实施，必须由教师有目的、有计划地组织指导并引导学生逐步去完成。

特级教师翟京华说："我们经常让学生做主体，这句话真正做到实在不容易。让学生做主体，首先要使学生会做主体。一个不会思、不会学，习惯于让老师牵着走的学生，即使给他时间，给他机会，他也做不了学习的主人，成不了主体。在任何一个教学环节中，如果学生没有自己的思想，没有活跃的思维，没有独到的思路，做主体就是一句空话……"翟老师的思考启示我们，要让学生参与学习过程，真正发挥主体作用，决不意味着仅在课堂上给了学生时间、空间，放手让学生自己去学、去讨论就大功告成了。而关键要看教师是否发挥了组织者、引导者、合作者的作用。

### 三、从"神圣化教材"向"创造性使用教材"转变

目前，我们的学校里有下面这四种类型的教师。

• 只讲教材（有它没我）：把教材神圣化、神秘化、教条化，有考试困扰，放不开。

• 讲刻板的教材（有它有我）：部分教材部分自己。

• 盲讲教材（没它没我）：把握不住教材，或冷落淡化教材，盲目搜集资料。

• 讲感悟组织处理后的教材（有我没它）：尊重教材，超越教材，创造性使用教材。

那么哪种类型的教师能把课上好，并适应于新课程理念呢？显然是第四种类型的教师。新课程理念要求我们不能神化教材，而要尊重教材、超越教材、创造性使用教材。而教师只有这样做，才能备好课和上好课。

要充分研读教材、理解教材。我们知道，课本（教材）都是文化积淀下来的精华，而且编写时依据教育学、心理学和学生身心发展的特点加以精选而编制。课本是社会知识、文化、教育、教学发展到某一时期的精华的结晶。它有知识的完备性、示范的典型性、育人的有效性的功能，所以教师使用教材的第一步是在课标的引领下认真吃透教材精神。任何随意冷落教材、脱离教材的做法，其后果都是不可想象的。

目前在使用文本教材上有两种值得注意的倾向：一种是把教材神秘化、神圣化、教条化，教学中不能越雷池一步；另一种是冷落、淡化教材、随意脱离教材，或不经过筛选和处理，盲目收集资料。这两种倾向都应该注意克服。

教师为什么要创造性地使用教材？

（1）教材不是唯一的课程资源。

我们知道，教材是教学的依据和重要的课程资源，但它不是唯一的课程资源，现实生活远比课本更为精彩和丰富。正如叶圣陶先生所说"教材无非是一个例子"。"语文教材只是些例子，从学生现在或将来需要读的同类的书中举出来的例子"。但以往的课堂教学中，师生获得课程资源的渠道基本上只有一种，那就是书本。这种单一化的课程资源束缚了学生思维的发展。因而，老师应该走出“死胡同”，走出书本，走进一个“多元化城市”，走进资源丰富的现代课程，将自己的角色由书本传授者转变为课程资源的综合开发者、利用者，进而丰富学生的学习内容和生活。

课本容量是有限的。学生一生中不可能只学习课本中的那些知识，况且新编教材大都弹性比较大，给老师留下了发挥的空间，所以变“教教材”为“用教材教”，创造性使用教材就在情理之中了。

(2) 教材离学生越近，发挥作用越好。

教材离生活越近，学生越容易理解。由于受课本、时空、地域、编者等主客观原因的制约，课本也会有许多局限性，这就需要教师创造性地使用教材，以课本为依据，注意开发和利用课本以外的课程资源。知识往往来源于实践，反过来又服务于实践。教师恰当地进行课程资源的开发和利用，常常会使课本里的教学内容，由抽象变具体了，由远变近了，由难变易了，突出了重点、突破了难点，更加生动有趣了。这就会大大提高课堂教学的效果。

特级教师张思明在进行数学教学改革时，曾对学生进行过一次调查，题目是让学生写一写他们心中的数学和数学教学问题是什么。孩子们回答:“数学是一些居心叵测的成年人为青年学生挖的陷阱!”“数学问题是一些仅仅出现在课本和试卷上的，让某些老师看学生崴脚而感到窃喜的东西”。这样黑色的幽默带给张老师深深的震撼，他一遍遍问自己，为什么用尽心血努力教学的老师在学生心目中无非就是一些“埋雷布阵”的高手？为什么学生越来越不爱学数学？答案之一是：我们的数学教学是一种没有“源”和“流”的教学，这种教学难以唤醒学生自主学习的内驱力。

“让数学回归生活”，既为数学教学找到了“根”，也使他所传授的知识，真正成为一种“有力”的知识。于是张思明进行了数学教学的一系列改革。其核心是让学生感到数学有用、数学可用、数学能用。而他的一个重要措施是广泛开发利用课程资源——让数学教学与生活联系起来。

于是他在备课中曾为学生设计过这样一些问题：

- 一笔钱10年以后用，怎样存可以获得较多的利息？
- 买西瓜时，买大的好，还是买小的好？
- 黄庄十字路口的红绿灯怎样安排才能减少汽车平均等待的时间？
- 到海淀影剧院看电影，坐在哪个位置音响效果最好？
- 脑白金风暴与广告投资效益是什么关系？
- 适合汉语拼音输入的键盘该如何设计？
- 如何从常用的A4复印纸的大小推算出A0、B0复印纸的大小？
- 图书馆一本20元的书被盗，应对偷书者罚款多少，才能既起到警戒作用，又不失当？

……

正是这些问题让学生感到好玩，激活了教材，激活了课堂，也激活了学生学习数学的兴趣。可见教材离学生越近，其发挥的作用越好。开发和利用课程资源确实有着一种神奇的作用。

- 教材拉近——由远及近，由难变易，学生熟悉，降低难度。
- 教材拉近——由抽象、枯燥变得生动有趣，情到真时自动人。
- 教材拉近——学生感到真实可信。

新课程强调教师不仅是课程的执行者，而且也是一个开发者、利用者。特别是新教材给教师留出了充分发挥的空间，并要求教师在使用教材时要“用教材教”而不是“教教材”。

（3）教学是教师的一个再创造过程。

照本宣科能把“活”课上“死”，创造性使用教材能把“死”课激“活”。教学是教师的一个再创造过程，教师只有尊重文本、超越文本，注重开发课程资源，创造性使用教材，才能把课上好（见下页图）。

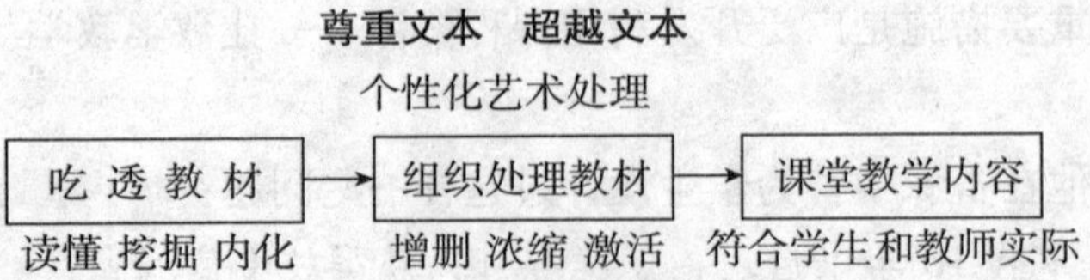


**教学是教师再创造的过程**

（4）能适应中考、高考改革发展趋势的需要。

从中考、高考的改革趋势看，为了考查学生的分析和解决实际问题的能力、探究新知识的能力，考试命题的开放性比例越来越大。如教育部“初中毕业和高中招生考试制度改革”项目，在“解析初中毕业升学考试”材料中对考试命题的要求中写道：“试题素材不应局限于教材中的内容，应加强试题素材与学生生活实际的联系、与当地生产实际的联系、与当前社会现实的联系、与学科发展的联系。”

## 四、从“关注知识”向“关注情知”转变

教学过程是一个“知”的过程（感觉—思维—知识、智慧），同时也是一个“情”的过程（感受—情绪—意志、性格、习惯）。所以评价一节课的好坏不仅要看学生对当前知识的学习和掌握的情况，同时也要看学生学习是不是快乐的，看学习兴趣的培养，看学习的可持续性。

但是目前我们课堂教学存在大量学知识与培养学习兴趣、增强自信心不协调、相脱节、相背离的现象。如许多教师只重视教学“知”的过程，而忽视陶冶“情”的过程。

一个学生对学习的冷漠、缺乏兴趣比学习成绩低更可怕。目前学生大面积厌学令人堪忧。

一项调查显示厌学学生比例为：学龄前为0；一年级占总数13%；六年级占总数33%；中学80%以上的学生或多或少存在孤独、焦虑等不同学习心理障碍。在辍学队伍里，相当一部分学生不是因为经济原因，而是因为对学习的厌恶，学生一年比一年更加不喜欢学校环境和学习活动。有58%的学生选择：“假如可以不上学的话，我会不去上学的。”一位学生在作文中写道：“我不喜欢学习，我一进学校就烦，一走

进教室便委靡，何时能和爷爷奶奶一样退休。”

学生厌学心理产生的原因是多方面的。但是反省我们的教学方式，重学生的认知活动、忽略学生的情感活动，学生学习没有快乐，教学方法单调枯燥，程式化、公式化，学生学无兴趣，这是导致学生厌学的一个重要因素。有人说，如今在有些学校，学生已经被视为没有人性的学习机器，课堂不是一种快乐的生活，而是一种牢笼。这不是一点道理没有。

有人这样描述特级教师吴正宪老师的课：“知情交融，师生互动。”她的课，充满了童趣、乐趣。课伊始，趣已生；课继续，情更深；课已完，意未尽。40分钟的数学课，像磁铁那样把每一个孩子的心紧紧地吸在一起，孩子们觉得数学课很好玩，他们不愿意下课，请求吴老师再给他们上一节课。在即将离开时，有的孩子流下了恋恋不舍的眼泪……吴正宪的课为什么会有如此魅力？其原因正是注重了情知教学。

“情”和“趣”是激活课堂教学和让学生由厌学转变为乐学的两件法宝。教师备课必须关注和研究教师在课堂上对“情”和“趣”的挖掘和运用问题。

### 五、从“统一要求”向“差异对待”转变

为什么有的教师备课、上课、批改等的教学工作工夫没少下，可就是教学效果不佳？这往往与我们不能科学地认识学生的差异，不能很好的进行差异性教学有密切的关系。当老师们怨恨、埋怨、指责、惩罚学生学不会、不好好学时，想没想过，有时也许不是学生错了，而是我们错了，是我们看待学生的方法不对，是我们要求的标准不对，是我们的教育体制出了问题；我们要改变我们看问题的方法，学生是无辜的。

一刀切、齐步走、统一规格、统一要求，这是当前现行教育中存在的突出问题。备课用一种模式，上课用一种方法，考试用一把尺子，评价用一种标准，这是要把千姿百态、风格各异的学生“培养”成一种模式的人。显而易见，这既不符合学生实际，又有害于人才的培养。目

前我们课堂教学中出现的许多问题和矛盾，以及教学质量的低下就与一刀切、统一要求有关。

从统一要求到差异对待，教师在教学中应建立哪些理念呢？

要正视学生的差异。教育并不是一种定格的模式。人的个性千差万别，教育者不能把孩子的发展定格在我们自以为是的范围之内。学校培养人才不是生产月饼，应立足人的本性进行教育；让学生全面和谐地发展，并不是让每个学生按统一规格平均发展。让风格各异的学生按统一的规格平均发展，不仅不可能，而且还会贻误学生的一生。每一个学生都是独特的、不可重复的、无法替代的个体，这种差异和独特是每个人最宝贵的精神财富，我们应该正视学生的差异，尊重学生的选择。

有人说："黄沙如海，找不到绝对相似的两颗沙粒；绿叶如云，寻不见完全相同的一双叶片。"那么也可以说，人海茫茫、教海无边，我们既找不到两个完全相似的学生，也不会找到能适合所有学生的一种教学方法。这就需要我们来研究学生的差异，以便找到因材施教的科学的依据。那么，学生都有哪些方面的差异呢？

### （一）智力发展差异

一个学生聪明与否，思维反应的快与慢，首先反映在他（她）的智力活动上。所谓智力是保证人们有效地进行认识活动的比较稳定的心理特点的有机结合。学生智力上的差异主要表现在发展水平差异、结构特点差异和发展早晚差异。

心理学研究表明，人的智力水平是呈常态分布的。有些人智力发展水平较高，有些人智力发展水平较低，而大多数人的智力属于中等水平。从图 2-2 可见，68% 的人智商在 85 分至 115 分之间，他们聪明程度属中等。（图中的百分数表示一定智商分类之间的人数比率）智商分数极高与极低的人很少。一般认为智商超过 140 分的人属于天才，他们在总人口中的比例不到 1%。

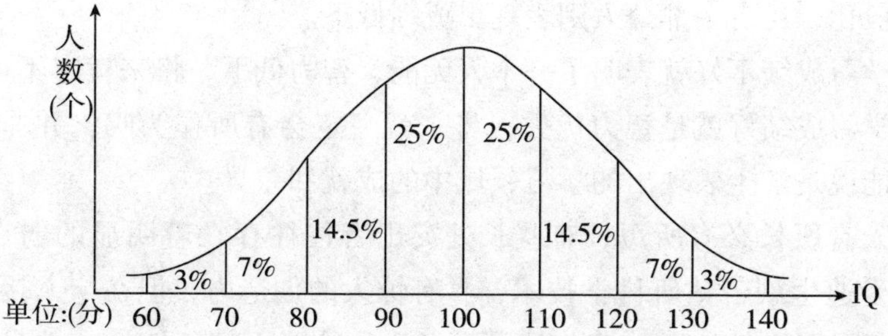


**图 2－2　一般人口中的智商分布图**

心理学研究证明，儿童的成长发育从时间上来说是不平衡的，有的早一些，幼年时期显露才华；有的中年时期或更晚一些才做出成绩。这大体表现出以下三种情况。

（1）人才早慧。这样的儿童天资聪明，在幼儿园或小学就表现出特有才华。一般表现为思维敏捷、灵活，对问题反应快，想象力丰富，记忆力好，注意力集中。我国唐代大诗人李白“五岁通六甲，七岁观百家”就是属于早慧。

（2）中年成才。大部分人的智力发展到中年才达到高峰。有人曾统计 1960 年前 1234 位科学家、发明家所做的 1911 项重大发明创造，依此画出人才成功曲线，显现人的智力发展的最佳年龄为 35 岁左右。由此看来，中年成才是普遍现象。

（3）大器晚成。由于受遗传、环境、教育等因素的影响，有些人的才华表现比较晚。如大发明家爱迪生 30 岁后发明留声机、电灯、有声电影等。我国的著名画家齐白石 40 岁才表现出绘画才能，50 岁才成为有名的画家。所以有些学生在校学习成绩平平，甚至很糟，但毕业后显露才华也是不足为怪的。

### （二）表现在学习领域与非学习领域的差异

人先天禀赋的某些差异、后天环境影响与教育的差异以及本人努力程度的差异，必定会给中小学生的智力和学习结果带来差异。因而表现出学习成绩上的大分化。一部分人表现出成绩优异，一部分人表现出成绩一般化，还有一部分人则表现出成绩低下。

学习成绩不好就表明了一个人无能、智力低下，将来肯定不可造就吗？学习成绩好就是智力优秀，将来就一定会有所作为吗？并非如此，这只能说是学生表现出的学习领域中的成就和差异。

人有所长必有所短，有些长处突出者往往存在着明显的弱点。例如，爱迪生刻苦钻研科学技术，具有惊人的创造力，但在与人接触中，谈论起发明以外的事，却总是漫不经心、冷淡无情；他的个性是倔犟、“不合群”。著名数学家陈景润具有高超的数学研究能力，但其生活能力不及一般人，做起生活方面的事来，连十几岁的小孩子都不如……大量的事实说明，人的长处与短处是相对应存在的，好像“山高谷深”，山越高则谷越深。

### （三）个性特长的差异

学生的差异不仅表现在智力水平上，还表现在智力风格和特长上。美国心理学家加德纳经过多年的研究认为，每个人都或多或少拥有不同的八种智力：①言语语言智力；②逻辑数量智力；③音乐节奏智力；④身体运动智力；⑤空间视觉智力；⑥自然观察智力；⑦人际交往智力；⑧自我内省智力。这八种智力代表了每种不同潜能，这些潜能只有在适当的情境中才能充分地发展起来。

加德纳的多元智能理论与中国古代的“六艺”相比较有惊人的相似之处。

礼——人际关系处理智能；乐——音乐智能；射——运动智能；御——空间智能；书——文学、语言智能；数——数学、逻辑智能。

按人才成长的规律，学生的兴趣、爱好、个性特长是他们成才的基础。学生选择职业和确定研究目标，往往是根据自己的喜好和特长。所以，兴趣爱好和特长是人成才的“曙光”。而在学校里，成绩好的学生有特长，成绩差的学生也有爱好和优势。比如有的学生学习成绩很差，但模仿和表演能力很强；有的学生学习数理化钻不进去，但却能歌善舞；有的学生对文化学习不感兴趣，但酷爱体育和美术；也有的学生组织能力强，还有的学生善交际，等等。如果教师对这些学生的特长及时发现，加以珍视，并注意正确引导，这些被考试分数一把尺子“判决”为“不可造就”“朽木不可雕”的学生，很可能走上社会时就成为某一方面的专门人才。因为我们展望一个学生的成才不能仅限于学生在校学习情况，还要看社会实践。如果喜欢美术的到广告公司搞美术设计，能歌善舞的当演员，组织能力强的当领导，这就使每个人都有了用武之地，“差生”成长为“人才”也就不足为怪。陶行知先生说：“您的鞭下有瓦特，你的冷眼里有牛顿，你的讥笑中有爱迪生。”这话是很有道理的。

从上述内容可以看出，学生的智力和才能表现在生活、生产、劳动、学习、创造、语言、文学、体育、音乐、美术、空间想象能力等多方面。人类到底有多少种智力，有多少种才能？对此世界上还没有人能做出令人满意的回答。一般说，人只能在一个或几个方面显出优势，并同时也会有特长。只用学习成绩的优劣对学生作出聪明或愚笨的结论，那不是培养人才，而分明是在扼杀人才。人才是各种各样的，社会的各行各业都需要人才。人才的广泛性几乎渗透到整个的大千世界。所以，我们应该善待每一个学生。

差异性教育的实践。目前在对待学生的差异上，有两种值得注意的倾向。一种是不敢承认学生的差异，怕承认了差异会使教师放弃一部分学生的教育。另一种是夸大学生的差异，把学习好的看做是天资聪明，认为将来会有所造就；把学习不好的看成天生的笨蛋，认为是朽木不可雕也。显然，这两种思想都有失偏颇，我们应以科学的态度来对待学生的差异。

学生的差异是客观存在的，而这种差异不仅仅是智力水平高低、优劣上的区别，更是各自所具有的特色和风格上的差异。正是由于人的心理的差别性，每个人才成为真正的“主体”，才能作为一个真正的个体而存在。也正是由于人的心理的个别差异，才形成了个人心理生活的独特性和多样性。也正是由于这种差异越来越大，导致学生学习的分化现象是不可避免的。现在我们承认这种差异、正视这种差异，正是为了因材施教，培养学生特长，发展学生的个性。

既然人的成功绝不是循规蹈矩地一味顺从，也不是局限在那仅有的几门应试的科目上，而是多类型、多规格、多层次的，那么教学方法也应该是有差异的、多形式的。人的成功根植于对某一领域的爱好与执著。

北京市特级教师马芯兰对教学提出“下要保底，上不封顶”（下要“保底”是指保证学生人人达到一个基本要求；“上不封顶”是指在达到基本要求的基础上，让不同的学生都有所发展）的评价思路。林崇德教授提出“鼓励冒尖”“允许落后”；浙江新昌中学提出“全面发展打基础，学有特色是目标”；最近广西北海中学又推出“分类教学法”，即把学生分为 A、B、C 三类（动态的）进行分类教育，考试出题、布置作业都区别对待，取得了良好的效果。

*The second series*

第二编

# 「有效备课对策篇」

# 主题三　备课不成功，上课肯定不成功

## ——有效课堂与有效备课




有效课堂源于有效备课。一个教师只有抓住有效备课，是可能抓住了有效课堂的关键。有些教师的课没上好，很可能与备课时间不足、备课不充分、备课不到位、备课不得法、备课不深刻有密切的关系。

【问题呈现】

**有效课堂源于有效备课**

备课是教师的基本功，我们天天都在备课，可是静下心来仔细想想：我们真的在备课吗？其实，我们所做的工作只是一种抄袭——为了应付检查，不动脑子地把教参上的东西搬到教案本上。我们每天都在充当着一个“搬运工”的角色，日复一日，年复一年。我们的脑力劳动已经演化为一种体力劳动，因为我们没有思考！

有位教师讲了自己这样一件事。

**那一节课，我度日如年**

那天，不知是什么缘故，反正是开学报名、注册等一系列琐碎杂事搅得人恨不得像《西游记》中的孙悟空一样使用分身法，以使千头万绪的许多事迎刃而解。听到上课铃声那一刹那，我的头嗡地一下，但也不得不赶忙辞别几位仍在询问孩子情况的家长，迅速整理一下教材，粗略浏览一下将要教学的新内容《日本明治维新》，便貌似镇静地走向课堂主阵地。我心想：我不信照本宣科还上不了一堂历史课！

果然，没有重视准备的上课让我感到干涩异常，一点也不流畅生动，甚至还出现一点小小的知识性的错误（课后反思才发现）。我甚至都不敢抬头正视学生们那一双双企盼的、求知的眼睛，我觉得那明眸里肯定少了许多兴奋与满足，而多了许多失望和埋怨。唉！那一节课好难捱呀——我简直是度日如年啊！——终于，40分钟熬到头了，我赶快“逃”出了神圣的知识殿堂——教室，我终于长嘘了一口气。

事后，静下心来反思，惭愧、内疚——各种滋味不由自主地齐涌心头；这就是我给学生准备的色、香、味俱全的精神大餐？这就是一位中级骨干教师的优质课？我内心暗发誓愿：今后绝不打无准备之仗，即使初中的历史等常识课，即使是自己的专业课，我也决不轻率视之，决不在课堂上照本宣科——无论你有多忙，无论你有千万个冠冕堂皇的理由，照本宣科绝不是明智的选择。

（选自《教师报》陕西省眉县金渠中学　强军会）

教育为先，质量是魂。每一位教育行家都懂得：提高教学质量，关键靠课堂，要向45分钟要质量。正所谓抓住课堂，满盘皆活。但是怎样才能有效地提高课堂教学质量呢？诗人在谈到做诗的经验时说：“工夫在诗外。”这话颇耐人寻味。那么，当我们谈到备课与上课的关系时，可不可以说“工夫在课外呢”？仔细想来，同样有道理。特级教师斯霞说：“要上好课，首先要备好课，我常常把备课比做指挥员在组织‘战役’，我总是反复推敲，直到有了自己认为比较满意的设计方案为止。”特级教师张子锷说：“我教中学物理50年了，同教3个班，课已讲了150遍了，但是到最后一遍，不备课我还是不敢上课。”看来，“教”字成功，必“备”字先行，功在课前，效在课上；备课是教师整个教学活动的基础工作，只有认真备好课，才能上好课。不久前，杨再隋教授撰文指出，语文课出现了“虚”“闹”“杂”“碎”“偏”的问题。如果这些问题带有普遍性的话，那么问题首先出在备课上，是备课的指导思想出了偏差导致对文本把握和实施教学出现偏差。

“两眼一睁，忙到熄灯”。多少年来教师头上都压着两座大山，一是写不完的教案，二是批不完的作业。怎样才能帮助教师在备课时少走弯路，用较少的劳动时间获取较大的备课成果？这是一个综合性极强的问题。因为备课是一门科学，也是一门复杂的技术。让我们先从多方面来解读一下备课。

先看一组数据：

• 56%的教师认为集体备课深度不够，备课时间花在统一进度、统一重点、统一难点和教学方法选择上。

• 71%的教师认为事务性工作太多，在校没有足够时间备课。

• 82%的教师认为传统的教案检查方式不科学，缺少有效的验收标准，劳而无功。

• 85%的教师反映在查找备课资料方面花费的时间、精力太多，学校没有完备的教学资源库。

备课是教学的源头，它隐藏着提高教学质量的全部秘密。提高课堂教学效率，减轻师生负担，促进教师专业化发展，化解新课程实施中的矛盾——这些都需要回到“备课”这一原点来加以研究。备课“牵一发，动全身”。

• 一次，北京市特级教师陈毓秀讲《战国七雄》一课时极为精彩。课后有人问她：“这节课用了多少时间备课?”她回答说：“要说时间长，我准备了一辈子；要说时间短，我准备了15分钟。”

• 特级教师于永正说：“关于备课的重要性不必说了，反正没备课或者课备得不充分时，我是不敢进课堂的。”

……

我们知道，“备课—上课—批改—测试—辅导”这是教学过程的几个主要环节。要提高教学质量，关键是上好课，向45分钟要质量。而要上好课关键是首先备好课。所以只有教师认真备好课、上好课，才能减轻学生的课业负担，以比较小的代价换取较大的成果，形成良性循环。

而在违背规律进行教学的情况下，教师的工作重心出现本末倒置现象。他们没有把更多时间和精力用于认真备课、上好课，而是把主要精力和时间放在批改作业、课后辅导和应付频繁的考试上，这就造成了教学过程的恶性循环（见图3-1所示）。

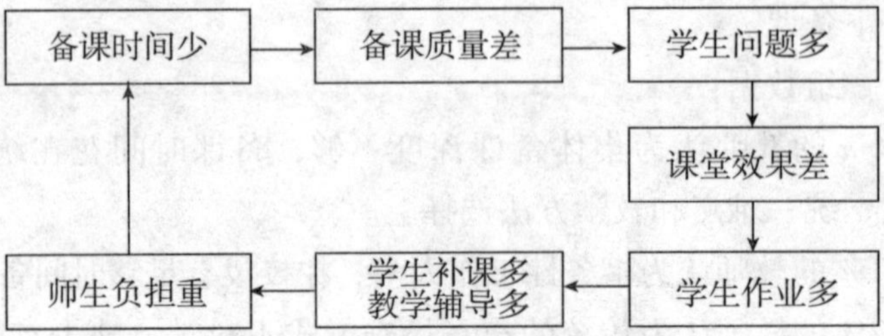


**图 3－1　教学活动的恶性循环**

所以，减轻师生负担的关键是变教学过程的恶性循环为良性循环。教师应在备课、优化课堂设计上下一番苦工夫。课前“勤”一点，课上“懒”一点，总体上会用较少的劳动投入取得较大的教学成果。

【问题分析】

## 传统备课正面临一次深刻的变革

备课如此重要，但是今天的备课发挥了它应有的作用了吗？为什么那么多教师花了那么多时间来备课，但教学效率并不见提高。为什么许多教师提到备课，尤其是写教案的时候，十分痛苦和无奈，乃至很仇视，备课到底怎么了？

现行的中小学备课方式，始于 20 世纪 50 年代，完善定型于七八十年代；发展到信息社会、网络时代，在倡导自主、个性发展的今天，传统的备课以特别统一、机械、烦琐的呈现方式，越来越显现出它的形式主义、低效（甚至无效）；它加重教师工作负担，不适合每位教师的工作习惯，影响教学质量的提高，阻碍教师专业化成长。

研究表明，今天备课无论是在备课理念上还是在备课内容、方法上，无论是教学设计的策略还是课堂教案呈现形式，无论是教师的个人备课还是教研组组织的集体备课，学校无论是在备课指导上还是在备课管理上，还存在着许多弊端。教师的备课是低效的，甚至是无效的。可以这样讲，为了提高备课的有效性，备课正面临一次深刻的变革。为了研究备课改革问题，这里对当前备课的种种弊端加以梳理。

弊端一：备讲案——以教代学

教学的本质是什么？教学规律告诉我们：学生是认识的主体，教为学服务。离开学生的学，教师的教毫无意义。但是现在教师的备课多数备的是“讲案”。

在备课理念上，许多教师自觉或不自觉地把备课当成了单纯的课堂教学——“讲”的准备阶段，以致把教学过程变成“资料→教案→黑板→学生→笔记→试卷”的生产流水线，置课标、教材的整体要求于不顾，把学生当成了知识的容器。还有的教师写的教案几乎一半是教师要说的话，另一半是例题与习题，这种“台词＋习题”式教案，就是一种讲案。

另外，许多教师把教案看成一成不变的方案，编写得过细、过死，每个环节的安排不能变动，甚至过渡语句、学生的正确回答都事先设计好，按部就班地组织教学，教师上课就像演员背台词，学生在配对白。有位老师深有体会地说：“记得在一节乡优质课上，我教学的是《荷花》一课，课堂上热热闹闹，而且整节课都非常“顺”，没有出现一点问题，究其实质学生有多少自主的成分？只不过顺着教师的思路走罢了。这样的课堂教学，虽‘顺’但统得过‘死’。”

所以备讲案以教代学的结果自然给课堂教学带来如下负面影响：重教轻学，重讲轻练，重知识传授、轻能力培养，重死记硬背、轻消化理解，重理论灌输、轻实践操作。备课时，教师围着教案转；上课时，学生围着教师转。转来转去，缺少向前向上的发展趋动力，师生的成长几乎不会发生。教学方法单调、枯燥，学生完全处在“你讲我听”“你问我答”“你教我学”的被动地位，其后果是教师累、学生苦、负担重、效率低、能力差。

弊端二：形式化——无效劳动

平时我们都说老师的劳动量大，工作辛苦。这当然表现在方方面面。其中，教师备课低效乃至无效是劳动量大的主要根源。

一位老师曾给他的上级领导写过一封信，信中有这样一段话：

从教以来，我感到最厌恶、最痛恨、最无可奈何而又不得已为之、灵魂为之受苦最多的，便是——造“假材料”。

这些“假材料”名目繁多，惊人之至，被冠以“教学常规”的美名，但实则是一些浪费教师们时间与精力、将老师们变得越来越愚蠢的不干不行、干了白干的任务。

……单是“备课本”，就非常压制人。首要的要求就是“项目齐全”“字数充足”，但备课本上却有许多丝毫无必要的项目，有好多不必要的书写内容，并且无论教龄多么长，一本书教过多少年，一样的教案写过多少遍，每次都是从头再来。这些东西对教学本身有多少帮助？然而老师们却不得不整天忙于编造这类东西，哪有工夫去搞研究、搞创造？

那么，上述情况是怎么造成的呢？这与学校的备课管理有密切的关系。检查备课笔记，领导们乐此不疲，但老师们却十分无奈。许多老师认为备课写教案是在做“无用功”“出工不出心”“充其量也就是练练字罢了”。其实老师们“仇视”的并不是备课本身，每个老师都知道课前应该备课、备好课是上好课的前提，没有老师会不负责或狂妄地宣称：“我不用备课就能上好课。”既然是必须做的一件事，那么我们的老师为什么要“仇视”备课笔记的检查呢？原因是某些领导和管理部门“以教案论英雄”，今天搞教案评比，明天搞备课笔记展览，让备课笔记承载了许多不应该承载，也承载不了的东西，使之成为合理化管理的工具。

我们知道，教师的工作头绪不管有多么多，劳动量有多么大，划分起来不外乎两类：一是教师应该做而且需要做好的工作，这些工作多一点累一点都是正常的，这是有效劳动；二是教师做了没有用却不能不做的工作，这是无效劳动。教师的无效劳动有多少？有专家曾公布过调查统计结果，中小学教师的无效劳动大约占工作过程的50%。有位校长经多年的观察发现，教师的无效劳动主要表现在七个方面：常规项目多、重复工作多、作业批改多、编造材料多、参加会议多、应付检查多、重复培训多。在这“七多”中有“四多”都和教师的备课有关。在一次语文骨干教师座谈会上，有位校长问上完课后再补教案的有多少人，在场的34位老师举起了34只手。抄来补去，忙忙碌碌，里面有用的成分能有多少？

弊端三：缺创造——设计肤浅

备课是一种什么行为？多年来一直有一个误区：备课=写教案=模仿或编材料。

其实备课的核心是在课前，有时甚至是在一个教学单元前构建一个使课堂教学能够成功运行的平台。其中主要组成部分是从内容到形式的教学设计。既然是设计，它就是一个构思创作的过程。这就如同工程师画图纸，作家写小说，将军做作战方案，要有这一个、这一次的特点。严格地说教师教学是先继承后创造再实施的过程，它的程序是：研读教材（弄清楚教什么）→搜集素材（开发课程资源）→再创作（组织处理，设计教学）→课堂实施（实现教学方案）。例如，特级教师刘大伟就谈过自己的备课体会，他说："备课我有'三步骤'：第一步，'有它（教材）没我'；第二步，'有我有它'；第三步，'有我没它'。上课，有'三境界'：第一境界是'形动'，即千方百计吸引学生，让学生喜欢上政治课；第二境界是'心动'，即用我的真情打动学生，刻意创设特定的课堂情感氛围；第三境界是'神动'，即把我的观点变成学生的思想，进而导之以行。"

那么，为什么我们许多老师不能备出精品课呢？问题出在哪里呢？是缺少创造。一是许多老师缺少创造意识，不能做到"我的课堂我做主"。他们不知道国家只规定了教学的目标和内容，而具体到每堂课如何上，这是教师自己的事。备课中教学设计过程要发挥教师自身知识、智慧和才华。可他们放弃自身的优势和智慧不用，非要从教材和参考书中去找别人现成的东西。二是缺少教学设计的能力和方法，当了十几年的老师不知如何设计一节课。三是太迷信教材。在他们看来，教材句句是真理、字字值千金，不能改不能丢，老师成了教材的奴隶。其实教材是重要的课程资源，也是教学重要的依据，但不是唯一的课程资源。教师完全可以因地、因时、因人对教材内容进行增删、取舍、简化、重组，这样才能设计出好课。教师教学效果好源于尊重教材，又能跳出教材，创造性地使用教材。例如，小学语文特级教师窦桂梅老师的阅读课倾倒很多小学老师。她有一个重要的“三个超越”的备课思想，即：尊重教材，超越教材；尊重课堂，超越课堂；尊重教师，超越教师。

如果我们的教师不缺少教学创造意识并能努力提高自己的创造能力，我们的课堂教学设计就能避免肤浅，取得理想的课堂效果，使自己的专业成长更快。

弊端四：图省事——照抄照搬

比缺乏有创意的设计危害更大的是教案的照抄照搬。现在教师备课容易得多了，有铺天盖地的资料，有神通广大的网络，一下载，再贴上几块“补丁”，自己的备课任务就算完成了，神速！美观！应付检查就是小菜一碟。可是一上课堂，就坏事了，满堂灌倒是其次，主要是有些人上课时自己不知所云，以己昏昏，如何能使人昭昭？这也导致教师独立备课能力严重缺失。

诚然，抄袭不是一点作用没有。目前市场上有许多教师备课手册，且都是名师、特级教师的作品。仔细翻翻，确有许多精妙之处，对青年教师特别是刚上岗的教师会有许多启迪和帮助作用。但是，需要注意的是，那些名师、特级教师的教学经验、教学思想不可能完全体现在课例中，而且他们的教案都是针对自己的学生，对其他学生缺乏足够的指导意义。关键是在备课时，如果只是一味地抄写，不进行研究，通过再设计变为自己的东西，这样的备课又有何用？更有甚者教案是在课后补抄的，实在有悖备课的初衷。

一位青年教师说：“每学期我只要用几周的时间突击把全学期的教案写（抄）完，把政治、业务等学习笔记写（抄）完，其他的琐事敷衍一下，然后死盯学生，最后成绩好了，考核不得个“优”，最起码也落得个顺利过关。”你看，做个教师在他看来就是如此简单！

弊端五：求规范——束缚个性

实际的教学工作中，关于备课的要求有很多，如备课的项目就有备课时间、教学内容、教学目标、教学理念、教学重点、教学难点、教学关键、教学方法、课前准备、课时安排、媒体运用、教学过程、板书设计、教学后记等等。在这些条条框框中形式主义的成分居多，教师为了应付检查，为了保持备课本的整洁，保持书写规范……把写教案蜕化成了一项机械、呆板的体力活，变成了一项沉重的负担。

现在我们许多教研部门和学校领导都很强调备课，但强调的往往是刻板的备课模式、写出详尽的、“规范”的教案。比如语文每一课教完都要求写课后小结，每一课时要有板书设计，大小测试都要做卷面分析，要写出讲评教案，每一次教案都要写满两页纸……最令人无奈的是连几轮几步都“搞定”了。这好比建大楼，人家立好了框架，你需要做的只是些填填补补、修理之类的零活儿，至于楼建成什么样儿，其实已不是你的事啦。教案写成这样，语文死了，教师蔫了，语文课哪来的活力？正因为如此，许多教师认为写教案毫无意义，仅仅是为应付领导的检查、考评。可是形式主义的无用功还得去做，于是他们往往写的是一套，行的却是另一套，写教案的真正意义充其量也就是练练字罢了。

弊端六：时间紧、精力不足

时间紧、精力不足是困扰教师的又一大问题。

常州市第八中学课题研究小组曾对教师的备课时间做了调查，结果如下：

在调查新授课时，备一节课平均要用的时间有40%的教师在30～60分钟之间，其余60%的教师都在60分钟以上。备课与上课的时间比平均为1:2.5之间。对于备课时间，许多教师备课本身工作量太大、时间不够用的主要原因在于批改作业、辅导学生、管理学生等工作上所花时间比重过大。

还有一项调查，其中一个问题是“备课时间是否充足”，选项是：A明显不足；B可以；C很充足。选择“A明显不足”占91%。又问：“您的备课时间通常都在什么时间来进行？”教师的回答几乎全部是用的休息时间进行备课，主要是每天晚上和双休日，在校内得先忙于批改作业。

从上面这个调查可清楚看出，影响教师备课的因素虽然很多，但是教师选择回答中第一位的还是时间和精力不足。

研读课标需要时间，钻研教材需要时间，了解和教育学生需要时间，创编教案需要时间……教师经常是备课时间少，课前准备不足，匆匆忙忙走进教室。

综上所述，备课改革势在必行，刻不容缓。要让中小学教师从繁重、机械而低效的备课中解脱，使备课由“为他所控”转变到“为他所动”，最终“为我所用”，就必须对备课进行深刻的改革。

**【解决对策】**

## 如何走向深度备课

### （一）于漪的“三次备课、三关注、两次反思”备课法

于漪，上海杨浦高级中学名誉校长，首都师范大学、华东师范大学、上海师范大学兼职教授，上海市教师研究会会长。多次被评为上海市先进教育工作者，上海市劳动模范，全国及上海市三八红旗手，全国五讲四美、为人师表优秀教师，1989 年被评为全国先进工作者。

一篇课文，三次备课，三关注，两次反思。

（1）三次备课。

第一次备课：不看任何参考书与文献，全按个人见解准备教案。

第二次备课：广泛涉猎，仔细对照，“看哪些东西我想到了，人家也想到了；哪些东西我没有想到，但人家想到了，学习理解后补进自己的教案；哪些东西我想到了，但人家没想到，我要到课堂上去用一用，看看是否我想的真有道理，能否成为我以后的特色。”

第三次备课：边教边改，在设想与上课的不同细节中，区别顺利与困难之处，课后再次“备课”，修改教案。

不难看出，于老师的这种模式其实就是教案的预设计、课前反思、

课堂验证、课后再备课，不断反思、不断调整。

（2）三关注（自我经验、文献资料、课堂现实）。三次备课所关注的侧重点有所不同，即第一次备课集中关注自我经验，强调真实的我、实在的我；第二次备课其实就是课前反思，其关注点在于文献资料，特别是别人已有的经验和教训；第三次备课就是课后再备课、课后反思，其关注点在于课堂现实。

（3）两次反思（经验与理念、设计与现实）。于老师在三次备课的同时，有两次反思，一次是围绕经验与理念的反思，另一次是围绕设计与现实的反思。

### （二）靳家彦备课五字诀

靳家彦，语文特级教师，曾任天津市南开小学校长。40 年来，靳家彦不断从理论与实践的结合上探索小学语文教学科学化，是“导读式教学”的创立人之一。在课堂教学上，倡导“语思统一、口书并重、内外相通、以读为本”的导读法，主张“生活—认识—表达”的作文训练程序，取得了显著的教学效果。曾荣获天津市模范教师、天津市劳动模范、全国教育系统劳动模范等荣誉称号，被国家授予“人民教师”奖章，是享受国务院特殊津贴的教学专家。

靳家彦执教四十余载，他将备课概括为五字诀，即钻、参、联、选、写。这五个字，既是备课流程，也是常态方法。

（1）钻。

钻即钻研，备课如同打井，只有深钻，才能出水。靳老师在备一课时，总要先放声诵读，一丝不苟，反复吟咏，口诵心唯，如朱熹所言：“使其言皆若出于吾之口”“使其意皆若出于吾之心”。这就是“熟读精思”。他的老师王企贤先生在备课时，要求自己做到“一字未宜忽，语语司其神”。备课中遇到攻不下的环节时，茶是一口一口地喝，烟是一支一支地吸——吸烟当然不好——反复思考，可见其所下工夫之苦，正如他自己所说：“一词未解烟受难，半句不通茶遭瘟。”他遵循先生教诲，教一课书必先烂熟于胸，熟读成诵，否则不能走上讲台。钻研教材，也有种种方式。如“通篇融汇，抓住主旨”。《跳水》一课，读罢全文，掩卷深思，此文究竟是赞扬船长机智果断，处变不惊呢；还是启示儿童不要意气用事，将自己置于危险境地？抑或二者兼而有之？在预设中深思熟虑，上课时就能因势利导。

又如“遵路入境，激情满怀”。《董存瑞舍身炸暗堡》一课，大无畏的英雄主义精神，视死如归的豪迈气概，特别是一大段拉导火索的描写，荡气回肠，震撼人心。执教者的激情对教学的感染力有极大的作用。正如叶圣陶先生所言：“作者思有路，遵路识斯真。作者胸有境，入境始与亲。”信哉斯言。

（2）参。

参即参考，除了教材之外，备课要参考大量的资料。大至原著、出处，小至一词一句，都要胸中有数，明明白白。以己昏昏，使人昭昭，怎么可能呢？叶圣陶先生教导我们：“陶不求甚解，疏狂不可循。”要“甚解”，除了“潜心会本文”之外，还应大量参考其他资料，而不仅仅是一本《教学参考书》。靳老师在备《两小儿辩日》一课时，阅读了《列子》一书。《列子》共八篇，现在的传本是晋朝人辑录的，其中关于孔子的故事有十六个，都有寓言性质。《两小儿辩日》出自《列子》“汤问”篇，《愚公移山》也在此篇。关于太阳早上、中午离地球远近的问题靳老师也参考了大量有关资料。

（3）联。

联即联系，联系学生实际，联系前后内容，联系学生发展。要全面提高学生的语文素养，备课时就要充分研究学生的知识水平、能力状况，对他们的情感、态度和价值观的发展处于何种状态做到心中有数。低年级和高年级不同，这个班与那个班不同，甲生与乙生也不同。例如在备《有这样一个小村庄》一课时，靳老师就充分考虑到城市的学生与乡村的学生有差异，东部地域与西部地域有区别，根据这些不同，制订不同的教学计划，设计个性化的教案。语文教材前后的联系很密切，要从纵、横两个方面研究它们的内在逻辑，重视知识、能力、智力的提升路线与范畴，促进学生得到切实的发展。

（4）选。

选即选择教与学的方式、方法，选择恰当的媒体手段。该学生钻研、思考的，一定留给他们充裕的时间；该合作探究的，一定保证质量，不走形式；该教师讲授的，不要有顾虑，接受性学习与自主合作探究要各展其长，相辅相成。现代信息技术与传统手段要恰当运用，都要与教学内容有机整合，不能以点击代替对学生的点拨。

（5）写。

写即写出教案。要做到写教案时课已瓜熟蒂落、水到渠成。“课到生时是熟时”。这里的“生”是产生的意思。课都成竹在胸了，写还不信手拈来吗？至于是简是繁、形式如何则要结合个人实际，没有必要千人一面，更不要搞什么标准模式“一二三四”。写教案是为了指导上课，而不能束缚手脚，生成创造是课堂教学永恒的主题。

# 主题四　有效研读教材是有效备课的核心

## ——有效课堂与有效研读教材

教什么比怎么教更重要，有效教学源于有效备课，有效备课又源于有效研读课标教材，如果连起码的课标教材都未搞明白，却要大谈提高课堂有效性，那可真是天方夜谭。

【问题呈现】

**舍本逐末的有效教学研究**

现在许多学校都在搞这种培训、那种培训，组织教师学习这、学习那，应该肯定的是，以这些做法来开拓思路是很有必要的。但是有一点万万不能忽视了：教什么比怎么教更重要，研读教材是有效教学的核心。当今，学习《课程标准》、研读教材仍然是第一位的事情。对教师来讲，理解《课程标准》驾驭教材是最重要的事情。如果教师连《课程标准》基本精神都没搞清楚，教材的基本体系和内容还不十分明确，却四处去讨各种教学方法的“灵丹妙药”，那意义就不大。看了别人如何如何，却还是只是一些皮毛，日子还要自己来过，梦还要自己来圆。

千重要万重要，理解教材最重要；这个法那个法，不理解教材就没法。

【问题分析】

**为什么说研读教材是备课的核心**

**一、新课程的教材观让我们有以下三种思考**

（1）教材是一种载体，它是工具，不是结果。教材既是学生掌握知识和方法的主要依据，又是培养学生能力的载体。它要完成对学生的人生启迪、传承知识、培养技能、开启智慧、教授方法、养成习惯等的综合训练，而不是单一的知识学习。教师使用教材第一位的是在课标的引领下认真吃透教材精神。任何随意冷落教材、脱离教材的做法，其后果都是不可想象的。

（2）教科书是主要的课程资源和依据，但不是课程资源的全部和唯一。

（3）教材是写给教师的，它不一定完全适合学生，教师要创造性地使用教材，即必须进行二度开发和组织处理。

## 二、目前研读教材存在的误区

（1）丢掉自我。许多教师备课时尚未认真读懂、读通课本，就急忙翻“教参”查阅现成的教案或教学实录，导致因对教材不能个性化的深入地研读，只是对教参所作的粗略的“研究”，没有产生自己的理解，没有自己独立的思考，从而影响了教学的深度、厚度和广度。因此课堂上缺少个人的主见和灵气。

俗话说，吃人嚼过的馍没味道，要知道梨子的滋味就要亲口尝一尝。教师要想得到对教材真实的感受，正确的做法应该是先自己独立地去阅读教材，而后再去阅读参考书，参考别人的东西。

（2）另起炉灶。不少教师认为每节课中都要创设鲜活的生活情境，把教材“改头换面”才是创造性使用教材，才是充分开掘教学资源。

开发课程资源并不意味着淡化教材。教材是主要课程资源，是教学的主要依据，只有领悟新课标，领会编者意图，深入钻研教材，尊重和用好教材，才能根据需要有目的地开发课程资源，补充活化教材，实现课程资源的整体效益。

（3）迷信教材。一部分教师认为教材形式新颖，适合儿童年龄特点，因而迷信教材；“静态”呈现教材的结果，忽略了过程。他们认为教材是一个“范本”，它具有“至高无上”的权威——一种绝对意义上的正确性和精确性，在教学中没有再做处理的必要，只是照搬、复述教材就可以了。这样的教学就丢失了必要的观察、操作、思考、交流的过程，效果可想而知。其实教师在研读教材时，完全可以去补充、拓展课程资源的空间。如历史课《收复台湾》中，教师和学生一起调查、收集郑成功在厦门留下的大量遗址和史料，充分运用多媒体和网上资源，生动地再现当年郑成功收复台湾的历史画卷。在美术课《门》课堂教学中，学生纷纷展示自己与最喜爱的门的合影，有位学生亮出了去法国旅游时在凯旋门前的留影，让同学赞叹不已。在生物课《膳食指南》中，学生深入超市调查食品店食品袋上的营养成分标识，汇报自己一日三餐的食谱。在地理课《地震》中，教师不仅让学生了解地震的知识，而且利用教室让学生进行自救演练……

（4）舍本逐末。有的教师在备课中尚未弄清楚教材内容，尤其教学目标尚不明确，就忙着设计教法，过分追求教学的形式和花样，而忽略了对教学目标的把握。方法为目标服务，有了明确的目标，方法常常会“应运而生”。不同的目标，方法也是不同的，就好比目的地不同路径也不同。方法没有好坏，只有合适与否。最高效地达到目的的方法就是好的方法。明确的目标哪里来？最首要的还是认真钻研教材。于永正老师所讲的“课文钻研好了，教法往往也随之有了”，说的就是这个理。

（5）面面俱到。“少则得”“多则惑”。研读教材应抓住重点、研究难点。但有的教师不敢对教材进行大胆的取舍。在他们眼里，这也重要那也重要，很怕课堂上漏掉这个丢掉那个。因而课堂上四面出击，追求面面俱到，结果是重点不突出，难点突不破。事实证明，那种“事无巨细，浅尝辄止”“水过地皮湿”式的教学，必然让学生丢掉“西瓜”而去捡“芝麻”。

【解决对策】

## 研读课标与教材的技巧

一个国家发展得好一定有一部好宪法；飞奔的汽车不驶离道路是因为有方向盘；茫茫大海，轮船能够按航道快速行驶而不触礁，是因为有航标灯为它导航……《课程标准》，对教师教学来说就是宪法、方向盘、航标灯。

## 一、研读课标的技巧

一位老师说："以前对课标不了解。教学时，对教材哪一点也不敢放过，惟恐教得不够。通过钻研课标和教材，对课标的要求更清晰了，对整册教材也都非常熟悉了，哪里该删、哪里该增，心中有数了。"这位老师的确说到问题的要害处了。一个聪明的教师一定会去认真研读《课程标准》，因为这是有效教学和提高教学质量的最佳途径和有效方法。如果说提高学生成绩有什么秘诀和可以走捷径的话，这就是秘诀，这就是走捷径。

现在大家不是都在研究什么是一节好课的标准吗？其实，一节好课的真正标准是《课程标准》。如果课程标准没有把握，评课标准也不一定制定得好。

怎样有效地学习理解《课程标准》？根据一些教师的经验，以下的一些做法可供教师参考。

（1）精读。精读就是反复仔细地阅读原文，从课标的结构上对每一章进行认真仔细的阅读，并做必要圈点。重点地方应加强背诵，以强化理解和记忆。

（2）结合。这种方法是把钻研教材和学习课标结合起来。一方面先去通晓课标，然后按照课标的要求再去细致阅读分析教材、理解教材、挖掘教材。也就是说，以课标为出发点，到教材中去找落脚点，这是顺向思维。另一方面，教师可看教材、想课标，以推理的方式进行逆向思考。这样上上下下，使课标和教材融为一体，不至于使教学迷失方向。

（3）提醒。提醒有两种：第一种做法是在自己的案头常放一本《课程标准》，看到它，自然有意无意地翻一翻、看一看，需用哪一部分就看哪一部分。第二种做法是，在课标的扉页上都写上所教学科的主要内容，用以提醒自己按课标要求进行教学。

（4）对比。对比就是教师在学习《课程标准》时同旧大纲进行对照，看《课程标准》与旧大纲有什么区别，《课程标准》哪些地方有新的更改和变化，去掉了什么、增加了什么，想一想为什么要这样变化，这样有助于尽快地掌握《课程标准》。

(5) 取经。取经就是向别人请教。如向有经验的教师请教，向教研员请教；另外，还可以从报刊杂志上学习有关文章，体会课标；也可以通过听专题讲座、看观摩课等来学习课标。

例如有的小学语文教师在学习《课程标准》（修订版）和教材以后对其任务总结为七字歌。“七字歌”按《课程标准》的具体要求为：

识——认识三千个左右的常用汉字；

写——书写一手正确规范的汉字；

读——具有独立的阅读能力。课外阅读量达一百万字；

背——背诵积累优秀诗文六十篇；

说——具备日常口语交际的基本能力；

作——能写文从字顺、具体明白的文章；

习——养成良好的语文学习习惯。

总之，把以上各种方法结合起来，就能大大提高学习课标的效率。

## 二、研读教材的技巧

因为学科不同，每个教师的知识经验、个性习惯不同，乃至时间分配、生活习惯各有差异，所以研读教材的方法不可能是统一和固定不变的。研读教材也是一门学问，总有一些规律和技巧，这里做一些总结和介绍，以供教师参考。

### （一）通览教材，把握全局

教师研读教材首先应有全局意识。即能从宏观和微观上理解把握教材。所谓由宏观到微观，就是教师备课从程序上要由大到小、由粗到细。所谓“由大到小”是指备课的范围，要按照“全册教材→单元教材→课时教材”的程序来备课。“由粗到细”是指备课的深度由浅到深，即教师对所教课程要反复推敲，深入钻研。宏观备课有方向性、设计性、超前性，是微观备课的指南；而微观备课是对每一课时从知识到方法的逐一设计，是对宏观备课的具体落实。

教师初读教材要了解教材涵盖了哪些内容，包括编者意图、知识结构；同时，兼顾前后，了解与本学科有关的“已学教材”和“后续教材”的相应内容，找准各知识点间的因果性、关联性，以及在本学科相关知识结构体系中的地位和作用，从而明确教材的逻辑系统，分清主次，突出重点、突破难点，有计划地安排教学进度，写好本学期教学计划。

### （二）重视初读教材的第一印象

没有个人对教材的读，就没有个人对教材的真正的理解，当然也很难找到个人对教材的那种感觉。而教师在研读教材时尤其要重视初读教材。

提到喜新厌旧，人们往往给以批判的态度。其实，喜新厌旧是人的一种常态心理，不该简单否定，它恰是一种极其重要并值得关注的心理状态。譬如，当你读一部新书，看一部新电视剧，第一次与恋人约会、接吻；第一次领工资、受奖励；第一次外出旅游观赏从未见过的良辰美景……那种鲜活，那种兴奋，那种震撼，那种期待，那种感悟，足以使你激动甚至终身难忘。而后来的第二次、第三次就很难找到第一次的那种感觉，所以也才有“一见钟情”“初恋”“第一印象”之说。

当你备课时，第一次读课文的那种新鲜感和好奇，也能让你有兴趣盎然和震撼的情绪体验。而读的次数多了，就很难找到第一次读时的那种感觉。比如有人拿出一把花生，向孩子们提出这样一个问题：“说说哪颗最好吃？”孩子们揣摩半天没答上来。后来提问题的人说，应该是第一颗最好吃。实践证明，事实真的是这样。当你把一颗花生放到嘴里咀嚼时，那香甜的滋味真不啻于人参果，但是继续吃下去，就不过尔尔了。这告诉我们，初感（即第一次感知）所获得的第一印象，在人的认识活动中是十分重要的，给人的印象也是鲜明、深刻的。所以教师备课应充分利用初感（第一印象）这一特殊心理现象，这样才能提升研读教材的水平。

特级教师支玉恒就谈过自己这方面的经验。他说：“备课肯定要先读教材，但我实际接触课文时，并不多读，而是只读一遍。因为读多了，对课文所有内容结构的‘枝枝叶叶’都了然于胸，反而不知道该讲什么、怎样讲了。我只读一遍，但那是非常认真、非常仔细的。读完了就合上书回忆，在回忆中抓取这篇课文给我留下的最深的印象和最突出的特点。只读一遍就能在脑子里留下深刻印象的东西，应该就是作者浓墨重彩进行铺叙的，是文章的根本所在。抓住这些，就抓住了主干。”

所以教师应该特别重视初读教材，争取在初读教材中找到感觉，留下深刻的印象，并由此触发出教学的灵感和冲动。因为从创造学上讲，人都有灵机一动、急中生智的时候，这是一种宝贵的直觉思维。直觉思维是创造力的核心和转换中枢，科学凭着“直觉”，才有了很多发现和发明。因此爱因斯坦说：“真正可贵的因素是直觉。”教师应善捕捉和利用初读教材中闪现出来的教学灵感和创造力。

### （三）尽可能多种感官参与研读

教师研读教材最忌讳的是泛泛而读或“死抠”和呆读硬背。应边读、边想、边画边记，把读、想、画、问、写结合起来。钱梦龙老师研读教材的做法，就是一个典范，很值得我们学习借鉴。他说：“课文多读几遍：初读，了解文章梗概；再读，扫清文字障碍（生字、新词要查字典，联系上下文理解词义，分析字的音、形、义）；三读，弄清句段含义，根据学生实际设想可能质疑的问题及解答要点；四读，概括中心思想，钻研写作特点；五读，准备好课后练习的答案。”这“五读”并不仅指读五遍，有时为了弄懂一句话、一段话，不知要读多少遍呢！读时要边读边思考，要站在学生的角度多问几个“为什么”，务求甚解。如果自己不懂，就向书本请教，向同事询问，向行家学习，直到得到正确答案为止。还有就是笔头要勤，看书要动笔圈圈、画画、批批；偶有所得，要及时记下来，对那些疑惑不解的地方也要记下来，以便查找资料或请教别人。

为了更有效地研读教材，教师还可以采取以下方法。

（1）深究课题。俗话说，看书先看皮，看文先看题。文章题目犹如人之眉眼，是最精彩、最醒目之处，它那精练的文字，有着无比深刻的内涵。文章的中心和实质往往就包括在题目之中。所以，有时深究题目往往就能抓住文章的中心。如《再见了，亲人》《珍贵的教科书》《小站》《飞夺泸定桥》等，这些题目或明确范围，或交代思路，或预示中心，为文章的学习提供了目标和依据。

（2）抓关键字词。在研读教材中，不可避免地会遇到一些费解的字词，特别是有些字词又是关键处、重要处，倘若不求甚解，囫囵吞枣地读过去，带来的后果自然是食而不化。因此教师在钻研教材中应注意抓住教材中的那些关键字词，深究其中底蕴，务必求真破疑。例如有位老师在备《火烧云》一课时说："我对'烧'字的认识有一个逐步提高的过程。初读课文，我只感到'烧'用得好，既写出火烧云的色彩，又巧妙地点出了名字的由来。待我再读课文，想象画面，我又悟到作者借火焰红、亮以及燃烧时的动感，把它写活了；作者描写了红艳艳、亮闪闪、色彩奇丽的火烧云美景。反复读课文，进行琢磨，又体会到，一个'烧'字，把火烧云漫布天际的磅礴气势写了出来，而且表达了作者对火烧云的喜爱之情。通过字词的反复琢磨，使我对课文逐渐加深了理解，教授学生时，效果也不错。"

（3）抓重点句。抓重点句指的是那些能直接反映文章中心、揭示问题矛盾、提示学习思路的句子，具有牵一发而动全身的作用，而且容量比关键字词更大。文章中的重点句的分布大体有三种情况：一是位于文章的开始处，人们称它为起始句；二是位于文章的结束处；三是位于文章中间的某一地方，具体位置不固定。

（4）钻研提示语和旁注。教材中常有指导思路、方法的提示语和指明关键的旁注。它既是帮助教师正确使用教材、突出重点、突破难点的教法指导，又是启发学生分析、思考、掌握知识要领的学法指导。对此，教师在钻研教材时不可忽视。如小学六年级数学第十册《列方程解应用题》例6，在例题后编者安排了"想一想，还可以怎样列方程"的提示语，来启发学生从不同的角度找等量关系，这有助于培养学生思维的灵活性和运用所学知识解决实际问题的能力。

（5）领会揣摩插图。各个学科教材都有多种插图，教材为什么要设置插图呢？它的作用是什么？教师在研读中应用心领会、揣摩插图用意，发挥插图作用。教材中的插图一般有主题图、产物图、示意图、表格图、线段图、几何图形等。这些图不仅便于配合各学科的特点进行思维教育，而且便于使抽象的基础知识、基本原理“外化”“物化”，从而帮助学生高效感知，建立表象，培养形象记忆，促使形象思维与抽象思维互助互补、和谐发展。

怎样揣摩和运用插图使其发挥作用呢？我们可以从教师张家福的做法中得到启示。

《我的战友邱少云》一文，为了表现邱少云“严守纪律，不惜献身”的精神，课文编者特设计了一幅图。我认为既然有图，就应有它存在的必要性。我就分析课文，仔细观察图，寻找这幅图使用的时机、方法。最终我决定从文中“没挪动一寸地方”这句话着手提问：“这句话的意思是说在烈火烧身的时候，邱少云一动没动。我却认为他有动的地方，请同学们仔细看图、深思，看谁能替我解释一下，最先寻找到‘动’之所在？”这意外的问题，吸引学生寻根究底。经过思考，同学们发现邱少云在这些方面在动：

手：左手使劲地抓住地，紧紧握住一把土；右手攥紧拳头死死地托住下巴。

嘴：牙咬得紧紧的，嘴角在不停地出现痉挛性抽动，下巴用力地往下压。

眼：长时间地聚在一起。

……

紧接着我问：他为什么会这样动？（答：烈火烧身，疼痛难忍。）从这些细小的“动”体现了什么？（答：严守纪律，不惜献身。）

这样一来，就把同学们带到了邱少云的身边，使他们如身临其境，加深了对课文的理解。

（6）钻研习题。有些习题属于基本训练方面，比如数学习题在教材中的地位仅次于例题，它能配合例题将知识转化为能力。我们钻研教材时，对习题的作用及难易要做到心中有数，特别是要弄清它与例题相匹配的基本题、变化题、发展提高题三个层次的分布情况。

聪明的教师不仅读懂习题，而且还要亲自做一遍，有了这种“下手”做题的经历，再去指导学生就会得心应手。

（7）估计疑点。在教师研读教材过程中，要去分析教材，充分考虑到学生可能在哪些问题上质疑，以便给以释疑解惑。研读教材要估计教材的疑点。

王老师今天要为新教师上一节示范课，内容是乙醇的性质和用途。虽说他对这部分内容已经是滚瓜烂熟，但还是下工夫去精心准备。他很有把握能给新教师上一节精彩的课。新教师和学生都很投入，课堂气氛热烈。当讲到乙醇的用途时，他刚介绍完利用乙醇可以与被硫酸酸化处理过的三氧化铬产生反应而变色，根据颜色的变化可以用来判定驾车人是否饮酒时，有学生便举手提问：“如果用这种方法，那么在晚上光线很暗的地方能看清颜色的变化吗？怎么才能判断出驾驶员喝了多少酒？我在电视上看到交警常用一个小盒子测驾驶员呼出的气体，仪器马上可以显示酒精含量，这是利用了什么原理？”王老师愣住了，乙醇的这种检测方法各种教科书上早就有了，他也照书讲了多年，还从来没有学生提出过疑问，他也从没验证过交警到底是不是用书上介绍的方法检查酒后驾车的。好在他临场经验丰富，马上说：“这个问题提得好，课后我们去调查一下交警到底用什么仪器检查酒后驾车。”一节原以为会是很精彩的示范课，就因为这么一个问题而逊色不少。这就是由于教师课前对教材的疑点估计不足。

### （四）从多角度体会教材

教师要真正吃透教材，做到融会贯通，不仅要潜心读懂教材，还要通过各种方式去深刻体会教材，达到对教材懂、透、化的程度。

（1）瞻前顾后体会教材。教师在研读教材时要有整体观念，不仅要了解本学期的全册教学内容，还要了解前一册、后一册的教学内容。尤其是新接某一个年级的课的时候，更应注意这一点。哪些课文过去放在这个年级，现在放到另一个年级了；有关某方面的课文，已经学习过哪些篇目，还将学哪几篇。这样做有助于全面了解教材，做到心中有数。例如斯霞老师说："近年用的统编教材，我不很熟悉，备课时就需要多翻翻前后各册教材。如在备第六册《列宁和卫兵》一课时，我翻阅了前几册课文，知道第二册有列宁认真学习的故事；第三册有列宁小时候是个诚实的孩子，还有列宁被沙皇政府逮捕坐牢时仍坚持写书指导革命斗争的故事；第五册有列宁在中学时代怎样写作文的故事。三年级的学生对列宁已经比较熟悉，因此在教新课时不用再介绍列宁了。"

（2）从别人的经验中体会教材。做法有三：①自己先钻研教材，设计好教案后再去听课，然后对照比较，看别人哪些地方比自己钻得深透，理解得更深刻；②自己在钻研教材时遇到了难题和疑点，除查找资料外，再带着疑难去听别人是怎样解决的；③对名师的课可采用先听、记再消化的方式，即听完课后，再翻开教材细细思考，体会他们对教材的理解及其在教学中的落实。

（3）通过亲身体验去体会教材。对教材中有些内容如体会不深，老师还可通过实践，切身体会一下，这种真情实感能帮助自己更准确地体会和把握教材。如有一位教师在备《林海》一课时，对脚落在几尺厚的松针上总没有实实在在的感觉，他就先想办法自己去体会一下。他踏过路边堆起来的落叶，踩过厚厚的草帘子，使自己有了感性认识。

（4）从多重角色去体会教材。教材既有原作者的思路，也有编者的意图；学生学习教材有学生的角度，教师教学有教师的角度。这样，教师研读教材，"既要钻得进去，又要能跳得出来"，应从不同的角度来体会教材。这样有助于更好地把握教材。

第一，居高临下——编写者角度。

按课程标准的要求，教材每个章节编写者都有一定的编写意图，教师要善于从编者的角度体会教材的思路、感情、意图，确定教学重点和难点，找出编写者意图和学生之间的距离并寻找缩短这一距离的教法。

怎样体会编写者意图呢？主要是多问几个为什么，就数学来说——例题为什么这样设计、习题为什么这样编排、结语为什么这样引出等等；然后我们自己再来回答，这就能提高驾驭教材的能力。例如，在“简易方程”这部分，教材安排了一些天平图——有的图左右两边全注有具体的数量，有的在一侧出现了未知的数量。编写者之所以这样处理，首先是帮助学生建立等式的概念，然后是帮助学生建立方程的概念。天平图在这部分的教学中还有别的作用吗？有，起码它还有助于对方程的解的理解。因为只有当未知数 $X$ 取一定的值时，天平的两边才会保持平衡。

第二，设身处地——学生角度。

学生是教材认识的主体。教师的教是为了学生的学。那么，教师对教材的处理若想适应学生的认识水平和学习心理状态，就要站在学生的角度来体会教材。即设想一下：假如我是学生应该怎样理解这一课，学习是否能够有兴趣？如《世界多美呀》是苏教版一年级下册的一篇课文，它以童话故事的形式出现，借一只刚出生的小鸡的口吻，叙述了它认识世界的全过程，从中感受大自然之美，激发学生热爱大自然的情感。课文以两条线索展开，一条是小鸡孵化过程中的变化，另一条是小鸡对周围世界认识的变化。

新课程理念告诉我们：“阅读是学生的个性化行为，不应以教师的分析来代替学生的阅读实践。应让学生在主动积极的思维和情感中加深理解和体验，有所感悟和思考，受到情感熏陶，获得思想启迪，享受审美乐趣。”

那么《世界多美呀》这一课所叙述的不仅仅是小鸡眼中的世界，它更是孩子们心中的一片乐园。教师不能以成人角度的理解代替学生的阅读与理解，而应设身处地地站在学生角度阅读与理解课文。这样才能对课文体会得更深刻、更真切，也才能真正找到教学的最佳切入点。如根据课文和学生的认识水平把“读”贯穿于整堂课中，让学生充分地读，在读中整体感知，在读中有所感悟，在读中培养语感，在读中受到情感熏陶。引导学生把自己的体验、感受，用自己的有声言语尽情地表达出来！只有这样教师才可能把课备好。

从学生角度体会教材，一是要体会学生学习新课前的困难和障碍，二是要体会学生思想情况，三是要体会学生原有知识水平和接受能力。

第三，统筹安排——教者角度。

教师不仅要从作者（编者）、学生的角度来体会教材，更要从教者的角度来体会教材。教者角度就是教师从“主导者”的角度对教学目的、重点、难点、特点、疑点等加以综合考虑，充分发挥教师个人的主观能动性。

从教者的角度要求教师“吃透两头”，尊重教材，又能跳出教材，最终设计出既适合“这一班”又适合“这一课”的教学方案。

（五）对教材有独立的个性化的思考

莎士比亚小说中的人物丹麦王子，为父王的鬼魂所困扰，要对杀父凶手复仇。经历了痛苦的挣扎之后他达成了目的，可整个王宫却陷入了死亡的恐怖之中，他最后也中了致命的毒剑死去。“有一千个读者就有一千个哈姆雷特”，意思就是同样一个人，每个人去看都不一样，因为他们的角度不同。

同样道理，一本教材每个教师去研读，尽管总体是一致的，但是因为每个教师的教育思想观念、学识水平、文化底蕴、个人兴趣爱好、特长的差异，对教材的理解感悟都不尽相同。而正是这种差异才能造就出异彩纷呈、风格各异的课堂教学来。越是民族的越是世界的，越是个性的越是大众的。教师在研读教材中最忌千篇一律的脸谱化；每个教师在研读教材中，在充分把握《课程标准》的基础上，应尽可能发挥个人优势，尊重教材，但还要超越教材，对教材一定要有独立的个性化的理解和感悟。

张丽霞是南昌市邮政路小学一名优秀教师。下面是她在研读教材方面的体会。

青年教师要上好每堂课就必须认真研读教材。“研读教材”在方法上要做到“四要”，即：要对研读的教材内容进行相应的分类，要对学生已有的生活经验和知识经验进行相应的分析和审视，要结合《语文课程标准》在该学段的总体目标来确定每节课的教学目标，要学会用儿童的眼光去加工和处理教材。结合个人实践，我认为研读教材可以从以下几方面着手。

(1) 明确教学的着力点。在课堂教学中，如何明确教学中的“着力点”呢？例如《将心比心》一课的阅读教学中，要求“阅读要有自己的见解，应联系上下文，联系生活实际独立思考”。而在学习《爬天都峰》中明确指出“遇到不理解的地方，多读读，多想想，读完全文把前后内容联系起来再想一想”。通过对这两个阅读点的分析比较，我们清楚地知道，“联系上下文多读多想”这一要求是循序渐进地安排的；“联系生活实际独立思考，发表自己的见解”就是在原来基础上的新目标，就是《将心比心》一课阅读教学的“着力点”。要注意每篇课文编者都是有意图的，课文不一样，编者的意图不一样，所以在教学中着力点也不一样；我们要明确编者意图，找到教学中的“着力点”。

(2) 挖掘语言的感悟点。学习语文其实是品味语言文字的过程。我们在研读教材时，一定要把那些含义丰富的词句找出来，引导学生反复品味，从而达到准确理解词句内涵、深刻理解文本的目的。《生死攸关的烛光》这一课，课题中“生死攸关”一词，显然是应重点引导学生感悟的。在思考教学设计时，我紧紧抓住这一重点词，通过联系上下文、展开想象、配乐朗读等方法，学生对“生死攸关”这一词语有了较为准确的理解。

(3) 找准开课的切入点。良好的开端是成功的一半。选准一个恰当的切入点引入教学，能有效地激发学生的学习兴趣，引发学生的探究欲望，诱发学生的阅读期待，产生事半功倍的效果。在此，试举几种切入法的应用的实例。

题眼切入法。如寓言《纪昌学射》，揭题后引导学生抓住题眼“学”字提问：谁向谁学射？为什么要学？结果怎样？教师随机引导学生通过自主学习、小组合作，对文本展开深层次的探究性阅读，寻求问题的答案。

情境切入法。如《十里长街送总理》一课，情感性很强，可以通过多媒体播放十里长街送别总理那催人泪下的场面，再配上教师深情的画外音，创设情境，引导学生“以情悟文，以文激情，情理交融”。

重点切入法。从抓住课文的重点词句入手，能起到提纲挈领的效果。如《桂林山水》一课，可抓住“桂林山水甲天下”这个中心句引导学生展开对课文的研读。

插图切入法。课文插图往往具有丰富的信息情感内涵，对文本具有一定的补充和拓展作用。如《邱少云》一课，教师边激情导入边通过课件出示课文插图（烈火中的邱少云）。学生通过看图，首先就在心灵深处受到了震撼，为全文的学习创造了良好的情感和探究的氛围。

（4）填补文本的空白点。许多文章在叙述时，为我们留下了大量的空白之处。在钻研教材时，我们要善于发现这些空白，并善于利用这些空白进行语文训练，一方面培养学生想象能力，另一方面加深学生对课文的理解。例如《黄山奇石》一文，课文根据黄山岩石名形相似的“奇”，通过“猴子观海”“仙人指路”“仙桃石”“金鸡叫天都”等奇石的具体描写，突出“很有趣”。其他奇石，像“天狗望月”“狮子抢球”“仙女弹琴”等则一笔带过，进行略写，形成了空白。我们可引导学生抓住“奇形怪状”这一特点，紧扣岩石的名字，发挥想象力，分别说说这三块略写的岩石的样子。

教材中，像这样的例子很多，如果我们抓住了这些“空白点”进行有效设计，就能使“理解内容、体验情感、发展语言、拓展思维、丰富想象”等达到和谐共振、水乳交融的境界。

（5）寻找读写的联系点。这是指在研究教材时，要善于发现教材中读与写的最佳结合点，并进行有效设计。

改写式。如让学生将《游园不值》《望庐山瀑布》等写景类的古诗改写成第一人称的游记，能有效地激发学生的想象力，让学生入境入情。

补写式。如《小珊迪》一课中，让学生联系上下文补写小珊迪被马车轧断腿后回到家的情境。通过补写感人肺腑的场景，让学生走近小珊迪，感受他“人穷志不穷，诚实守信的人格品质”。

续写式。如《凡卡》一课，同学们对凡卡的信投入邮筒后的事颇感兴趣。这时，教师就应因势利导，要求学生以《凡卡的信寄出去以后》为题，大胆展开想象进行作文。

模仿式。如学了《我爱家乡的杨梅》，可让学生模仿这课的写法，写一篇《我爱家乡的……》，介绍家乡某一特产的特点及生长过程。

联想式。让学生根据课文内容由此及彼，展开联想类推，进行读写结合。如学了《揠苗助长》之后，让学生联想生活中“揠苗助长”的事例，新编寓言故事《生活中的“揠苗助长”》。

感想式。这是学生表达阅读感受、体会的一种方式。可以写对整篇文章的读后感受，也可以写对课文中某个方面的感想，关键是要抓住最打动人的地方，引发学生的情感体验和共鸣，真正做到让学生“有感而发”。

(6) 落实能力的延伸点。这是指探求、发现教材中课内学习与课外学习的连接点，将有限的课内学习延伸到更为广阔的课外学习领域，努力实现“语文学习的外延与生活的外延相等”的大语文教育观，让学生在丰富的语文实践活动中，提高语文素养、锻炼实践能力、培育创新精神。落实课文学习的“延伸点”一般有以下几种形式。

阅读延伸。如学了《猪八戒吃西瓜》后，引导学生阅读《西游记》；学了《草船借箭》后，引导学生阅读《三国演义》。

表演延伸。如学了《会摇尾巴的狼》《守株待兔》后，可让学生自由组合，自编、自导、自演，创造性地进行课本剧表演。

实践延伸。如学了《一个小村庄的故事》后，组织学生对周边环境进行调查，或开展植树造林活动，将认识转化为行动，在实践中加深体验，升华情感。①

上面这个研读教材的案例有这样几个特点：首先，不受现成的参考书“先入为主”的限制和束缚，带着个人的感受去独立研读教材，有自己对教材的真切感受和理解。其次，结合学科实际，紧紧抓住了语文学科的特点来备课，通过对着力点、感悟点、切入点、空白点、联系点、延伸点的研究。理解和深挖了教材，提高了备课的有效性。再次，抓住了教材的特点，突出了重点，明确了教学的目标。总之，这样研读教材为下一步组织、处理教材，精心设计一节课打下良好的基础。

创造学学者奥托说：“我们所有的人，都有惊人的创造力。只不过它埋藏在人的较为深层的自我里，只有付出辛苦且常常去‘挖掘’，才能得到它。”新课程、新教材给教师留下很大的创造空间，但愿每个教师在研读教材中勇于创新，不断挖掘自身的潜能和优势，发现自我、创新自我、超越自我，像张丽霞老师一样，在个性化研读教材方面能摸索、总结出一套适合自己的方法、经验，并可以独树一帜。



① 资料来源：南昌市邮政路小学网页

# 主题五　有效备课要关注学生的学习背景

## ——有效备课与有效读懂学生

学生“学”是教学存在的原因，也是教学的出发点和归宿，教师是为学而教的，教师也是因为学生的学习而存在的，所以教学依据首先不应该是由老师来决定的，教师确定教学内容和选择教法必须吃透两头——一头是教材，一头是学生。

【问题呈现】

**离开关注学生，课讲得无论怎样精彩都没意义**

● 有的老师上完课后无奈地感觉到：“课堂上平平淡淡，没有激情，原来会的学生现在一样没问题，原来不会的学生现在还是不会。就是由于咱们不十分了解我们的学生，他们已知的我们喋喋不休地讲个没完，他们不知道的我们没有涉及。”

因此了解学生是当务之急，是教师专业发展走出瓶颈的必由之路。了解学生要从以下四个方面着手：学生已有的知识基础（包括知识技能和方法），学生已有的生活经验和学习该内容的经验，学生学习该内容可能遇到的困难，学生学习兴趣、学习方式和学法分析。

● 有的老师说：“这些学生也太笨了，这个问题我已经讲五遍了，还是有那么多学生还是不会，真是拿他们没有办法。”

● 有位老师谈了这样一段体会：“我第一堂课给初三学生讲比例的概念和性质，课前反复钻研教材、编写教案，甚至自己一个人到空教室中试讲、设计板书。但课堂实际效果不佳，学生说我把他们讲糊涂了。开始我不理解，自己课堂上一句话也没讲错，而且还特别注意逻辑推理的严密性，怎么会把学生讲糊涂呢？冷静思考以后，才悟出其中的道理——

我课前根本没有了解学生已经掌握了哪些知识、在旧知识的运用和理解上有什么缺陷、接受新知识会有哪些困难。于是仅从教材出发，片面强调逻辑推理的严密性，不考虑学生的可接受性，在课堂上滔滔不绝地把一个又一个的结论抛给学生，使他们无法招架，所以教学效果不佳。”

所以，为了缩短教师与学生在认识教材上的距离，教师备课时应经常换位思考：假如我是学生，我会怎样学习本节内容。

- 有位老师说：“我常常遇到这样的情况——自己辛辛苦苦地备了课，教案写得详，课讲得细，可学生听了感烦生怨，这是怎么回事呢？一了解，是教学脱离了学生的实际。相反，有些课文，自己较熟悉，胸有成竹，只写简案，把时间花在了解学生、倾听意见、改进方法上；由于讲授的内容在详略取舍方面与学生的心理、基础、要求相吻合，讨论的问题与他们的兴趣、意愿相通，方法运用恰当，学生听得有滋有味，教学效果就好。”

【问题分析】

## 备课为什么要关注学生的学习背景

通过上面呈现的问题让我们清楚地看到，教师备课、上课时如果脱离了学生、背离了学生，其教学效果是低下的，那么这是为什么呢？教师的教学设计为什么要读懂学生，要十分关注学生的学习背景呢？

### 一、以学定教，学生的学习背景是教学的依据

我们知道，学生“学”是教学存在的原因，也是教学的出发点和归宿，教师是为学而教的，教师也是因为学生的学习而存在的，所以教学依据首先不应该是由老师来决定的，教师确定教学内容和选择教法必须吃透两头——一头是教材，一头是学生。所以教师备课时必须思考以下问题。

- 学生学习新课，原有知识、经验是什么？
- 学生学习新课，能力是在什么水平上？
- 学生学习新课，兴奋点和障碍在哪里？

• 学生之间会有哪些差异？

教师要依据这些来确定自己讲什么和怎么讲，如果脱离开这些学生的学习背景去上课，那么课无论上得怎么精彩都可能没有意义。对此特级教师于漪有这样一段教学记录：

《记一辆纺车》课堂上的意外。

老师：今天学习第十一课《记一辆纺车》。昨天我请大家预习了，现在说说看，你们喜欢这篇文章吗？

学生（异口同声地）：我们不喜欢！（随堂听课的二十几位老师十分惊讶，于老师也感到意外）。

老师：不喜欢？那就说说不喜欢的原因吧！谁先说？

……

对此，于漪老师在教学后记中写到：备课时考虑欠周密，原以为学生喜欢散文，想由此激发兴趣，引入课文，但未考虑到叙事散文与抒情散文的差异。课堂上发生了意料之外的情况，当即因势利导，先听取学生的意见，然后强调该篇叙事散文的特点，培养学生的学习兴趣。对学生的实际应作充分的了解和估计，不可再犯闭着眼睛捉麻雀的毛病。要继续提高驾驭课堂教学的能力，力争做到运筹帷幄，成竹在胸。

于漪老师的体会启示我们，教师备课应读懂学生，关注学生对当堂课学习的兴趣和态度。要能蹲下来看学生，认真体察学生的心灵世界，努力在打通学生的生活世界和书本世界上动脑筋，激发学生学习的愿望。有这样一个比喻："把马拉来喝水，还是让它口渴呢？"作为教师，学生是教学的出发点，一节课应该给学生留下充分的时间，不要把课备得太满，要给学生"留白"，让学生成为课堂真正的主人。

## 二、缩短距离，克服教学设计的盲区

学生与教师的距离，不仅包括与教师认知上的距离，还与学生的生活经验、个人的兴趣爱好等有关。教师的阅历和学生的阅历不同，对教材的感受就不同。教师不要以为讲了学生就会了，自己喜欢的学生就一定喜欢。教师与学生之间总是有差异的，这种差异恰恰造成教学工作的盲区，而克服盲区的最好办法就是了解学生的学习背景。

有这样一个故事。有一个大公司的老总在公司的27层楼上办公。一天傍晚要下班的时候，他站起来，从窗户往外面看了一眼。这一眼，让他惊叹：西边的太阳就要落山，彩霞满天，映照着绿柳炊烟；再俯瞰，只见人群涌动，人间一派繁忙景象……这是一幅画啊！这景色让心灵受到冲击，让心灵震撼。他忙拿起电话，对十层以上的中高层主管发出指令："大家一律向西看！"

中高层主管们透过西边的窗户也看了，是在领导的引导下看的；主管们也感受了："嗯，景色还真美啊！"，可是看得却不全面，因为发生了时间差，因为换了高度和角度。但他们也有收获与感慨。

于是，他们遵照上级的指令，拿起了电话给一楼的基层各部门负责人下达指令："大家一齐看西边！"部门的负责人有的忙着自己的工作，无暇顾及，有的领到了指令向西看到了一些屋顶，当然看到了西边红的快要下山的太阳，却没有太多的感想："这太阳天天都要落山，有什么看头呢？"但是，还是将指令往下传，传给了在地下室干具体工作的职员："大家一律向西看哦，谁不看就罚谁的款！"

地下室的人们干得正欢，接到指令，大家直起腰一齐看，看什么呢，四处是墙壁。于是有的人继续干活，有的人牢骚满腹："看什么看，有什么好看的？领导就是领导，整天没事干，尽整那没用的。"

就因为高度的不同、眼界的不同、认识的不同、心态的不同，导致了一系列的误解和适得其反的效果。（武当太松博客）

这一故事启示我们，一个人所处的高度和观察的角度不同，观察的事物以及对事物的感悟、认识也不同。教学工作也是一样。教师与学生，一是成人与学生的关系，二是先知者与未知者的关系，看问题的高度和角度是不同的。也就是说，教师感兴趣的东西学生不一定感兴趣，教师能理解的学生不一定能理解。

在具体的一节课的备课时，教师要了解与教学内容有关的学生已学过的知识的情况，分析出哪些是学生已掌握的，哪些是学生初步掌握了的，哪些是学生通过自学可以掌握的，哪些是教师非讲不可的；此外还要了解学生学习新知识的准备知识以及对学习新知识的兴趣等。特级教师朱德江说得好："我们要学会读懂每一位学生。"我们要改变已成为成人的惯性的思维方式，少一些"师长"姿态，多一些"孩童"意识，努力读懂学生已有的知识基础和生活经验，读懂学生的各种语言，读懂学生的每一种行为，读懂学生的学习路径，读懂学生的学习困难，读懂……然后"投其所好"。

**三、以旧带新，联想建构**

建构主义学习理论认为，任何学科的学习和理解都不像在白纸上画画，学习总要涉及学习者原有的认知结构，学习者总是以其自身的经验（包括正规学习前的非正规学习和科学概念学习前的日常概念），来理解和建构新的知识和信息。

比如这里做个小实验，画一个圆，然后向人们询问："这个是什么？"

结果不同经历、不同经验、不同身份的人回答是不一样的：

- 小孩——烧饼
- 运动员——球
- 诗人——月亮
- 领导——圈阅

……

这个实验启示我们：学生学习不是简单被动地接收信息，而是主动地建构知识的意义，这种建构是无法由他人来代替的。即学习不是被动接收信息刺激，而是主动地建构意义，是根据自己的经验背景，对外部信息进行主动的选择、加工和处理，从而获得自己的意义。外部信息本身没有什么意义，意义是学习者通过新旧知识经验间的反复的、双向的相互作用过程而建构成的。在这一过程中，学习者原有的知识经验因为新知识经验的进入而发生调整和改变。所以，建构主义者关注如何以原有的经验、心理结构和信念为基础来建构知识。

建构主义的学习观至少能给我们的启示是：教师的教学必须重视“对学生”和“对学生学习背景”的研究了解，因为学生学习不是一个被动的学习过程，他们总是带着以往的学习经验、知识基础、学习态度来参加新的学习，去建构新的知识结构。所以教师的教学缺少了对学生原有学习背景的了解，脱离了学生的实际，就不能借用学生原有的知识基础、学习能力等实现知识能力的迁移，当然也就很难实现有效教学。

**四、注重学生和谐发展的需要**

我们知道，办教育的根本目的，在于每一名学生获得全面、健康、和谐、可持续发展。因此无论从课程的设计，还是从课程的实施和评价，一切都要从学生的需要出发，以学生的发展为本，这是教育的本质所决定的。

**【解决对策】**

## 教师读懂学生的策略与方法

**一、教师要读懂学生什么（即学生的学习背景都包括哪些内容）？**

（1）班级基本情况。了解班级风气、纪律状态；了解学生的爱好、性格、习惯、家庭状况、文化背景等。

（2）学生的年龄心理特征、认知发展规律与水平。小学、初中、高中，低年级、中年级、高年级，不同年级的学生有着不同年龄阶段的感知、记忆、思维、情感、注意力等特点，了解这些特点上的差异是进行教学设计的重要依据。

（3）学生对当前课的学习基础、生活经验、起点能力、学习方法等。

有位中学老师谈了这样一段体会：“我第一堂课给初三学生讲比例的概念和性质，课前反复钻研教材，编写教案，甚至自己一个人到空教室中试讲、设计板书。但课堂实际效果不佳，学生说我把他们讲糊涂了。开始我不理解，自己课堂上一句话也没讲错，而且还特别注意逻辑推理的严密性，怎么会把学生讲糊涂呢？冷静思考以后，才悟出其中的道理——我课前根本没有了解学生已经掌握了哪些知识，在旧知识的运用和理解上有什么缺陷，接受新知识会有哪些困难。于是仅从教材出发，片面强调逻辑推理的严密性，不考虑学生的可接受性，在课堂上滔滔不绝地把一个又一个的结论抛给学生，使他们无法招架。所以教学效果不佳。经过这一堂课，我认识到只钻研教材，不了解学生，在课堂上只想突出自己的‘主导作用’，而不发挥学生的‘主体作用’，是无法上好课的。”

把握住学生的学习基础对上好课是至关重要的。学生的学习基础包括已有知识、学习新知识的准备知识、新课可能产生的困难和障碍、学生起点能力、学生对新课程的兴奋点等。

## 二、为什么教师不能很好地读懂学生

教师不能很好地读懂学生大概有三种情况。一是有些老师并没有充分认识到“备学生”的重要性，在他们看来，备课一直以来就是抄资料或抄教材，没有必要花时间去顾及学生；二是有些老师也知道要“备学生”很重要，但并没有把这件事摆到议事日程上来，所以即使有，也是“毛估估，大约莫”，几乎等同于没有；三是很重视“备学生”，但不知道怎样备学生，所以免不了不得要领，甚至南辕北辙，看起来到位，实际上缺位。所以解决教师备课中了解学生的学习背景问题，一是教师要解决认识问题，二是要解决方法问题。

怎么进行学情分析呢？珠海市教育局教研中心容理诚提出以下建议。

第一是宏观的要求。接手一个班级，必须对班上每一位学生的家庭背景、思想状况、兴趣爱好、学习态度、思维习惯等有一个比较全面的了解，方法上可采用家访、谈话、平时观察等方法。这不是一蹴而就的事，然而却是必不可少的，因为它是实现因材施教、提高教学效率的前提。第二是微观的要求，即了解学生已经知道了什么（先前经验）、学生还想知道什么（自发动机）、学生能知道什么（教学目标）、学生如何知道什么（教学过程），特别是要摸清学生相关准备知识基础和能力的实际。

奥苏伯尔曾经说过：“如果我不得不把全部心理学还原为一条原理

的话，那么我将会说，影响学习的最重要的因素是学生已经知道了什么，根据学生原有的知识状况进行教学。”这一点许多老师是非常重视的，但能做到什么程度，还是有很大区别的。上海闸北第八中学原来是一所教学薄弱的初中校，刘京海校长进行了“成功教育”的实验，采用“低起点、小步子、多活动、快反馈”学科教学模式。在确定学科教学起点时，教师先要理清知识网络倒向结构，然后编制预测性检查试题，根据检查结果了解学生的实际知识起点，以此来组织教学。如在教学“一元一次方程”时，教师先总结整理出一元一次方程教学的准备知识，即有理数的运算，分数的有关知识，等式、方程的有关知识，符号、括号的有关知识，求代数式的值，整式加减运算，解应用题的有关知识等，然后编制与包含以上内容的一元一次方程预测性检查试题进行检测，结果发现，的确存在一些教师认为学生肯定应该懂的内容学生确实不懂的情况。教师再根据学生的实际知识起点进行教学设计。这样精细化的备课，要想没有针对性也难。当然也可以通过课堂观察、谈话、作业等途径进行学情分析。

## 三、读懂学生的方法

除了容理诚提出的建议外，以下读懂学生的方法也可以供教师参考。

（1）一查，即查阅资料档案。教师通过批改学生的作业、分析试卷、检查预习笔记、阅读学生日记等方式来了解学生。

- 作业批改是了解学生的一个重要途径和方法。教师应边批改边进行研究。必要时应做统计定量分析，如学生都容易在哪些地方错、哪些学生容易错、为什么会错、有无新的独到解法等等。

- 学生在预习过程中，也就是初步自学时，往往会发现一些自己认为难以解决的问题，这会及时反映在预习本上，教师通过检查预习本就可及时了解到学生在学习中遇到的困难。

- 试卷分析也是了解学情的重要方法。试卷可以反映学生整体的学习面貌，从中既可以看到学生知识的掌握情况，又能发现知识的漏洞和问题，同时也能看出学生的生活积累和态度，即发现学生知识以外的学习障碍。

• 教师通过看学生的作文、日记，也能掌握学生思想感情的脉搏。有不少性格内向不善言谈的学生，常常会把心里话在日记里说一说。看作文、日记常常可以发现学生心灵中许多闪光的东西，也能看到学生情绪变化、喜怒哀乐。有时为了有目的地调查学生心灵深处对周围事物的反映，教师可让学生写命题作文或日记专题，例如《我是谁》《最难忘的一件事》《我最喜欢的老师》《我的好朋友》等。

（2）二问，即询问。询问主要是为了了解学生以往和现在对当前课可能接受的情况。特级教师张化万谈过这样的体会："备课前、上课前要复查，找自己班或同年级班学生询问，了解他们的兴趣点、困难点和知识冲突点，翻阅前课的反思记录。听听、看看、想想和问问：学生现在认知水平在哪里？他们和文本、老师的教学、群体学习有哪些距离？本课适合他们的喜闻乐见的教学方式是什么？该准备哪些'台阶'帮助他们走上来？班级的差异有多大？差异怎样会变成教学的资源？怎样设置和布置多层次作业学生才会喜欢和有效？"（《名师备课经验》，教育科学出版社）

（3）三访，即走访座谈，或个别谈话。谈话主要是为了了解学生的性格、思想动态，对社会、学校、班级、教师和同学的看法，学习和生活中的困难，等等。家访、社会调查，主要是为了了解学生的家庭情况，了解学生在家庭及当地的表现情况，了解学生的爱好和特长，了解学生对父母及他人的态度，了解学生的劳动观念、社交情况等。

（4）四调，即调查。这是教师通过召开集体座谈会、个别交谈或用书面问卷等方法来了解学生的一种方法。如抓住开学初、期中、期末这样的时机，通过召开座谈会听取学生意见。例如，通过调查了解到高年级学生反映学习语文时给文章分层、划分段落有困难，常常划分不准确；还有一部分学生反映概括段意不准确，不是内容啰唆就是丢了重点，或是过于概括。再如找某同学的几个朋友了解该同学的课外兴趣，以找出注意力不集中的原因。和后进同学谈心，了解他们信心与自卑感在心灵深处的斗争，了解他们所承受的心理压力等。

还有一种调查方式，就是经常征求学生对自己工作的意见和建议。问一问学生自己哪些问题处理得对，哪些问题的处理使大家感到失望，对犯错误学生的批评是不是过火。这是事后征求意见。还有的老师总是在事先征求学生的建议，他们管这种做法叫"民意测验"。

问卷调查是一种很好的了解学生的问题的方法。如下面这个调查问卷就对了解学生有很大的帮助。

**学生对教学目标制定的需要评定问卷**

在合适的栏目里打"√"。

| 你对教学活动的看法 | 总是 | 经常 | 有时 | 很少 | 从没 |
|---|---|---|---|---|---|
| 你在活动目标方面的需要 | | | | | |
| 你知道语文课堂中每次活动的目标吗? | | | | | |
| 你觉得老师提出的目标对你有挑战性吗? | | | | | |
| 你觉得目标由自己确定比较好吗? | | | | | |
| 你需要老师以口头或板办的形式明确提出每节课的目标吗? | | | | | |
| 老师提出的目标有趣吗? | | | | | |
| 你需要适合自己的目标吗? | | | | | |
| 制定自己的目标的时候你希望得到某人的支持和帮助吗? | | | | | |
| 你帮助别人制定他的目标吗? | | | | | |

根据这个调查我们可以知道学生需要怎样的目标以及怎样的目标呈现方式。那么，如果根据活动的其他要素"教学活动方法、教学活动组织、教学活动内容、教学活动评介、教学活动环境"进行分类，设计问题进行调查，那么就能比较清楚地了解学生的需要了。然后我们在策划教学活动时，就有"需"可依了。

(5) 五察，即察言观色。教师在日常的教学活动中有意识地观察学生的各种行为表现，从而达到了解学生的目的。这是一种比较直接的常用的方法。要提高观察的效果，教师应注意以下几点。

• 将随意观察与有计划观察结合。随意观察是指教师在开展教学活动时随时随地去观察。有目的、有计划观察是指在一个阶段里，就一个或几个问题，对某一个学生或某一部分学生进行有重点、有步骤的观察。

• 现场观察与切身回忆相结合。教师是从学生时代走过来的，学生的今天就是教师的昨天。学生在对待学习上可能出现的态度和行为，乃至犯了错误的心情，教师通过回忆自己当年当学生时的体会和心情，就能理解得真切一些。如好奇、好动就是少年儿童的天性。课上出现的某些交头接耳、调皮捣蛋等不良行为就不一定是有意同老师作对的行为。另外少年儿童情绪不够稳定，好冲动和激动等也是这个年龄段容易出现的正常现象。对于这些，作为教师就应从自身体会中加以理解。

• 直接观察与心理交换相结合。教师要真正走进学生的心灵，让学生能够同自己谈心里话，就要和学生交朋友，并与学生交心。对此魏书生有很深的体会，他说："学生的心灵并不总是敞开的，特别是对他们不熟悉、不信任、不知心的老师，常常在心灵的门口设一个警戒的哨兵，不把真情实感的心理活动流露出来。如何突破这一岗哨，使学生的心灵和教师的心灵交流呢？最好的办法是和学生一起去参加他们感兴趣的活动，如和他们一起唱歌、打球、野游等等。当玩得很开心的时候，学生变得无拘无束了，这时他们心灵的岗哨不知不觉地撤掉了，师生心灵之间好像搭起了一座宽阔的桥，感情在交流，心灵在互换，学生有什么心里话都肯告诉老师。教师可以探索到平时在课堂上几年也发现不了的学生心灵的奥秘。"

• 观察与思考相结合。教师的观察不能停留在就事论事上，而应通过学生的表面的行为方式来窥视，觉察学生的心理状态。"眼睛是心灵的窗口"，教师在课堂上观察学生的时候尤其要观察学生的眼睛，通过眼睛来揣摩学生的心理状态。

（6）六测，即测验。测验法是通过编制测试题来测试学生，然后进行统计分析，从而达到了解学生某一方面存在的问题的目的。另外，教师还可以通过听学生背诵、朗读、说话、讲演等来了解学生。

下面介绍两种学生的问卷卡。

一、教师备课问卷卡

（一）使用方法

(1) 将问卷卡印若干份（数量可根据一个班的学生数留出一学期或一学年的份数）。

(2) 将全班学生按优、中、差的水平分三个层次。每次可选优、中、差各2~3名填写问卷卡。

(3) 操作时，任课教师可在学期初把教学进度表交给课代表。课代表将一学期填写问卷卡的学生按课的进度提前分配好，落实到人，适时将各问卷卡交给填卡人。填卡人要在教师备某一相应的课前，将填好的问卷卡及时交给教师。

(4) 教师仔细阅读问卷卡，根据问卷卡提供的信息，有针对性地备课，并设法在课堂上得以落实。

（二）使用要求

(1) 教师必须认真对待问卷卡，在学生填卡初期，既要严格要求，还要给予必要的指导。为了提高填卡水平，可让学生竞赛，教师要分阶段总结、讲评。

(2) 为保证活动的经常化、制度化和不加重学生负担，每次填卡人不宜过多。

(3) 教师要将每次的问卷卡按授课顺序一个不少地积累起来，并订在一起，便于经常查阅。

(4) 学校业务领导经常深入年级及时检查，指导教师运用问卷卡，并随时调阅，在听课评课时看教师对问卷卡的落实情况。学校将这项活动列为教学管理和教师考核的一项内容。

问卷卡范例：

亲爱的同学，为了协助老师备好课，上好课，请你认真并实事求是地填写好以下内容（真实就是力量）。你的心声对老师很重要噢！谢谢。

| 本课学习内容 | 游戏公平吗 |
| --- | --- |
| 你对本课内容有兴趣吗？你对哪些内容熟悉，感觉哪些内容陌生和比较难？ | (1) 很感兴趣；<br>(2) 熟悉内容：必须，不确定事件可能，不可能事件；<br>(3) 陌生内容：无。 |
| 通过自学，哪些知识你自己学会了？你还知道哪些与本课相关的知识（信息）？ | 我学会了必然事件、不可能事件的可能性如何表示。<br>我还知道（游戏的）可能性可称为（游戏的）概率，概率起源于博弈问题。 |
| 你希望老师用什么方法来上这节课？不希望用什么方法来上课？ | 希望：灵活，趣味性强，自己动手操作的多；<br>不希望：干巴巴地只讲理论、概念，死板。 |
| 请对本课提出 2 个新颖而有深度的问题，好吗？ | (1) 怎样判断游戏的公平性？<br>(2) 如何计算不确定事件发生的可能性？ |
| 你还想知道些什么？ | 这种游戏在日常生活中起什么作用？ |

填表人：孙冲　　　　初一年级　　　　2006 年 4 月 19 日

二、学生课后问卷卡

下面是此问卷卡格式。

亲爱的同学，刚刚上完这节课，你感觉如何？请和老师真心说说心理话好吗？我代表全班同学谢谢你！

| 本课内容 | 回答内容 |
| --- | --- |
| 课堂上你最大的收获是什么？感受最深的是什么？ | |
| 你觉得哪些地方还没听懂、没学会？ | |
| 假如这节课在别班再上，你有什么好的建议？ | |

总之，磨刀不误砍柴工，备课先要“备学生”，为了提高课堂教学效率，该做的事情还是应该扎扎实实地做好。

# 主题六　有效课堂要能激活教学内容

## ——有效课堂与开发课程资源

同样一节课，有的教师去上学生兴趣盎然，有的教师去上却死气沉沉，原因何在？相关因素固然很多，但教师不注重开发课程资源，照本宣科，不能激活教学内容，可能是其中不可忽视的一个重要因素。

【问题呈现】

**为什么这样的教师不受欢迎**

《中国教师报》记者高影曾经做过“不受学生欢迎的教师”的调查。其中有一项不受学生欢迎的内容是“照本宣科满堂灌”。

● 王磊今年读高二，他告诉记者，他“最讨厌上课照本宣科、教学方式死板还自以为是的老师”。他回忆说，他上初中时的一位数学老师就是这种类型。这位教师每次上课都是把课本上的例题“照葫芦画瓢”地在黑板上“重现”一次。如果上课提问学生答不上来，他就让学生整堂课站着听。

● 苏州工业园区胜浦实验小学张亚老师说，讲课枯燥无味、照本宣科的老师不受学生欢迎。“这类老师不思进取，平时缺少学习和研究，知识没有更新，教育思想落后，教学方法陈旧，课堂如一潭死水……”

● 湖北省宜昌市西陵区得胜街小学段淑平也认为，只会照本宣科、缺乏创新意识的教师不受学生欢迎。“有些教师把教材当‘圣经’，认为教材是绝对完整的，是不能轻易改动的……如果教师只是这样照本宣科，充其量只起到了传声筒的作用。这样的做法会扼杀学生的求知欲望，减慢学生的思维发展。久而久之，学生既不会分析问题、解决问题，更不会提出问题”。

• 四川省广安市广安区前锋小学得胜分校钟乐江老师，回忆起自己的学生时代——“读师范的时候，有一位教育学教师，教学工作非常敬业，每上一堂课，他都认真备课，查阅资料。上课的时候，他总是抱着一摞资料进教室，念完第一本，念第二本……可课堂上的我们呢？被动地听着老师的讲课，感到索然无味，不少人听得昏昏欲睡”。

（中国教育新闻网　发表时间：2011－4－9　6:48:45）

【问题分析】

### 教材离学生生活越近，发挥作用越好

上面“问题呈现”中列举的那些教师之所以不受学生欢迎，主要是不注重开发课程资源，照本宣科，不能激活教学内容。一位教师如果眼睛只盯着一本教科书加一本教参，不注重开发和利用其他课程资源，是很难备好课、上好课的。

教师为什么要注重开发课程资源？由于受课本、时空、地域、编者种种主客观因素的制约，课本也会有许多局限性，这就需要教师创造性地使用教材，以课本为依据，注意开发和利用文本以外的课程资源。知识往往来源于实践，反过来知识又服务于实践，教师恰当地进行课程资源的开发和利用，常常会使课本里的教学内容，由抽象变具体了，由远的变近了，由难变易了，突出了重点，突破了难点，更加生动有趣了。这就会大大提高课堂教学的效果。

• 教材拉近——由远及近，由难变易，学生熟悉，降低难度。
• 教材拉近——由抽象枯燥变生动有趣，情到真时自动人。
• 教材拉近——学生感到真实可信。

特级教师刘可钦认为，创造性地使用教材可以在以下方面得到体现：当教材中呈现的问题情境与当地学生生活实际相差较远时，教师可以将其中的元素换成学生熟悉的事物；当教材提供的学习内容、数据信息等与本班学生实际状况有差距时，教师可以作适当调整；当教材安排的课时对本班学生来说过快或过慢时，教师可以结合本班实际调整自己的教学进度。

我们在备课的同时，就要给课堂教学设计留下一定的空间，也就是通常所说的“留白”。这样，学生在探索交流中，在不断尝试和调整中，才有可能闪现出智慧的火花。一个有追求专业的教师，会用一生的智慧和心血，去追求课堂中那精彩的瞬间。

什么是课程资源？凡是有助于学生的成长与发展的，能开发与利用的物质的、精神的素材，都是课程资源，如图书资料、音像资料、风俗习惯、文史典故、名胜古迹、自然风光、与众不同的人和事等。

生活中不缺少课程资源，而是缺少发现的眼睛。新课程强调教师不仅是课程的执行者，而且也是一个开发者、利用者。特别是新教材给教师留出了充分发挥的空间，并要求教师在使用教材时要“用教材教”而不是“教教材”。所以教师在学好教材的基础上，重视开发利用课程资源、创造性地使用教材是义不容辞的责任。

【解决对策】

## 教师开发利用课程资源的方法

教师开发利用课程资源的方法、途径有很多，这里介绍几种方法、途径供教师参考。

### 一、教师自身资源的利用

我们知道，新教材给教师个人留有很大的创造空间，这就使得教学不再是简单地教学生学知识，而是教师将自己的智慧、人格与教材融为一体，去感染、影响学生的过程，而且需要通过师生互动来完成教学任务，所以教师自身的对课程资源的利用就显得十分重要。

经历是一笔财富。教师的成长经历、生活阅历、经验、人生教训都是可供利用的教学资源。教师自己就是一本活教材，关键是看教师怎样去开发利用。有这样一个教例。在一次语文阅读课上，一位同学提出：“老师，我觉得朱自清的《背影》不好，可它一直在初中的课本上存在着。写人有好多角度，为什么朱自清偏偏要从背影入笔?”对此，执教的高老师讲了一个自己关于“背”的故事：“每当想到朱自清的《背影》，我也就很自然地想起我父亲的‘背’。1996 年的农历正月初四，我刚进家门，父亲告诉我奶奶于正月初二去世了。我当时放声大哭，父亲也老泪纵横。下午我们要返回家时，父亲执意非要送我们不可。那天雪下得非常大。在车站告别的时候，狂风卷起父亲的衣角，雪花打在他的脸上。父亲推着自行车蹒跚地走在回家的路上，他几步一回头，雪地里留下了一条艰难的足迹……我默默地流下眼泪。那时，我想起的就是这篇《背影》。因为，自古世人伤离别。在我看来，欲舍不忍、欲聚不能的亲人的背影给人的感受是最复杂的，有些东西当你面对面时体会不出，而当你面对着就要失去的时候，却感觉到一些最珍贵的东西正在离你远去。同学们，你们心中也一定有这样的‘背’吧。大家愿意交流吗?”这时全班同学都在注视着高老师的眼睛，整个教室里静极了，大家感情的潮水在奔腾着……上面这位教师由于注意开发了自身的课程资源，取得了理想的教学效果。

特级教师钱梦龙说：“一个教师如果能从自己的发展过程中悟出某些带有规律性的认识，用以指导自己的教学实践，他就很可能成为一个教学艺术家。”这话颇有道理，因为，用自己的学习经验来启发学生的学习活动，有说服力、有示范性。唐江澎高中毕业没考上大学（成绩优异，因身体原因）。当年被招为民办教师时，校长对他说：“只要把你怎么学的告诉学生，让他们达到你的水平，你就成功了。”后来他成功了。不仅取得了优秀的教学成绩，而且成为著名的特级教师。唐老师说：“教师的学习是对学生学习过程的一种模拟，因为人类认识总有其相同之处。”这种“模拟”也可以称之为“角色转换”。因此他提倡，教师的作用是要引导学生依据自己的生活经历、情感体验、审美情趣、直觉能力去积极参与作者的再创造。这种认识是很有见地的，这也是在呼唤教师开发和利用自身的教学资源。

**二、学生课程资源的利用**

学生也是重要的课程资源，学生来自不同的家庭，受到不同的教育，每个人有着不同的生活经验和背景，又形成了不同的兴趣爱好，对这些资源加以开发和利用，不仅能够大大提高教学效果，而且可以极大地激发学生的学习兴趣。

有位老师讲了这样一件事：“记得刚开学不久，一次下课后，我班的两名学生来到我的面前，问：‘老师我俩谁高？’这时有几个学生围在他们的周围。当时，我并没有直接告诉他们谁高谁矮，而是对站在他们身旁的其他学生说：‘小朋友，你们说他俩谁高？为什么？我看谁说得最有道理。’这时又有一大群学生围了上来，他们开始七嘴八舌地说开了。学生说得兴趣正浓时，上课铃声响了，我立刻取消了准备上的‘文具’一课，改上了‘高矮’一课。这样，让学生体会到，生活中处处有数学，处处有问题，有了问题我们想办法解决。通过学生自己提出问题，自己尝试解决，使他们体会到成功的喜悦。”上面这位老师就有开发课程资源的意识。她根据学生的课间即景，临时调整教学顺序、内容，因时制宜，而不拘泥于教学安排，取得了更好的效果。

### 三、生活课程资源的利用

生活空间是一个巨大的课程资源宝库，关键是老师有没有一双发现的眼睛去开发利用。如人文资源的民风民俗、神话传说、名言警句、谜语儿歌、绕口令等；至于自然资源的花草树木、鸟兽虫鱼、五谷杂粮、人文地理，更是不胜枚举。如：收集郑成功在厦门留下的大量遗址和史料，就可以应用在历史课学习关于“台湾的收复”的内容中；而学习关于食品安全的生物课时，可以让学生到商场、超市中去调查了解食品包装袋上的介绍；而平时所关注和学习的地震常识，也适于在地理学科的教学中运用，等等。

### 四、不利因素资源的利用

课程资源无处不在，无时不有。课堂上的偶发事件、临时生成都可以成为课程资源，而这些稍纵即逝的教育资源尤为宝贵。

任何一个事物都有正反两个方面。有利因素固然可作为课程资源来利用，不利的因素也可以作为课程资源来利用。比如学《乌鸦喝水》

一课时，学生盛水的瓶子不小心打破了，教师的一句“你帮乌鸦找到了一种新的方法”，消除了学生的恐慌，丰富了课堂内容。又比如学习《小雨沙沙》一课时，突然下起了小雨，教师打破了原来的教学程序，让学生听雨、赏雨、沐雨、读雨、品雨，突如其来的“干扰”就这样自然而然地变成了难得的教育资源。由此看出，生活中不是缺乏教育资源，而是缺乏善于发现和有效利用教育资源的有心人。那些在设计好的教案和常规课堂外突然出现的有效教育资源，尤其需要我们积极对待，及时抓取。

**五、信息资源的利用**

一台计算机、一根网络连接线，就能让你足不出户遍知天下事或者与素未谋面的同行交流……如今，越来越多的教师正在利用网络带来的便利，使自己的课堂教学更加丰富多彩。

拓海峰老师谈了如下体会：

我是一个很怀旧的人，在这个网络信息时代，我宁愿一次次跑书店买回心爱的书静静地品读，把这个当做人生一大快事。至于现在的网络读书，我从来不愿涉及。我甚至对流行的短信一概排斥，认为都是浮躁社会的浮躁产物。同学、朋友的短信我仅仅是看看而已，从来没想学发短信，所以我收到的短信也越来越少，我认为它跟我的语文教学毫无关系。一次偶然的考试，让我改变了这一看法。

高一下学期月考有这样一道语言表述题：“无论是母亲节，还是父亲节，养育我们的父母都值得我们为他们献上我们最真诚的感谢和祝福，请你给父亲或母亲拟一条短信，至少用一种修辞手法，不少于30字。”

这个考题不仅考题形式给我一个震动，也让我为讲评试卷犯了愁，这明摆着哪壶不开提哪壶吗？

这可是我在教学上还从来没有碰到过的尴尬，只有硬着头皮上了。在总结试卷的时候，除了欣喜地发现学生此题答的不像我想象的那么糟，另外在原来的短信储存里还找到了一位同学早先发给我的关于母亲节的短信：“最美的康乃馨，献给你的母亲，祝她幸福平安！更感谢她养育了你才使我有了你这个生命中不可缺少的朋友。”当时我简直如获至宝。

恰巧试卷讲评之时又临近端午节，我又连续收到几条经典短信。“送你一个香甜的粽子，以芬芳的祝福为叶，以宽厚的包容为米，以温柔的叮咛做馅，再用友情的丝线缠绕，祝端午节快乐！”我仔细品评，这一短信不仅用了排比、比喻、拟人等修辞手法，而且想象丰富，语言形象又温馨亲切。

而另一条短信则让我们师生玩味许久：“知道我想啥？想你！知道为啥想你？因为喜欢你！知道为啥喜欢你？因为你有味道！知道为啥你有味道？因为你是粽子！”这条短信的悬念应用让人惊叹，四次引人遐想，谜底揭开，让人忍俊不禁，形式幽默活泼之极。而且通过分析，发现这条短短的信息竟连用设问、排比、顶真、拟人、比喻五种修辞手法，可谓妙哉！我竟然小看了这种流行趋势，短信语言的文采不可否认，而且是一种鲜活的语言形式，我竟然喜欢上了它。

后来，我不知不觉地开始在笔记本上摘录好的短信，并且学会了发短信。假期的一天，我还和一个跟我一样喜欢宋词的朋友互相应和了几首词牌，以后时不时继续这种交流，我竟因短信意外交到一位好朋友！

时至今日，我已经摘抄了几百条短信。我突然发现，生活变得多彩起来，我的语文教学思路也开阔多了。



## 六、“差异”资源的利用

由于每个学生的学习基础、智力差异等的存在，使学生们可能会形成各自不同的思维方式或学习方式，而如果能够巧妙地利用这种差异，就很可能使之成为一种宝贵的课程资源。如倪高扬老师就列举了这样一件事：

某初级中学一位青年教师在教学“列二元一次方程组解应用题”一课时，出示了这样一道应用题：一种蜂王精有大盒小盒两种包装，3大盒4小盒共108瓶，2大盒3小盒共76瓶，大盒与小盒各装多少瓶（只要求学生设出未知数、列出方程组）？课堂上绝大多数学生设大盒能装 $x$ 瓶，小盒能装 $y$ 瓶，列出的方程组为：

$$\begin{cases}3x+4y=108 & ① \\ 2x+3y=76 & ②\end{cases}$$

可 H 同学演示的解法却与众不同：设 3 大盒能装 $x$ 瓶，4 小盒能装 $y$ 瓶，所列方程组为：

$$\begin{cases}x+y=108 & ① \\ 2x+3y=76 & ②\end{cases}$$

面对 H 同学的解法，这位老师没批评半句。在让 H 同学回座位后，即提请全班同学一起分析其设法以及所对应的列法如何。在大家讨论的过程中，老师婉转地否定了同学们对 H 同学的否定后，似乎自言自语道："H 同学这样设有什么不好？照这样设，方程①$x+y=108$ 有什么不对？那方程②该怎么列才对呢？"问题的提出使得教室里一片寂静，同学们都皱起了眉头深入思考。片刻后，同学们一个个若有所悟，抢着回答，最终列出方程②：$1/3x \cdot 2 + 1/4 \cdot 3 = 76$。方程组列出后，老师并未就此罢休，接着又让学生当场进行比较评点，从而使学生认识到，这种解法虽然合理，但比较烦琐，解起来也不方便。

这位青年教师的这种教学观念和方法实在高明。首先高在真诚地尊重学生的差异。学生之间的差异是不可避免、客观存在的。这位老师面对学生的差异没有讥讽或视而不见，而是倍加呵护、关注和理解，将其看做是多元思维的硕果。其次是把学生的差异当做一种资源来开发。这位老师把 H 同学如此烦琐的思路当做一种难得的宝贵资料，引导学生一起探讨、研究，进行"发散"思维训练，打破习以为常的思维方法，从不同角度发现不同的解题思路，使大家既知道这道题还有另一种解法，同时又明白了这种解法不是值得提倡的方法，这无形中就拓展了课堂教学的深度与广度。

## 七、教师开发利用课程资源需注意的问题

开发课程资源、创造性地使用教材的目的是为了更富有实效性地开展教学。为此，教师开发课程资源、创造性地使用新教材应注意下面几个问题。

## （一）开发课程资源不能冷落课本

在课改实验区，有这么一节《简单统计》的新授课，整节课教师和学生都没用过课本。当有人问学生为什么不带课本，有的学生说："忘带了。"有的学生说："老师说了，这节课不用书。"显然这位上课教师的做法就值得商榷了。课本是精心编写出来的，是认识世界的窗口，是获取知识的工具。如果剥夺学生阅读教材的权利和时间，淡化教材的作用，有时反而会增加学习的难度并降低学习效率。

沈坤华、孙树清两位老师谈到这样一件事："一位教师在执教三年级'两步计算的问题'时，课才上到10分钟，一名优秀学生提出一个三步计算的问题，该教师大加赞赏并作出分析解答。其他学生出于从众心理，也千方百计提出三步计算的问题，教师逐一组织讨论解答。由于拔高了教学要求，后30分钟只讨论了3个三步计算的问题，大部分学生越搞越糊涂。课后我们用两步计算应用题对该班进行测试，结果合格率只有27%。这真是舍本逐末。"

再如语文阅读教学，我们也会看到，不少课堂教学忽视了对课文的阅读理解，过早、过多地补充内容，海阔天空，说长道短，甚至离开课本去大谈从网上查阅到的资料。有的课，学生活动的样式很多，蹦蹦跳跳、热热闹闹，一节课既有自主学习，又有合作讨论，更有课堂辩论和课本剧表演。课堂教学像跑龙套，摆满汉全席似的"一盆盆一碟碟"往上端，可是读书的时间不多了，思考感受的时间不多了，对语言文字的理解、品味、运用的时间被挤掉了。

以上列举的事例提醒我们，开发课程资源并不意味着淡化教材。教材是最主要的课程资源，是教学的主要依据，只有领悟新课标，领会编者意图，深入钻研教材，尊重和用好教材，才能根据需要有目的地开发课程资源，补充活化教材，实现课程资源的整体效益。

## （二）资源引入要适时、适量、适当

一位教师在教学《元宵节》一课前，请学生回家搜集元宵节的相关资料。上课时，她请学生展示交流搜集到的信息，结果却发现学生手捧着一张张从网上下载的资料却说不出几句话来，课堂上顿时沉默了。教师只好信手拿来几张资料开始讲解，其效果可想而知。

从上面这种做法可以看出，开发利用教学资源，贵在适当、适时、适量。过早、过多、过滥、过高地给文本教材补充内容，效果并不好。

（三）对资源要进行筛选加工和艺术处理

开发和利用课程资源并不是采用拿来主义就可以的。要真正发挥课程资源的作用还在于把引入的资源做一系列的筛选、加工和艺术处理。教学资源是以什么方式呈现的，是原版翻拍，还是经过一番艺术加工处理，其课堂教学效果是不同的。有这样一个教学案例。

**一堂作文指导课小记**

昆山国际学校　刘恩樵

作文指导课开始了，我带着两个文具盒走进教室。这是我精选的两个文具盒，很特别，外形只是一个普通的长方体，可它“肚子”里有文章。一个是翻开盖子，里面就能拉出梯状的三层文具盒来；一个是只要摁动文具盒上的6个按钮，它就会弹出6个小工具来，什么削笔刀、日历、温度计等。我故作神秘地像玩魔术似的在学生们面前展示这两个文具盒，同学们的情绪一度高涨。我知道，他们“上当了”，胃口被我调起来了。

随即，我让学生把自己的文具盒或笔袋送到讲台上来，这下可热闹了，同学们一窝蜂似地拥了上来，平时不起眼的小东西一下子会聚讲台，整齐地摆列着；这些文具盒、笔袋形形色色，格外可爱。我在黑板上工整地写下“班级文具盒博览会”几个大字。这时，我看到学生们都是笑脸。

之后，我说：“同学们，平时文具盒、笔袋默默无闻地跟着你转战南北，浴血考场，共度春秋，今天，要你向大家从形、色、质、构、饰等方面介绍你的‘战友’，这个要求不过分吧？”学生们明白了，马上动笔……五分钟工夫，有人写好了，我让几位同学走到讲台前，拿着自己的文具盒向大家介绍。介绍完了，学生们没有忘记给他们掌声。

接下来，我让一个学生把讲台上的几十个文具盒、笔袋分成两大类，下面学生纷纷给他出主意："分为文具盒和笔袋。"我问："分这两类的标准是什么？"有的说，质地不同；有的说，产生的时代不同；有的说，形状明显不同。我肯定了他们的说法，并明确指出，文具盒和笔袋确实在生产的时代上是不同的。于是我给同学们讲了我小时候读书时用的文具盒，那是用从乡村小医院用来放药水的盒子改制的。然后，我问学生："你们能想象一下50年后的文具盒的样子吗？"教室里又热闹起来了，有的说，那时文具盒是由电脑控制的；有的说，那时的文具盒连同文具都是袖珍的；有的说，到那时根本就没有文具盒了，已经进入无纸化学习时代了。

最后，我让学生根据刚才说的关于文具盒的一些内容，说一句关于文具盒的话。教室里安静片刻后又开始骚动了："文具盒反映了社会的进步"；"文具盒能说明一个人的性格"；"文具盒是我们的忠实朋友"；"笔袋，爱你没商量"；"文具盒，友谊的象征"；"是是非非文具盒"；"文具盒与作弊"……

火候到了，该出题了："请以'文具盒'为话题，写一篇文章，体裁不限。"我还在"话题"和"不限"下加了重重的点。我观察了一下，学生的表情并没有昔日的愁眉苦脸。

构思成熟了，学生开始动笔。我巡视了一下，作文题有《文具盒的变迁》《文具盒的自述》《从"药盒"到"文具盒"》《我家的三个文具盒》《文具盒和笔袋的对话》《文具盒超市》《文具盒幻想曲》《文具盒与橡皮（现代寓言）》《文具盒对我的诉说》《听爸爸讲文具盒的故事》《文具盒大排档》《笔袋，都是你惹的祸》……教室里静悄悄的，同学们或凝神静思，或奋笔疾书。我心想：学生们心智的闸门是打开了。（选自《江苏教育》2002.3B）

作文难，作文难，难如上青天。这是目前中小学生普遍存在的问题。而上面这位老师独具匠心的作文指导课，巧妙地以文具盒为主题组织教学活动，激发了学生的作文兴趣，降低了写作难度，因而取得了理想的教学效果。本节课开发和利用课程资源之所以能获得成功，一个重要原因就是教师对文具盒不是简单地引入，“原版翻拍”，其中包括一系列的组织艺术和处理过程：展览文具盒—介绍文具盒—给文具盒分类—联想—写作。教师通过让学生看、说、议、写，一下子打开了学生心智的闸门，使学生们文思泉涌。

所以，教师开发和利用课程资源决不能简单地采取拿来主义，应该有一个筛选、加工、组合和艺术处理的过程。

# 主题七　精心设计，预约精彩

## ——课堂有效性与优化教学设计

同一个终点，路却有千万条。教师每天拿着同一版本的教材，同一版本的课程标准，教学任务是一样的，可是为学生铺设的路不同，目标实现也就千差万别。原因何在？教学设计能力不同。教学设计极为重要，设计得巧妙与否，直接关系到课堂教学的简与繁、易与难、顺畅与阻塞、生动与枯燥；简言之，就是关系到教学的成功与失败。

【问题呈现】

**教学设计是提高课堂有效性的“坎儿”**

有位教师深有体会地说：“一堂堂精彩的课背后到底隐藏着怎样的故事？为什么同样的一个教学内容，在大师们的手中能演绎得如此精彩，而当我们去驾驭的时候，往往却不尽如人意，产生很多遗憾甚至失败？究其答案，从根本上讲，要上好一堂课，就要进行有效的教学设计，在这一点上我是很惭愧的！教了20年的书，我没找到驾轻就熟的感觉，反倒是越来越觉得力不从心，好像从来没上过课一样。面对几十双天真的眼睛，有时真的感到很惶恐，不知能不能无愧于学生喊出的“老师”这个称呼？其实，批评孩子的同时自己心里也在琢磨：怎么会出现这样的错误呢？也许真的是自己的失误造成的，是不是没有好好安排教学内容、没有好好设计学生的学习活动及学习方式、没有更进一步去了解教学内容背后更深层次的数学文化，让自己的课堂苍白无力，没有生命力，没有吸引力。如果真的存在这些，那自己真的是有愧于“老师”这一称谓，也就谈不上让学生得到长足的发展了。”

从这位教师的困惑中可以看出，教学设计是教师专业成长的一个制高点，也是教师教学工作的“瓶颈”，是教师提高课堂教学有效性的“坎儿”；是名师还是庸师，通过教学设计就能看出其差异，分辨出其水平高低。要提高课堂有效性，要提升教师的专业化水平，应从优化教学设计做起。

目前课堂教学设计常见的问题有如下一些。

（1）课标把握不准，教材挖掘不深，教学目标不明确，教学内容组织处理不当，突出问题是内容贪多、面面俱到。

（2）对学生了解关注不够，教学脱离学生实际，教师一厢情愿。

（3）教学设计肤浅，平淡无奇，唤不起学生学习兴趣。

（4）教学方式单一陈旧，学生学习被动无兴趣，不能充分发挥学生的主体作用。

（5）教学设计追求形式化、表面化，看似精彩，实则效率低下。

【问题分析】

## 优化教学设计是提高课堂教学有效性的根本

优秀教师都十分重视教学设计，特级教师李吉林说：“教学确实是需要设计的，它就像建筑房屋一样，没有设计、构架，怎能施工？我自己教了几十年小学语文，深知其中所费的工夫。其实，我非常热衷教学设计，我喜欢翻来覆去修改、调整，我不喜欢‘一锤定音’，即使夜深人静，也乐此不疲。因为教学设计的优劣，直接关系到教学质量的高低。”

还有一位教师说：“每个假期我总把课文通读二至三遍，了解重点难点。备重点时，我要反复细细体味，记下许多零散笔记，然后归纳总结，再去琢磨教法。有时，一课书在我头脑中要孕育许多天，设计出多种教案，我总是要反复推敲才定下教案。”

什么是教学设计？所谓教学设计是指课堂教学的设想和计划。它是为了实现一定的教学目标，依据课程内容主题、学生特征和环境条件，为促进学生学习和发展而设计的解决教与学问题的一套系统化程序的过程。教学设计有下面这样几个特点。

（1）规划性。课堂教学设计实际上是对整个教学过程的各项工作做一个规划，是教师课堂教学的基本构思。

（2）前瞻性。在做教学总体设计时，教师通过思考、预测教材内容、学习环境、教师的行为可能引发的效果、学生可能作出的反应，借助于想象拟出操作蓝图。如如何组织处理教材、如何组织学生思考、教学时会碰到什么问题等等。

（3）创造性。教学是一种创造性劳动。一份优秀教案是设计者教育思想、智慧、动机、经验、个性和教学艺术性的综合体现，只有设计者巧妙构思、大胆创新，课堂教学才能常教常新，所以教学设计是一个创造的过程。

教学设计的基本要素。怎样设计一节课？很难找到一个万能的方法供所有人使用，但是无论哪位教师设计教学都应考虑下面几种基本要素。

## 一、明确设计思想——解决为什么教

观念决定思路，思路决定出路，教师要设计好一节课，首先应用一种先进的教育理念作支撑。不是单纯教知识，教学生智慧、方法、人格是核心。

北京市中关村第四小学校长、全国小学数学名师刘可钦介绍了她的教学经验：

我每天的工作进入了一个循环程序：备课—上课—批改作业—备课，由于重复而显得单调乏味。忽然，有了一次讲公开课的机会，备经典课就成了那一段日子里的一项重要工作。经过一次次试讲、一次次修改，到了正式上课时，那份激情早已被磨灭，因为，大脑里装的都是教案里的程序和过渡语，对学生表现出的意外问题，唯一的处理原则就是尽量淡化，以免节外生枝。课自然顺溜溜地上了下来，但课后自己总觉着缺了点什么。

上这样的课，在备课时我首先想的是“我怎样讲”，所以，备出来的课也是围绕“教师怎样讲”展开的，自然一节课最终要以能够顺利地完成预定程序为立足点，由此带来的一些课堂教学中的按部就班、一问一答也就不奇怪了。

所谓的精彩，往往也是教师个人的素质和一些精美的课件，而缺乏的正是围绕某个问题学生与学生、学生与教师之间的互动、对话和交流，这些课堂本质的东西恰恰是最容易丢掉的。由此我想到，把备课称之为教学设计，更能让人在备课之时、上课之前，就感受到课堂教学中的一种智慧的涌动、心灵的对话。

因此，那些只单纯注重备课的老师，想的是“我怎样讲书上的知识”，却很少去考虑“学生怎样想”；而把备课工作首先作为一种教学设计的老师，把“教”放在如何引领学生去“学”，他会为学生设计一些学习材料，设计一个个有挑战性的问题，放手让学生去学习，鼓励学生在交流中、在不同观点的碰撞中掌握知识，从而获得能力上的发展。

**二、分析教学背景——整体把握教材**

整体把握教材要做到五个弄清：①弄清《课程标准》精神；②弄清教材体系；③弄清教学重点、难点；④弄清教材特点；⑤弄清教材疑点。还要解决“教什么”“选什么”“教什么最好”“教到什么程度”“采取什么呈现方式”等。

**三、读懂学生——直面学生现实**

教师在课堂上讲什么当然是重要的，然而学生想的是什么更加重要。教师要上好课，既要钻研教材，又必须去了解学生，掌握学生的学习情况，做到目中有人。了解学生包括班级情况分析、学生个体自然情况、学习基础（已有知识、学习新知识的准备知识、新课可能产生的困难和障碍、起点能力、对新课程的兴奋点等）。

**四、确定教学目标——明确教学重点、难点**

方法上的困惑往往源于目标上的迷失。教育的核心问题是培养目标问题，它是出发点也是归宿，一切教学都是围绕它展开的。而“学有所得”是一堂课的基本要求，也是一节课成功与否的底线。如果教师上一节课连起码的教学任务、目标都不明确，他又怎能将课上好、上得有效呢！有这样一个课堂实例：在一堂数学课上，老师为了给学生讲解“对称”的概念，在课下准备了大量的京剧脸谱；在课堂上，老师用幻灯片给学生一一演示，并告诉学生这就是“国粹”。最后，老师问学生“国粹是什么？”有的学生摇摇头，有的则大声地说：“国粹就是鬼脸。”

为什么学生面对老师精心设计的提问无言以对、毫无兴趣？根本原因在于教师的教学设计脱离了学生的数学现实。教师必须直面学生的学习实际情况，准确把握教学目标；要多从学生已有的知识基础、生活经验、认知规律和心理特征出发来设计教学，找准教学的起点、突出教学的重点、突破教学的难点、捕捉教学的生成点，从而使教学目标切合实际。




### 五、分析动态课堂——预设课堂，生成精彩

有一位教师在讲《朱德的扁担》一课时，学生提出这样一个问题：“参加红军的都是穷人，穷人是念不起书的，可他们怎么会认识扁担上的字呢？”这个问题教师备课时根本没想到，因为没有准备，开始有点紧张，不过她马上平静下来，向全体学生说道：“这个同学这个问题问得好，同学们都想一想，这是为什么呢？”教师这样反问，把问题从教师身上又转移到学生身上。学生通过思考纷纷发言——“红军上夜校”“红军自学”“红军向首长请教”……这时教师心中也就有了谱，便总结说：“是红军一边打仗，一边学文化，所以就认识了很多字。”这堂课突发问题得到妥善处理，正是因为教师正确处理了课堂的生成。

我们知道，教学本是一个有目标、有计划的活动，教师理应在课前对自己的教学任务有一个清晰、理性的思考与安排。教学设计的过程就是一个预设，可以说没有充分的高质量的教学预设，就不可能会有十分精彩的生成。但是预设并不意味着教师要包办代替，这种预设应该是有弹性的、有“留白”的预设。这是因为：一方面，学生是学习的主体，教学过程本身是一个动态的建构的过程，这是由学生的原有经验、知识结构、个性等多方面的复杂性与差异性决定的；另一方面，无论什么样的教师也不可能预知教材、学生、课堂的所有问题。所以，教师在备课

的过程中，应充分考虑到课堂上可能出现的情况，从而使整个预设有更大的包容度和自由度，给生成留足空间。而只有这样，课堂才能生动活泼，生成精彩。

所以进行教学设计时要分析动态课堂，考虑预设与生成两种因素。

**六、设计流程——优化教学过程**

楼房有楼房的结构，文章有文章的结构，课堂有课堂的结构。课堂结构就是指一节课的组成部分及各个部分之间的联系、顺序和时间分配。课堂结构设计也就是把教学的有关因素组织在一起，按最优化的原则排列组合，从整体上设计一节课。课堂结构设计也称课堂环节、课堂流程、教学过程设计。教学设计的一切研究成果是要靠教学流程来实施和实现的。

**【解决对策】**

## 名师怎样有效备好一节课

董大方，特级教师。大连市沙河口区教师进修学校副校长，兼大连世纪中学数学教师、大连市沙河口董大方名师工作室主持人。辽宁省电视台、中央电视台分别以主题片的形式对其进行了报道。近年来出版了数学教学光盘十多张，并出版了《我这样教数学》《我这样当班主任》等专著。大连市十大女杰、辽宁省功勋教师、辽宁省师德标兵、辽宁省巾帼建功标兵、辽宁省优秀专家、全国五一劳动奖章获得者、全国模范教师、全国“十杰”教师、全国劳动模范。

董大方老师对如何有效备课有着自己深刻的感悟。下面这段叙述，充分展示了他的备课思路与方法：

工作三十多年来，我一直致力于初中数学教学，并担任班主任工作。无论是任教导处主任的二十多年，还是任校长，都坚持上课；无论上平日的课还是上各级的公开课，无论多少人听课，无论什么人听课，我的着眼点都放在学生身上，根据学生、根据教材选择教学方法。我认为不同的班级、不同的教学内容，教学的方法也不应该相同，不应该有统一的教学模式。无论什么样的班级，无论选择什么样的教学方法，我都在培养学生提出问题、发现问题、喜欢问题、乐于解决问题上下工夫。明代学者陈献章在《论学书》中说过：“前辈学贵有疑，小疑则小进，大疑则大进。疑者，觉悟之机也，一番觉悟，一番长进。”教师在教学中要引导学生进入生疑、释疑的情境，使学生有疑有惑，并对疑、惑的解决产生兴趣。法国教育家卢梭主张自然教育，强调教育要适应儿童天性的发展。关于教学他说过这样一段精辟的话：“问题不在于教他各种学问，而在于培养他有爱好学问的兴趣。”教师应关注学生在解决问题过程中所表现出来的个性化和创造性，关注由此积累起来的实际问题的经验和这种经验的迁移能力，从而提高教学素养。

因此我在备课中首先要进行两个领域的研究，进行五个方面问题的思考，处理好两个关键点，选择一个适合学生的教学模式。下面就我任教的其中一个班级学生的情况，并以初三年级数学二次函数第一节为例谈谈自己的一些做法。

## 一、要研究的两个领域

### （一）研究学生

数学教学是一种创造性的劳动。对不同的学生、不同的教学内容、不同的教学要求，所选择的教学对策是不相同的。因此我每一次备课首先要研究学生。

（1）结合新知识的学习研究学生。把班级的每一个学生在自己的头脑中过一次，想一想他们在学习新知识的过程中会遇到什么样的困难，这些困难如何解决。他们对学习这一节应预备的相关知识理解到什么程度。例如这一节学习的是二次函数的定义，就要了解学生对一次函数、反比例函数的学习情况，了解他们对一次函数和反比例函数的学习困难和学习兴趣。

（2）结合历届学生研究本班学生。回顾历届学生学习本节知识的成功和失败的经验与教训，研究本班学生会在学习中出现什么样的问题，并进一步研究这些问题解决的方法。

（二）研究教材

我认为对于教材知识的理解而言，发现数学家、教材编写者、数学教师、学生都是各不相同的。教材中问题解决的方法是基于数学家或者是教材编写者对数学问题的理解。教师在备课中有自己对数学问题的理解，学生在学习中有他们自己的理解。那么教师如何将这不同层次人物对教材的理解都有机地融合起来，并能使学生对问题的理解与感悟有所升华，这就需要教师在备课中把研究学生与研究教材结合起来。

（1）结合课程标准研究教材。看课程标准对本节课是如何要求的，本节课中的知识是如何产生的，它在实际生活中有什么样的用途。

（2）结合学生研究教材。看教材内容与学生生活有怎样的联系，教材的知识点呈现或例题有哪些是不适合本班学生的，这些问题如何处理；教材对知识的呈现有哪些不足之处，如何对教材进行改进。

（3）结合本单元或整个知识体系研究教材。研究本节知识在整个单元或整个初中阶段乃至知识体系中所处的位置及地位；研究教材应进行哪些方面的整合。根据对教材的研究，结合学生的情况，确定教学的重点、难点和关键点。

（4）结合数学问题研究教材。看例题、习题，看本节的知识点是如何在例题中呈现的，在解决这些问题时应用了哪些本节所学习到的知识点，这些例题、习题还可以进行怎样的变式；研究近几年各省市中考题中涉及本节课内容的考试题，看中考题是怎样呈现本节课的知识点的，为什么这样呈现。

例如，华师大版初三年级数学第27章第一节“二次函数”，教材安排了两个问题揭示二次函数的概念。第一个问题是：“要用长为20m的铁栏杆，一面靠墙，围成一个矩形的花园，怎样围法才能使围成的花圃面积最大?”教材中是通过列出表格、填写表格发现矩形的面积与 $y$ 和矩形其中一条边的长（$x$）的关系列出函数关系式。另一个问题是通过商品每天的利润 $y$ 与每件商品降价的幅度 $x$ 元的关系得到函数关系式。这两个问题虽然都是学生身边的问题，但是就我现在任教的这个班级来说，会因第一问题的呈现方式烦琐造成喧宾夺主，使学生学习兴趣被淡化。对于学生来说，前面已经学习了函数的概念，学习了一次函数、反比例函数，因此在本节就没有必要像刚接触函数时那样详细地分析 $y$ 是否为 $x$ 的函数。

## 二、要思考的五个问题

### （一）如何激发学生的求知兴趣

强烈的求知欲望、浓厚的学习兴趣能调动学生的学习积极性，激发学生智力潜能，使学生的思维处于最活跃的状态；浓厚的兴趣可以激发学生强大的学习动力，使他们克服困难、不怕失败，并获得最佳的学习效果。因此在备课中我对教学的每一个环节都要思考如何激发学生学习兴趣，使学生始终在积极的状态下学习。对于那些学习困难的学生揭示问题要浅显易懂，由浅入深；对于学习优秀的学生要引导他们独立去发现新知识。这一过程看似很矛盾，如何使两者都兼得呢？我一是利用猜想的方法。首先给出题目《二次函数》，然后让学生根据学习过的一次函数的知识猜想什么样的函数是二次函数。同时我给出一些实际问题让学生列出函数关系式。给出的这些问题，一方面使学习好的学生在猜完定义后能通过这些问题加深对二次函数的理解，懂得它在实际生活中的应用；另一方面使学习困难的学生能通过问题的解决认识二次函数。二是让学生自己提出问题。学生提出问题除了在设疑、猜想、回顾、延伸几个环节以外，还可以在本节新知识的教学进行完之后提出一些问题，这些问题可以用来考自己，也可以用来考同学。不同层次的学生提出的问题的难度不同，在这个环节每个同学都有话可说。

### （二）在培养学生学习能力方面做了哪些工作

对于二次函数这一章的第一节，我在培养学生学习能力方面把重点放在培养学生猜想能力和学习的迁移能力上。猜想是在数学证明之前构想数学命题的思维过程，猜想的形成是对研究的对象或问题，联系已有的知识与经验进行形象的分解、选择、加工、改造的过程。学习迁移是一种学习对另一种学习的影响；是个体习得经验后，在适当的条件下应用所习得的经验来解决某种问题；或新习得的经验改变了原有经验结构，或将有关经验加以重新组合，形成新的经验结构的这种经验之间的相互影响。

迈德林·亨特在《精通教育》中指出："迁移是创造性问题解决以及作出满意决策的基础。"迁移是最重要的学习原理。它包含两个方面的活动过程。一是过去知识对新知识的加工的效果；二是新知识对学习者以后学习的有用程度。学习数学并非是一个被动的接受过程，而是以原有的数学认知结构为基础的一个主动建构过程。这就是说学生的数学知识不能被看成由教师直接传递给他们的现成的东西；它必须是凭借学生已有的数学认知结构，经过主动积极的思维加工而建构成。学生学习二次函数之前因为已经系统地学习了两种相关的函数，所以他们可以联系已有的知识和经验猜想到二次函数的定义，以及相关的一些知识。这不仅意味着使一次函数、反比例函数的知识对学习二次函数构成正迁移，而且学生通过对二次函数的学习可以加深对一次函数、反比例函数的相关知识的理解。

（三）如何通过整合教材在教会学生在学习方法上下工夫

从哲学认识论的高度揭示学习的本质，我们得到人的认识不是对客观世界机械、被动的反映，而是依据已有的知识和经验对新知识自觉能动的建构。因此我在备课中尊重学生的主体地位，激发学生的主动精神，让知识在学生的头脑中"生长"出来。这一节的内容有二次函数的定义、根据实际问题列二次函数关系式、求二次函数的待定系数。我在备课中对教材进行了整合，这一节除了本节的教科书中的内容之外，我增加了研究二次函数整个单元的知识结构。因为二次函数这一单元的知识结构不仅与一次函数、反比例函数知识结构完全相同，而且与学生将来在高中阶段学习的所有函数部分的知识结构完全相同。把研究一次函数的知识结构整合到这一节中，既可以向学生渗透类比的学习方法，还可以引导学生学会善于整理知识结构、形成知识网络的学习方法。

（四）要对学生进行多方面的思想教育

这一节的教学内容进行整合以后，学生学习的内容是开放的。不同层次的学生有不同的学习任务，少到只有教科书安排的学习内容，多到整个二次函数一章的内容。学生的想象力也得到了充分的展现，能想到多少问题，能解决多少问题，每一个学生都各不相同。这样可以激发学生的进取精神、探索精神。在教学中我还设计了相互讨论的环节，由于每一个学生猜想的内容不同，在讨论环节学生之间可以相互请教，认真倾听他人的见解，以此对学生进行虚心学习以及善于与人沟通交流并主动帮助他人的教育。

（五）学习的组织形式

关于学习的组织形式，我采取的是独立自学与小组合作相结合的形式。每节课既要有学生自学的时间，同时还要有小组合作交流的时间。小组之间相互提问，相互帮助，相互竞争。无论是分组还是其他教学环节都要注意尊重学生，对不同学生的不同关注是教师应该思考的，但是不要让学生感觉出来教师把他们分成了几个档次。记得我看过一本关于教学的书，书中谈到美国一位教育家，她在与一所学校的教师研究如何对学生进行分层指导区别对待的时候，突然告诉身边的教师说："请把门关上，不要让学生知道我们在区别对待他们。"她的话让周围的每一个人感觉到她对学生的理解与尊重。教师要让学生有这样的信念：只要他自己有信心、有恒心，学习上的飞跃随时可能发生。

**三、找到并处理好两个关键点**

（一）新旧知识的联系以及连接点

从哲学上讲，联系是事物的根本属性和存在方式，是物质运动发展的根本原因。世界上的任何事物和过程都不能孤立地存在，都同前后周围的其他事物和过程联系着；每一事物和过程的各个要素和环节也不能孤立地存在，都同其他要素和环节联系着。数学教学过程中教师就应该向学生渗透这种哲学的观点。对于二次函数这一节的教学来说，我利用哲学的这一观点注意引导学生建立知识之间的相互依赖、相互影响、相互作用、相互转化的关系，使学生懂得每一个数学知识不是孤立存在的。二次函数与学生之前学习过的所有函数有着密切的联系，因此在教学中我首先引导学生根据前面所学习的函数知识猜想二次函数的相关知识点。绝大多数学生不仅猜到了定义，猜准了求解析式的方法，还准确地猜准了二次函数的知识结构，以及每一个知识点的研究方法。例如学生们指出，二次函数与一次函数的连接点就在于定义中的“一”和“二”两个字，这两个字就决定了函数的不同、图像的不同、性质的不同、应用范围的不同，也会使我们很容易猜到二次函数的定义。二次函数也会有它自己的图像和性质。研究它的图像就要像开始研究一次函数、反比例函数的图像一样通过列表、描点、连线画出图像，然后根据图像的形状研究其性质。这不仅向学生渗透了哲学的观点，而且减轻了学生学习新知识的负担，更重要的是教会了学生思考问题的方法。

（二）新知识的延伸点

在本节课的备课过程中，我还注意引导学生去发现新知识的延伸点，为学生的后续学习打好基础，培养学生通过自学自主探究新问题、解决新问题的能力。在这节课学习中就有一些学生提出，是否有其他函数，是否有三次函数、四次函数，那些函数的图像是什么样的，图像的性质、形状又是怎样的。我尽力使学生懂得整个世界是一个相互联系的统一整体和过程，任何事物和过程都是普遍联系之网上的一个部分、环节或阶段；孤立的、不与其他事物和过程相联系的事物和过程是不存在的。

**四、选择出适合学生的教学模式**

达尔文说过这样一句话：“一切知识中最有价值的是关于方法的知识。”我在备课中注意引导学生形成合理的思维方法，建构起合适的数学认知结构，以提高学习效率。在选择方法的时候我要让自己先回答五个问题：①为什么要用这样的教学方法？②这节课我要教给学生什么？③我应该怎样去教？④如何处理好新知识学习与旧知识补习之间的关系？⑤如何处理好新知识学习与后续知识延伸的关系？

为了处理好这五个问题，我在备课选择教学模式时从三个方面入手。第一，让学生在学习中品尝到学习的快乐。教学的实践让我深深体会到要让学生品尝学习的快乐，就必须让学生成为知识的发现者、挖掘者、研究者，体验到克服困难后的骄傲。第二，我如何让我的学生更有智慧。教育家怀特海说过："教育的全部目的就是使人具有活跃的智慧。"我认识到应该使我的教学从研究开始，以研究告终。第三，对于不同的学生我如何因材施教。我认为学生学习不一定总是沿着从易到难的顺序进行，一味地把难点放在后面并不是解决问题的最好方法。

那么二次函数第一课时到底应如何上呢？我的这节课根据我们班级学生的实际选择了以猜想为主旋律的教学模式。

这种教学模式的基本程序是：设疑—猜想—验证—回顾—延伸。

（一）设疑

设疑就是产生疑问提出问题。进行这一步时只要求学生看一下课题，由课题产生疑问。我们数学教学要教会学生看教材，不应只要求学生看教材讲了什么，问学生看懂了什么、不懂什么，只为听老师讲课扫除障碍。如果这样看教材，那么教材中知识形成的过程、教材中解决问题的方法就会成为学生头脑中知识形成的过程和解决问题的方法。这样必然会限制学生的思路，造成思维的定式，不利于学生多层次、多角度探索问题，不利于学生发散思维能力的培养，不利于学生创造能力的培养。无论解数学题还是学习定义、定理、法则、整理知识结构，在经过自己独立思考之后再去看教材会使学生思维更开阔。

学习二次函数时要让学生能提出的基本问题是："什么叫二次函数""二次函数的知识结构是什么""二次函数的图像是怎样的形状""二次函数图像有怎样的性质"；一些学生还提出"二次函数这一单元与前面学习的哪些知识有联系，有怎样的联系"，"二次函数的应用有哪些"这样的问题；还有的学生想象出三次函数、四次函数的定义。学生提出的问题不一定能够解决，但通过设疑可以培养学生发现问题、提出问题的能力。

（二）猜想

猜想是在数学证明之前构想数学命题的思维过程。猜想的形成是对研究的对象或问题，联系已有的知识与经验进行形象的分解、选择、加工、改造的过程。在预习中的猜想这一环节，要求学生不要看书，针对设疑环节提出的问题进行猜想——猜想定义、性质、法则、知识结构等等。波利亚曾指出："数学是一种创造性活动，不要把数学理解为一种常规的、形式主义的演绎学科，而应类似于自然科学，取决于猜测、顿悟和发现。"在学习二次函数时，学生根据一次函数的概念迁移猜想二次函数的概念，由一次函数的图像迁移猜想二次函数的图像，由一次函数的性质迁移猜想二次函数的性质，由一次函数的知识结构迁移猜想二次函数的知识结构。有很多学生在猜想二次函数的图像形状时遇到了困难，他们联想到在研究一次函数图像时的方法，先描出很多点，再连线得出图像。因此猜想出二次函数图像的研究方法。通过猜想可以培养学生独立思考的能力，而独立思考的能力是数学学习的精髓。

（三）验证

学生要对自己的猜想进行验证。到这一步学生方可翻开书，看自己的猜想与教材有哪些不同，有哪些超越教材的地方，自己的思路的优点是什么，缺点有哪些，教材的优点与不足之处各是哪些。通过验证这一环节，培养学生思维的严谨性与深刻性；使学生通过验证，修正自己，找出学习方法中的缺陷与知识学习的不足。无论是设疑还是猜想，由于学生的基础不同、思维方式不同、学习能力不同、提出问题的能力不同，所设计的疑问和猜想的问题就会有很大的差异。通过验证和同学之间的交流，可以使不同的学生都得到提高。

（四）回顾

回顾是把本节学习的内容，与前面所学习的知识建立联系、发生作用，找出相同点与区别，在分析比较的基础上对所学习的知识进行综合归纳和抽象概括。只有这样，才能完成知识的系统化的工作，使新知识获得理解、实现同化，有助于学生知识的系统化、概括化。通过“回顾”这一环节还可以将前面所学习的知识的漏洞找出来，进行补习。学习二次函数的时候，学生在设疑、猜想、验证的环节中会找到一次函数、反比例函数学习中的缺陷；在回顾中建立新旧知识之间的联系，找新旧知识之间的区别的同时，就会将原有知识学习中遇到的问题解决了。

例如，学生在猜想二次函数的定义时就要联想到一次函数的定义、反比例函数的定义，如果对一次函数和反比例函数的定义不清楚，就无法猜想出二次函数的定义，就会在猜想中出现问题。特别是如果对一次函数、反比例函数的知识结构掌握得不好，就不会准确地猜想出本单元二次函数的知识结构。

（五）延伸

延伸是展开想象，想象本节学习的内容还会有怎样的发展，不断进行问题的变换。数学思维就是解决数学问题的心智活动，数学思维总是指向问题的变换，表现为不断地提出问题、分析问题和解决问题，从而使数学思维的结果形成问题的系统和定理的序列，从而达到掌握问题对象的数学特征和关系结构的目的。例如，学习了三角形相似的定义，延伸想到要继续研究判定定理；学习了一个定理，想到要继续研究另一个定理；学习完一种方程想到另一种方程；学习一种函数想到另一种函数。这样可以使学生能学会揭示数学知识之间的关系、本质特征和规律，从而提高学生迁移的能力，使学生对一事物的主体不仅能从部分事物相互联系的事实中推知普遍的与必然的联系，而且能够将这种联系推广到同类现象中。例如这节课学习的是二次函数的定义、知识结构，很多学生就会将本节知识加以延伸，比如一些学生就提出是否有三次函数、四次函数，是否还有其他的函数，这些函数的性质如何，图像应该是什么样的，等等。

备这节课的时候我还重点考虑到因材施教的问题，主要从以下两个方面进行了思考：

第一，不同层次的学生学习的步骤不同。学生可以根据自己的情况选择学习的步骤，或变更几个步骤的顺序，等等。例如，学习较差的学生我给他们安排的步骤是：看书—提问—回顾—延伸。

看书、提问这两个环节是指看书中讲了什么，问自己懂了没有，不会的地方问同学或老师，或等老师讲课时作为听课的重点。

学习最差的学生的预习步骤可以是：看书—提问—看书。

根据学习内容不同、学生不同、学习方法培养的重点不同，选择不同的侧重步骤。例如，要突出培养学生创造性思维的学习内容，可指导学生在“设疑”“猜想”两个步骤上下工夫；要培养学生整理知识结构、提高迁移的能力，可以在“回顾”“延伸”这两个步骤上下工夫；要培养学生思维的严谨性和逻辑推理能力，可以在验证这一步骤上下工夫。

第二，教师对学生的指导也不相同。对于不同程度的学生教师要有不同的指导侧重点。对于学习比较优秀的学生，教师可以只指导如何设疑；对于中等生，教师要指导如何设疑、如何猜想；对于学习差的学生，教师要教他们如何阅读教材。学习好的学生可以独立学习，学习差的学生可以由教师或同学领着一步一步走。波利亚不认为单纯的没有指导的问题解决能改进一个人的表现。他同时指出，只有通过非常规问题的恰当使用，才能改进学生解决问题的能力。因此教师的指导要因材施教，要使学生有所感悟。

总之，通过因材施教，不同程度的学生会有不同的收获，会使每一个学生都得到最大限度的提高。这种学习给了他们很大的空间，他们可以不断地改进方式方法，扩大猜想、回顾、疑问、延伸的空间。发挥自己的想象和猜想，不受教材和老师讲解的限制，使自己的创造力、创新能力得到更快、更大的发展。

【附教案】

课题：初三年级数学第 27 章第一节“二次函数”

课程标准对本节的要求：通过对实际问题情境的分析，确定二次函数的表达式，并体会二次函数的意义。

根据学生实际对教材的整合：本节课除教材规定内容外，还要研究二次函数的知识结构。

重点：二次函数的表达式。

难点：二次函数的知识结构。

教学过程：

新课学习环节

一、设疑

创设问题情境激发学生提出问题的兴趣。

教师：我们这节课研究函数问题，今天研究二次函数。请大家就这个题目提出一些问题。

学生独立思考，提出问题。

教师在备课中对学生设计的问题的预设：

(1) 什么叫二次函数？

(2) 二次函数的解析式是什么样的？

(3) 怎样的实际问题中会有二次函数的问题？

(4) 二次函数能解决什么样的实际问题？

(5) 二次函数的知识结构是怎样的？

(6) 求二次函数的解析式需要几个点的坐标？

(7) 二次函数也有图像吗？

(8) 二次函数的图像的形状是什么样的？

(9) 二次函数图像有怎样的性质？

(10) 二次函数与前面所学习的几种函数有怎样的联系与区别？

二、猜想

创设情境激发学生解决问题的欲望。

教师：大家所提出的这些问题正是我们这一单元所要研究的问题的全部。下面我们就开始尝试解决这些问题。这节课我们先思考前六个问题的解决方法，有余力的同学可以研究其他问题。

学生先独立尝试猜想如何解决这些问题，然后相互交流，教师个别指导。

三、验证

教师：现在我们可以看书，验证一下我们的猜想是否正确，看看有哪些不足的地方，问题出在何处。相互交流一下。

学生看教材中的二次函数的定义，看教材中二次函数都研究了哪些问题，验证自己的猜想是否正确；看教材中的问题1、问题2，并列出相应的函数关系式。

学生独立解决书后的练习题并相互交流。

教师针对教材中的重点问题以及学生出现的问题进行点拨，并对例题、习题根据学生对问题的理解进行变式训练。

四、回顾

创设情境引导学生对前面所学的知识进行回顾。

教师：今天所研究的二次函数都是我们独立解决的。那么我们解决问题的依据是什么？我们应用了哪些我们学习过的知识？那些知识给了我们怎样的启发？它们之间有怎样的联系与区别？每一个数学知识都不是独立存在的，与很多知识之间有着千丝万缕的联系，我们找到了这些联系，就找到了这些知识之间的连接点，问题的解决就容易了。

现在我们就将以前所学习过的与这节课知识有联系的知识用表格的形式表示出来，或用你喜欢的其他形式归纳在一起。可以独立完成，也可以小组完成。

学生独立归纳后小组讨论。

教师引导学生评价。

五、延伸

创设情境激发学生继续探索。

教师：这节课我们研究了很多关于二次函数的问题，我们是否还有其他问题要提出来?

学生提出问题。

在延伸环节学生提出的问题大致体现两个方面的思考：一是本节知识的延伸，二是本章知识的延伸。

教师预设学生提出的问题：

(1) 就本节“设疑”环节提出的问题提出解决的方法或疑问。

(2) 是否还有其他函数，如三次函数、四次函数。

教师用几何画板画出二次函数、三次函数、四次函数、对数函数、指数函数的一些图像，与学生一道欣赏。

复习巩固环节：

(1) 教师根据学生课堂进展情况提出具有指导性、引领性、激发学生创造性思考的若干问题，学生解答，教师指导。

(2) 学生设计问题，师生共同解答。

(3) 在本章学习结束时，教师要要求学生写文章。文章可以是知识的归类总结、自己的一些见解或学习体会。

# 主题八　课的结构不同，课的功能不同

## ——课堂有效性与课堂结构设计

组织得好的石头能成为建筑，组织得好的社会规则能成为宪法，组织得好的事实能成为科学，组织得好的课堂教学结构就是教学艺术。有教学艺术魅力的课堂结构就能提高课堂有效性。

【问题呈现】

### 结构方式不同，其效果不同

化学知识告诉我们，同是碳元素，其分子呈平面结构方式排列，即形成石墨；而呈立体网状结构方式排列，则形成坚硬无比的金刚石。元素虽然一样，但结构方式不同，就形成了截然不同的两种物质。看来结构组织是一门大有潜力可挖的科学和艺术。同理，教师课堂教学设计的结构方式不同，其教学效果会大相径庭。

注重对不同教学思路的追问。北京市中关村第四小学校长、全国小学数学名师刘可钦作了如下介绍：

有一次备“圆的周长”一课，我与几个老师一起先后设计了几个方案，因为不同的教学思路决定着不同的教学方式。

第一种方法，教师为学生提供大小不同的用硬纸剪成的圆和相关的学习材料，如百尺、彩带等。学生分成小组，按教师所提的要求，先测量出每个圆的周长和直径，再通过计算，寻找圆周长与直径的关系，进而得出圆周长的计算公式。

第二种方法，教师也为学生提供大小不同的圆和相应的材料，所不同的是这些圆有的是用硬纸做的，有的是用软布做的，有的直接画在一张纸上而没有剪下来，同样是让学生分小组探索圆周长与直径的关系。

粗看，这两种方式并无太大差异，都注意了让学生通过动手操作积极参与学习过程，但细细分析，两者为学生提供的探索空间却有着明显的差别。

第一种设计，虽然也为学生的主动探索提供了一些机会，但依然将关注点放在了计算公式的导出和运用上。第二种设计，更关注学生主动探索与创造的可能，而不仅仅是为了计算公式的得出。“想办法找出这些不同圆的周长”，在这个问题的导引下，通过积极合作，诱发了学生探索与创造的欲望。在这一过程中，学生所获得的数学活动经验有助于形成一种积极的、正确的情感和态度，为进一步的学习不断积累有效的经验。

经过比较、反思，我们一致认同了第二种方法。

我们有许多课不止上了一遍，如果能把它积累下来，透过不同去积极寻找相同的地方，就是一种对课堂规律的把握，同时也有助于形成属于自己的教学特色，这是一个教师最为重要的专业成长过程。

一个颇有教学素养的教师备课时都会在设计课堂结构上下一番工夫。

【问题分析】

## 解读课堂结构

什么是课堂结构？所谓课堂结构就是指一节课的组成部分及各个部分之间的联系、顺序和时间分配。课堂结构设计也就是把教学的有关因素组织在一起，按最优化的原则排列组合，从整体上设计一节课。课堂结构设计也称课堂环节、课堂流程、教学过程设计。

2002 年全国基础教育实施新课程以后，一些有胆有识的中小学校校长、教师大胆创新，勇于探索，在课堂教学方面闯出一条条新路，在教育思想观念方面有了重大的突破，并总结出一些先进高效的课堂结构模式。当前有代表性的课堂结构模式有以下一些。

### 一、洋思中学：“先学后教、当堂训练”结构模式

江苏省泰兴市洋思中学本是一所地处偏僻的村联办初级中学。然而就是在这样“三流办学条件、三流师资队伍、三流生源质量”的情况下，

历经多年的实验研究，洋思中学创出了一流的教学业绩，走出了一条以自主学习为根本的教学改革与发展道路，成为一所全国闻名的学校。

（1）“先学”：教师简明扼要地出示学习目标；提出自学要求，进行学前指导；提出思考题，规定自学内容；确定自学时间；完成自测题目。

（2）“后教”：在自学的基础上，教师与学生、学生与学生之间开展互动式的学习。教师对学生解决不了的疑难问题，进行通俗有效的解释。

（3）“当堂训练”：在“先学后教”之后，让学生通过一定时间和一定量的训练，应用所学过的知识解决实际问题，加深理解课堂所学的重点、难点。

（4）课堂的主要活动形式：学生自学—学生独立思考—学生之间讨论—学生交流经验。

洋思中学的“三清”运动，即“堂堂清”“日日清”“周周清”。堂堂清、日日清、周周清，就是要求学生向每节课要质量，向每天要质量，向每周要质量。

**二、杜郎口中学：“三、三、六”自主学习结构模式**

杜郎口中学的课堂教学改革，一言以蔽之，就是解放学生，把课堂还给学生。教室都是方阵式排位，四桌 8 人一组。教室里没有讲台，除了一面墙是玻璃窗外，其余三面全是黑板；老师在课堂上只准讲 10 分钟，多讲一分钟都要挨罚。教育界专家称杜郎口中学的创新课堂是“农村教育的一场革命”。

杜郎口中学把旨在体现“教为主导、学为主体、师生互动、共同发展”的教改套路概括为“三、三、六”自主学习模式。

（1）课堂自主学习三个特点：立体式、大容量、快节奏。

立体式——目标任务三维立体式，任务落实到人、组，学生主体作用充分发挥，集体智慧充分展现。

大容量——以教材为基础，拓展、演绎、提升，课堂活动多元，全体参与体验。

快节奏——单位时间内，紧扣目标任务，周密安排，师生互动，生生互动，达到预期效果。

（2）自主学习三大模块：预习—展示—反馈。

预习——明确学习目标，生成本节课的重点、难点并初步达成目标。

展示——展示、交流预习模块的学习成果，进行知识的迁移运用和对感悟进行提炼、提升。

反馈——反思和总结，对预设的学习目标进行回归性的检测，突出“弱势群体”，让他们说、谈、演、写。“兵教兵”“兵练兵”“兵强兵”。

（3）课堂展示六个环节：预习交流、明确目标、分组合作、展示提升、穿插巩固、达标测评。

**三、东庐中学："教学合一"的教学改革**

东庐中学是江苏省南京市溧水县永阳镇一所农村初中校，曾长期处于师资水平差、生源质量差、硬件设施差和教育观念落后、教学手段落后、教育质量落后的“三差三后”状况。1999年开始尝试“教学合一”的教学改革，通过几年的实践，学校的改革取得了预期的效果，中考成绩连续多年名列南京市前茅。

东庐中学的“教学合一”教学改革主要分三大部分：第一部分是改革备课模式，实行以“讲学稿”为载体的分工合作、取长补短的备课改革；第二部分是改革课堂教学模式，实行以“讲学稿”为施教蓝图的小组合作、师生互动的课堂教学改革；第三部分是改革课后辅导模式，实行以“讲学稿”为根据的查漏补缺、教学相长的课外辅导改革。他们努力做到教学目标达成“周周清”，从课前备课，到课堂教学，到课后辅导进行了全方位的改革。

“讲学稿”是集教案、学案、笔记、作业、测试和复习资料于一体的师生共用的教学文本，是将国家课程、地方课程充分整合后的校本课程，是“教学合一”的载体。讲学稿的编写有一定的流程，其编写模式可概括为“提前备课、轮流主备、集体研讨、优化学案、师生共用”。

用“讲学稿”教学要做到“四精四必”（精选、精讲、精练、精批，有发必收、有收必批、有批必评、有评必补）。

“讲学稿”应用包括如下三个环节。

（1）课前准备。

教师经历：下“题海”→集体编写讲学稿→个人课前备课→检查批改上交的讲学稿→个人课前最后一次调整教学方案。

学生经历：读课本→结合讲学稿尝试课本习题→完成讲学稿上学前的准备，并尝试完成部分新知→上交讲学稿→课前短时间的同学交流。

（2）课内交流。

学生活动（交流感悟）：质疑释疑，交流讨论，积极思维，寻求结论，力求突破。

教师活动（启发点拨）：辨疑解难，启导发现，启迪思维，引导迁移，鼓励创新。

（3）课后反思。

教师：课后反思主要落实在备课组所有老师讨论本节课的心得体会，讨论成功与不完善的地方，以及学生中还可能存在的问题；撰写错题集、课后记。

学生：课后要把讲学稿“留白”部分完成，格式不正确的纠正过来，错误的订正正确，还要在“讲学稿”相关栏目或空白处填写学习心得等。要求学生每隔一段时间将各科讲学稿进行归类整理，装订成复习资料。

上面介绍的课堂教学模式之所以高效，是因为它们有以下共同的特点，这也反映了课堂教学规律——先进课堂结构模式的特点：

第一，目标导向。这些教学模式都重视教学目标的编制和提出，使教学教有目标、学有目标，而且具体明确直奔主题，以少走弯路，减少盲目尝试。

第二，以学定教，教为学服务，以学生发展为本。开放的教学模式，学生最大的收获是什么？挖掘的是孩子的潜力，培养的是勇气，张扬的是个性，奠定的是信心。

第三，重视学生的参与。教学改革带来教学质量的迅速提高，主要是学生“动”了起来，而不是所有教师突然提高了水平。只要学生有了学习兴趣，主动投入，就不会感觉到负担重。

第四，重视训练检测。如洋思中学的“当堂训练”像竞赛、像考试那样，让学生独立地、快节奏地完成，教师不做辅导，只给答案与结果，让学生自己探索规律，学生不得抄袭。“当堂训练”坚持三条原则：一是发散性思维原则。选练题目要能使学生举一反三，触类旁通。二是量力而行原则。选练题目要适度、适量。适度就是难易适中，既不拔高又不过于简单；所谓适量就是作业总量以学生在 15 分钟内能完成为限，但又不偏少。三是有针对性地布置不同层次的习题。选练题目要分必做题、选做题、思考题。

第五，管理到位，非教学因素发挥作用。这些学校之所以取得良好教学效果，还在于立足于改进教法，指导学法，加强管法（非教学因素），使学校的教学工作做到——“教—学—管”三位一体。

第六，有模式，但是不模式化。

第七，有一种精神——责任和爱。洋思中学的经验已走红十多年，慕名而来的参观者达二十多万，可至今仍然没能“克隆”出第二所“洋思中学”。有记者这样评论：“洋思的各种理念和管理措施固然先进，大有值得学习的地方，然而更让人钦佩的是洋思中学持之以恒、坚持不懈的精神，艰苦奋斗、无私奉献的精神，对学生充满热情、对工作充满激情的负责精神，缺乏这些精神即使再先进的措施和做法也不可能取得辉煌的成绩。”

东庐中学校长陈康金说：“‘讲学稿’不能简单地移植。很多人到这儿学我们的‘讲学稿’，可回去还是学不好，因为他们仅仅看到了‘讲学稿’本身，其背后的我们学校的整个文化他们学不到”。而这个“学不到”的东西就是“制度和氛围”，这才是东庐中学最重要的东西。

课堂教学改革难以推进，深层次的原因是“教育体制”，是“人的价值观”。

- 办好教育无非三个字——爱、责任。
- 课堂教学改革需要勇气，需要付出，需要坚持。
- 我们的教育不缺少理念，缺的是对一线教育生活的真正参与。

教学实践证明，教学不存在一种万能的教学结构模式。教学改革的真谛就在于对旧教学结构模式的改造和对新教学结构模式的探索。

【解决对策】

## 课堂结构的优化设计

### 一、优化课堂导入设计

一台好戏演好序幕，一篇新闻写好导语，一部乐章奏好序曲，先声夺人能激发人的兴趣和注意力。同理，新奇多趣、引人入胜的课堂导入，能把学生带进一个跃跃欲试、美不胜收的学习天地里。

什么是课堂导入？所谓课堂导入是指教师在一个新的教学内容或教学活动开始时，引导学生进入学习境界的语言艺术与行为方式。课堂导入有很多功能：一是能诱发学生的学习兴趣，二是能集中学生的学习注意力，三是能引入教学的主题，四是能开启学生的思维等。

教学没有固定的模式，教学的对象、内容不同，导入设计也会有所不同；即使是同一内容，不同教师也有不同的处理方法。下面介绍一些课堂导入设计的类型和方法，供新教师参考。

#### （一）开门见山，揭示新课

“开门见山，揭示新课”是针对教材特点，直接揭示学习目标。这种导入模式特点是“短、频、快”。即省时，接触新课主题迅速，能及时起到组织学生进入学习角色的作用。

魏书生老师在进行语文教学时常运用这种方法。他说：“导语设计得好，也能激发学生的爱好，使一堂课有个良好的开端。如《论语六则》这课书的导语我这样说：‘火之光，电之光，能照亮世间的道路，思想之光，能照亮人的精神世界。谁是世界最伟大的思想家呢？联合国教科文组织确定了全世界最伟大的十位思想家，例如牛顿、哥白尼……谁知道这十位思想家谁排在第一位？他就是我们中国的孔夫子。’这么一说，学生们学《论语六则》的兴趣便浓了一些。”

（二）联系旧知，提示新课

教学过程中，一般来说，新知识是在旧知识基础上发展与延伸的，学生是从旧知识中起步迈向对新知识的掌握。教师要从已有的知识出发，抓住新旧知识的联系，精心设计，导入新课。这样，可以使学生感到旧知识不旧，新知识不难，建立起新旧知识的联系，明确学习的思路，增强学习的信心。例如有位老师在讲解 $32x=800$ 这道题时，先把旧知识 $75x=1800$ 这道题同时写在黑板上，然后提示学生：“这两道题相同点是什么？不同点是什么？根据异同点分析，你能大胆解答 $32x=800$ 这道题吗？”这里，老师的导入，通过学生对新旧知识的联系对照，起到了承上启下、引导过渡的作用。

（三）巧设悬念，引人入胜

教师要善于创设问题，以奇特的形式设置悬念，使学生的大脑产生兴奋，迫切想知道其中的奥秘。教师及时抓住这一契机，揭示新课。例如下面地理课讲授“比例尺”的导入设计就是这样。

一上课老师就问：“哪个同学的爸爸妈妈或叔叔阿姨要出差？”七八个同学举手，老师指定一名调皮的同学小王回答。小王说“我们隔壁的陈叔叔明天出差到成都。”老师说：“你学过地理，你给我查一查地图，重庆到成都有多少千米？其他同学也帮助查”。地图上根本没有标出重庆到成都的距离，大家查了一阵，都查不出。全班陷入沉默。从那一个个微微皱起的眉头，看得出孩子们为难了。老师趁机将孩子们心头的乌云拨散：“没关系，只要你们听了我下面讲的，保证你查出来，因为地图上有‘比例尺’……”教师板书课题“比例尺”。

这个导入设计的巧妙之处就在于使学生产生了一种“打破砂锅问到

底”的思想，使他们急于求得答案，这就激发了学生的求知欲和学习兴趣。

（四）动手操作，亲身体验

别人说十遍不如自己做一遍，学生自己亲手操作演示的东西，因为有切身实践，往往体会深刻，有助于激发悟性，增强思维力度。如讲授摩擦力时，教师先拿出盛米的玻璃瓶放在讲台上，并拿出两根筷子，让学生们试试，看谁能巧妙地用筷子把米瓶挪到桌子另一端。有的学生用筷子来夹，也有聪明的学生试着用一根筷子插入米瓶当中，最后竟用一根筷子把米瓶提了起来。这时教师问：“为什么一根筷子能把米瓶提起来？原来摩擦力帮了大忙。什么是摩擦力呢？它有哪些作用和特点？现在我们来学习这个问题。”这样导入，学生有亲身感觉，学习起来注意力集中，记忆准确。

（五）利用游戏，创设情境

教师可以巧妙地利用猜谜、游戏、表演、朗诵等多种形式来创设情境，以此来进行课堂导入。这样让学生由游戏开始，参与到教学活动之中，有助于激发学生的学习愿望和兴趣。如下面这个“商品标价”的新课导入就是沈雨萍老师运用游戏创设情境的方法设计出来的。

（音乐）师：小朋友，今天，小灵通带我们去参观“红领巾小商店”。

（投影）小商店到了，你们看小商店有些什么东西呢？

指名回答。

师：这么多的东西，你想买吗？

生：想。

问：你知道这支铅笔多少钱吗？

出示各种东西的标价。

师：这些商品标价怎么读、怎么写就是我们今天要学的本领。

这个设计符合低年级学生的特点。通过创设情境，让学生去“购买”商品，当他们不会买、不会读商品的标价时，他们的求知欲就被激发起来了。

（六）故事引入，启迪思考

小学生天性对新的事物好奇，喜欢听故事。如果教师抓住学生这一心理特点来进行导入设计，也会取得理想的效果。例如，在数学学科讲授“加减法的一些速算法”时，为了让学生更好地学习，为了让他们认识到同一道题用不同的方法进行计算花费的时间大不一样，应用简便方法进行运算可以提高计算速度，有位老师上课伊始，给同学们讲述了这样一个故事：“高斯是德国数学家，他小时候喜欢数学，10 岁的时候，老师出了一道题：‘1 +2 +3 +4 +… +99 +100 =？’当别的孩子动笔算的时候，小高斯却算出得数是 5050。同学和老师感到很惊讶。你们知道高斯为什么算得又快又对吗？原来他采用了简便方法进行计算。后来高斯成为了一个大数学家。今天我们就来学习‘加减法的一些速算法’。”这样的导入就激发了学生学习的积极性。

（七）从审题入手，提纲挈领

我们知道，有些课文的标题就是这节课的“窗口”，也是教材内容高度的概括，从课题的标题就可窥知全文的“奥秘”。所以，从审题入手就能揭示一课的中心主题或重点、难点。

例如有位老师在教《狐假虎威》一课时，是这样设计导入的。

第一，板书课题，在“假”字下加着重点，问学生“狐”指什么？“虎”指什么？

第二，学生查字典，思考：

- “假”字有几个读音，有几个含义（jià 假期，请假；jiǎ①跟“真”相反，假话；②借用、利用，假借。）
- “狐假虎威”中的“假”字怎么读，怎么解释？这个题目是什么意思？（狐狸借老虎的威风）。

上面这个导入设计由于从审题入手，很容易引导学生抓住课文的重点和难点，也容易揭示这一课的中心思想，为上好这一课奠定基础。

### （八）直观演示，提供形象

实物、标本、教具（挂图、模型、投影片、幻灯片、电影、电视等）比语言更有说服力和真切感。展示挂图、实物、标本、模型等，可以化抽象为具体，不但为学生提供生动形象的感性材料，而且也为他们积累丰富的感性经验。直观演示可以鲜明地揭示客观事物之间的关系。直观演示对于引起学生学习动机、增强感知，更有直接的作用。

因此教师可对一些抽象的概念，在导入时多提供具体事例，创设演示直观教具的机会，这有助于学生对概念的理解。例如有位教师在讲生理卫生课中骨的构造时，她先发给学生已经锯开的长骨（棒骨）让学生观察。在学生观察时，教师说："大家在观察时，注意思考下列问题：①骨端和骨中部的结构是否一样？②长骨骨质的外面有什么样的结构？这种结构存在的部位如何？③骨腔中有什么物质……"这种导入，教师利用了直观演示、联系、对比等多种方法。

### （九）补充知识，唤起联想

"补充知识，唤起联想"这种方法是通过讲一个故事、打一个比方、解释一个典故、引用一句格言、介绍作者的一段生平逸事等来进行导入。如有位老师在讲《骨气》一课时，先引用了文天祥的诗句："人生自古谁无死，留取丹心照汗青。"这引起了学生极大的兴趣。

### （十）群策群力，学生登台

为了把课堂导入设计得更好，老师也可以发动学生开动脑筋，提出建议，乃至可以让学生上台当"老师"做课堂导入示范。

导入设计无论是哪种类型都应注意以下几个问题。

第一，求精，有概括性。因为导入只是引路、开启思维、突出教学重点、诱发学习兴趣，而不是正式讲授新课，因此要切中要害，言简意赅，而不能庞杂烦琐和冗长。有的教师在让学生复习前次概念时拖占时间较长，也有的教师在介绍课文的时代背景和作者时，随意发挥，没完没了，这样就喧宾夺主，会降低课堂教学效果。

第二，求思，有针对性。不管哪一类型的导入设计都要有针对性、启发性、可接受性。针对性是指指导入设计要根据教学目的而确定，围绕教学重点、难点来设疑，而不能跑题。启发性是指设计有思考余地，能引起学生的积极思考。可接受性是指问题设计要适合学生的年龄特点，深浅适中，既不使学生感到高不可攀，也不使学生感到索然无味。

第三，求巧，有趣味性。导入设计要简练而概括，但形式应多种多样，巧妙自然，新颖独特，切忌老生常谈。即使几句话的导语，也应尽可能设计得含蓄有趣、生动活泼。但也不能故弄玄虚，哗众取宠。

第四，求准，有科学性。导入设计不能模棱两可、含糊其辞。导入的用语和形式都应恰当准确，无论是设疑、引证、说明、比喻等都要明确、精当、不产生歧意，使学生思维准确地进入轨道。

## 二、优化新课设计

新课教学设计是一节课的主体部分，也是最精彩的部分。

这一部分设计的好坏决定一节课的成与败。教师要高度重视新课的教学设计。怎样进行新课教学的设计呢？可以重点考虑以下几个问题。

### （一）抓住主题，理清思路

设计任何一节课，教师都必须在充分理解教材基础上做到中心突出、主题鲜明、抓住重点，而且要理清思路、设计好层次。例如窦桂梅设计的《秋天的怀念》这节课的基本框架：

教学预设：

（1）在“秋天”的回忆中，理解“母爱”的内涵。

（2）在“怀念”的情意中，感受“母爱”的思绪。

（3）在“秋天的怀念”中，获得“自己”的思考。

教学层次：

（1）感受“娘俩”的好好儿活。

（2）探究“我俩”的好好儿活。

（3）思考“我们”的好好儿活。

教学步骤：（略）

这个教学设计紧紧抓住了“好好儿活”这个主题，思路清晰、重点突出，课能上好自然在情理之中了。

（二）注重过程，引导参与，加强训练

所谓重过程就是教师在教学中把教学的重点放在过程上、放在揭示知识形成的规律上，让学生通过“感知—概括—应用”的思维过程去发现真理、掌握规律。这是学习知识的过程，又是发展智能的过程。

我们知道，学生的学习生活往往经历（具体）感知—（抽象）概括—（实际）应用的认识过程。而在这个过程中有两次飞跃。第一次飞跃是“感知—概括”。也就是说学生的认识活动要在具体感知基础上，通过抽象概括，从而得出结论。第二次飞跃是“概括—应用”。这是把掌握的知识理论应用于实际的过程。显然，只有学生在学习过程中真正实现这两次飞跃，教学目标才能实现。

由此看来，过程远比结果更重要，学生学习知识的过程是不可省略和压缩的；压缩和省略学生思维过程，而直接得出结论、背答案的做法是舍本逐末。如果学生对知识的概念、原理、定理、规律的掌握不是通过自己思维过程获得的，那只能是死记硬背和生搬硬套的机械学习。

进行新课和练习设计是教师在充分理解教材基础上，依据主题来预设一节课的教学思路和环节。那么在这两个环节中怎样体现注重过程，引导参与和强化训练呢？这里我们列举小学数学特级教师吴正宪老师设计的“平均数”一课，希望对老师们有所帮助。

**数学在熟悉的生活中**

——统计初步知识——平均数

一、创设情境，提出问题

以拍球游戏活动导入——切题、激趣

二、解决问题，探求新知

（1）感受平均数产生的需要。

(2) 探索求平均数的方法。

(3) 理解平均数的意义。

(4) 沟通平均数与生活的联系。

三、联系实际，拓展应用

高超有智慧的练习设计（切中要害、巧妙有趣、有挑战性）：

(1) 出示第一题：北京“五一”期间自然博物馆售出门票统计图。

问题1：请你估计一下，这五天中平均每天售出门票大约多少张？

问题2：你们估计得准不准呢，请你用自己喜欢的方法验证一下。

问题3：如果你是自然博物馆的馆长，看到这个信息，你会有什么想法？

(2) 出示第二题：少儿歌手比赛中1号选手最后得分是多少？

(3) 出示第三题：2002年小刚家各季度用水量统计图。

(4) 出示第四题：小明有可能遇到危险吗？

四、总结评价，布置作业

通过这节课的学习，你有什么收获？还有什么遗憾？你认为应该给自己布置什么样的作业？

可见，窦桂梅老师设计的《秋天的怀念》具有如下几个特点：

(1) 紧紧抓住了教材重点、难点，目标明确。

(2) 暴露思维过程，学生在活动、体验中深刻理解平均数的知识。

(3) 以问题为主线，以活动为载体，以体验为收获，以情趣为动力。

(4) 润物细无声的人文感染。

(5) 层次分明，丝丝入扣。

## 三、优化巩固练习设计

熟能生巧。巩固练习是一个人掌握知识、形成技能，由懂到熟、由熟到巧的必由之路。没有训练就没有过程，没有训练就没有能力，没有训练就没有积累。

但是如今课堂训练大有被忽略的倾向。如：重讲轻练——挤占学生练习时间；重点轻面——练了少数，丢掉多数；重旧轻新——简单重复，机械操练；重量轻质——只顾数量，不讲质量；课堂训练的无序性。教师在巩固练习中要努力克服这些弊端。

通常教师在巩固练习中应该把握以下这样几项原则。

### （一）吃透教材，目的性强

巩固练习就怕远离课标教材盲目训练，所以教师设计练习时应认真领会教材编写意图和系统性，从而明确每个单元、每个课时的训练要求和重点，这样才能在教学中使每一教学目标做到分课实施、分节落实。

### （二）分析学情，针对性强

练习设计要充分分析学生的学习基础、能力以及学生之间的差异、学生可能出现的问题等，有针对性地设计练习题。如针对重点、难点和关键设计练习题，针对错误规律设计前馈练习题；针对心理定式，设计变式练习题；针对“高原”现象，设计趣味练习题。

（1）循序渐进，层次性强。所谓分类有层次，就是要把练习题设计成不同难度和不同类型的题目，而且有一定的层次性。通常有以下三种类型。

第一类：基本题。这种题是重复模仿型的，它和原例题的难易程度、形式相当。如语文课和外语课中的阅读、复述、抄写、背诵，数理课中的简单习题，美术课中的临摩，音乐课中的视唱，等等。

这种作业训练的是学生学习的基本功，对巩固知识、形成技能、技巧是有效的；对掌握知识系统，养成持之以恒、耐心细致的习惯，也不可缺少。但要注意防止学生思维模式化，趋于呆板，妨碍其创造思维的发展。

第二类：综合型题。它是联系前面学过的知识，把旧知识和新知识结合起来，形式有些变式、有些拐弯，主要是了解学生解题思路的灵活性，是在考查学生的综合应用能力。

第三类：开放型题。这是结合本节课的知识点，设计 1 ~ 2 道富有挑战性的题目（如答案不唯一、含隐藏条件等），让中高水平的学生

“跳一跳”，看“能不能摘到桃子”。这种题也叫拓展型题或应用型题。

（2）以少胜多，精练性强。练习设计不是越多越好，而应以少胜多、以一当十，练一题管一类，精讲精练。如让学生做标点符号的练习，宁鸿彬老师只选了“他都会什么”五个字。他先把写了五个字的五张单字卡片，依次摆入板槽里，让学生填标点。“他都会什么？”——学生填成问号。“他什么都会。”——填句号。“什么？他都会！”——又填成问号、叹号两种标点符号。这种精练效果能不好吗？

（3）生动活泼，多样性强。青少年学生好奇好动，求新求趣，练习设计一定要生动活泼，有多样性，如题型和练习方法的多样性等等。

**四、优化结课设计**

一节好课不仅要巧设导入，还应该处理好结尾。明代文学家谢榛说得好：“起句当如爆竹，骤响易彻；结句当如撞钟，清音如余。”的确，一堂课如一首乐曲，结尾好犹如曲终时留下袅袅不尽的余音。

什么是结课设计？结课设计就是一节课的课尾处理。结课的作用：归纳概括——让学生知识系统化；画龙点睛——让学生掌握重点；复习巩固——让学生强化记忆；拓展延伸——课已尽而意无穷。

结果设计的方法有很多，这里介绍几种常见的方法。

（一）总结概括式

苏联教学理论专家达尼洛夫曾说：“通过总结学生在课上所学的主要事实和基本思想来结束一堂课，是很有好处的。”总结概括是结课方法中最常用的一种方法。

总结概括的方法可以采取以下两种形式。

第一种是教师对一堂课的内容，按教材的顺序或板书的布局，用精练的语言提纲挈领地做一次梳理，使知识条理化、概括化、系统化，以达到当场记忆巩固的目的。

第二种是教师设计总结概括性的提问，让学生进行小结。这也是梳理知识，便于学生的记忆。如提出下面几个问题来让学生小结。

- 我们在这节课里学习的是什么内容？懂得了什么？摸到了什么规律？
- 你认为上面的知识中哪些是最重要、最关键的？
- 你觉得这堂课上掌握得最好的是哪些知识？
- 你还有哪些疑难问题提出来讨论？

### （二）画龙点睛式

画龙点睛式是一种卓有成效的方法，画龙点睛可以使学生茅塞顿开。例如：在“求平均数问题”第一节课将结束时，老师出了这样一道选择答案的练习题：哥哥买来一本科技书，第一天看 8 页，第二天看 6 页，第三天看 10 页，第四天上午看 5 页、下午看 7 页，问平均每天看几页？同时出示两个算式：$(8+6+10+5+7)\div5$；$(8+6+10+5+7)\div4$。有不少学生对题中告诉我们五个数但只要除以 4 还有疑问。教师为了帮助学生掌握解这类题的方法，就抓住这个火候向学生提问：“求平均数应用题要找准总数与份数，但关键是找哪个量？为什么？”这样从平均分的份数出发，启发学生由份数去找对应的总数量；一语道破，使有疑虑的学生豁然开朗。

### （三）图形呈现式

图形呈现式是在新授某一单元或某一方面的知识后，将知识归纳小结形成知识系统，以知识图形的形式呈现给学生，让学生认识知识之间的联系。例如，教学“米”“千克的认识”后，归纳小结知识时可用下图表示。

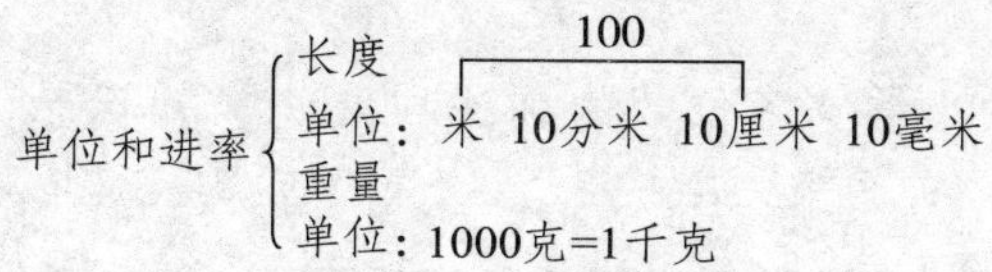


### （四）表格填写式

为了帮助学生对学过的知识进行归纳概括，理清思路，把握要点，教师可在备课时设计出表格，在上课即将结束时让学生去填写。如著名特级教师魏书生在设计《普通劳动者》一课时就列出下列表格，让学生在做结课练习时填写。

| | 言 | 行 | 性格 |
|---|---|---|---|
| 去工地 | | | |
| 劳动 | | | |
| 休息 | | | |
| 冒雨装料 | | | |

填写表格对于学生容易混淆的知识作用更大。当学生对某些知识产生混淆时，采用列表来归纳小结知识，让学生综合对比、认识区别，效果比较好。比如，学生学习混合运算知识时往往后面学到的容易跟前面的产生混淆，因此，在混合运算的知识归纳小结中就可以采用表格填写的方法。

| | 含义 | 运算顺序 | 举例 |
|---|---|---|---|
| 加减混合运算 | | | |
| 乘除混合运算 | | | |
| 四则混合运算 | | | |

（五）作业练习式

作业练习式是教师抓住本课重点、难点和关键性的知识技能，设计含有读、讲、画、演、学具操作或辨析性的多样性练习作业，让学生动口、动手、动脑，在练习作业时也开展竞赛；也让学习处于中下游的等学生板演，然后集体评比。从而提高学生作业技能、技巧，并达到理性的升华。

例如：归纳小结“多位数的加法和减法”知识时，就可按如下步骤进行：

练习①34367＋29853　480570＋27490

小结：多位数加法

练习②64508－7648　85400－64890

小结：多位数减法

（六）游戏表演式

少年儿童喜欢游戏。如果教师能在新课结束之际，运用电教手段，创造一个充满情趣的语言环境，让学生在游戏中学知识、长智慧，一定会收到良好的效果。如“小数的性质”一课临近结束时，设计找朋友游戏：教师发给每个学生一张数字卡片，正反两面都写有数字，教师拿出写有1.60的卡片问：“谁是我的好朋友？”持有1.6、1.600等卡片的学生高举起手中的卡片说：“我是你的好朋友！”全班学生在笑声中领悟了小数的基本性质。

（七）揭示规律式

小学生的思维处于无序思维向有序思维过渡阶段，所以往往缺乏有序地迫近目标的思维能力。为此教师在结课时应指明规律，总结出思维顺序，促进学生有序思维的完善与发展。

例如：教学“组合图形面积计算”和“组合体积计算”时，结束语就可归纳其解答步骤：①分解图形，②分别求出，③求和或差，④验算写答句。“求两个数的最大公约数”的结束语就是突出按三种情况进行有序思维。即：先看它们是不是倍数关系；若是，小数即是它们的最大公约数；若不是，再看它们是不是互质关系；若是，它们的最大公约数即为1；若也不是，即用短除法求出它们的最大公约数。这样，解题时方法步骤明确、思维操作有序，效果就会更好。

（八）延伸发展式

延伸发展式是老师根据教材内容和特点，在结课时，有意把课内知识引入到课外，或引入到课外的阅读上，或引入到动植物的研究上，或引入到自然、地理的研究上。通过这一延伸，架起知识和兴趣的桥梁，引导学生在课外发展兴趣，为他们日后成才或择业打下基础。

教师的课堂结课艺术、方法不局限于以上几种。如果教师能开动自己的学识、智慧、口才、课堂机智，会创造出更多更好的结课艺术来。

结课设计应遵循以下几条原则。

（1）紧扣目标。因为结课是一种收敛思维，目的是归纳总结全课知识，抓住重点，这样无论是采取什么形式的结课设计，都必须紧扣教学目标，突出教学重点。脱离教学目标的结课设计，形式再好也没有意义。

（2）选好角度。结课究竟应从哪个角度切入？这里有一个如何选角度的问题，因为每一课的教学内容不同，结课的侧重点就不同。为此教师在备课时，先要从整体到局部，努力通过广泛的内容和灵活多变的手法，理清教学思路，以便抓住知识要素作为结课突破点，从而达到“抓一点带全身”的目的。

（3）简明扼要。结课是归纳概括，是画龙点睛，是揭示规律，必须简明扼要。结课不能烦琐和面面俱到，更不能再去把全课内容重讲一遍。

（4）形式新颖。千篇一律的公式化结课方法，会使学生感烦生厌。科学艺术的结课方法应从教学效果出发，视教材特点、教学实际、学生状况、教师的特长等灵活机动地巧妙设计，让学生总有新鲜感。

（5）板书配合。为了搞好结课设计，要重视板书计划，否则课堂讲解缺少配合，课后总结也无文字依据。教师在设计板书时，就应该充分考虑在结课时如何利用板书。因为板书总要反映教师教学思路和提示重点，有了板书的配合就会大大提高结课的功能。

（6）把握时间。结课应是课堂教学的一个环节，应水到渠成，有机自然，而不能机械外加，更不能“画蛇添足”。目前在课堂上还存在两种极端的情况，一是课堂节奏过快，给结课留的时间过多，学生无事可做，教师只好胡乱布置一些杂事，搪塞过去完事；二是课堂授课内容过多，这边打了下课铃，那边还在讲着课，最后只好三两句话仓促结束。学生既无法回顾当堂所学的知识，更无法消化。所以，要发挥结课的作用，一是要在整体设计中科学分配时间，以保证结课时间既不多又不少的恰到好处；二是在实际教学中要把握课堂教学的节奏，以便适时进行结课处理。

一般说来，结课所需要的时间以 2～3 分钟为宜，同时还要根据教学内容和当堂的教学情况灵活安排。

*The third series*

第三编

# 「有效上课对策篇」

# 主题九　动人心者，莫先乎情
## ——课堂有效性与教学激情

动人心者，莫先乎情，情不深，则无以惊心动魄。为什么有的课能使学生终身不忘呢？不是教师的激情感染了学生，就是教学内容打动了学生，总之与情感有关。课堂有效性与教师的课堂教学激情有关，教师要提高课堂有效性要注重教学激情的培养和历练。

教师上课是一种状态，也是一种感觉。教学实践证明，当老师紧随着上课的铃声走上讲台的时候，是精神振奋、情绪饱满还是精神委靡、无精打采，是胸有成竹、自然从容还是心中无数、不知所措，是面带微笑、和和气气还是板起面孔、眉头紧锁，此时此刻教师的情绪、情感都可能影响教学计划的完成。

【问题呈现】

### 谁偷走了教师的教学激情

下面是几位教师的工作感受：

● 想起自己当年走上工作岗位，那种渴望，那种期待，那种激情，那种跃跃欲试、不知疲劳。如今厌倦，兴趣索然，也不过如此，处处逃避，期待没了，激情没了，活气没了，锐气没了，个性没了……总之就是没劲。

● 刚参加工作时有激情，而且还不小，可能是源于对工作的新鲜感。随着工作年限的增加、工作形式的单一、工作内容的一成不变等原因，往往会使人感到激情开始淡化，大不如前。

● 也许是随着年龄的增加、阅历的丰富，头脑发热的冲动也越来越少。其实，我还真有些怀念年轻时的轻狂，以及轻狂带来的激情。

• 很疑惑自己是老了还是身体出了问题？有时上课没有激情，没能带给学生快乐，心里就很不舒服！

显然这些教师因为产生职业倦怠而出现了工作激情的丧失。怎样才能唤醒教师沉睡已久的激情呢？解铃还需系铃人，这要靠教师自己设法战胜职业倦怠心理，唤醒心中沉睡的激情。

【问题分析】

## 先感动自己，再感动学生

什么是激情？从心理学上说：激情是一种强烈的情感，是一种短暂迅猛爆发的情绪状态。激情教学就是教师寓强烈的情感于教学之中，用激情去吸纳和传播知识，用一种高亢的精神状态、真挚深沉的情感，通过不同的交流方式，把教学中的各个环节紧密有效地结合起来，完成教学的目标，使学生的心灵受到碰撞，智慧得到启迪，潜能得以挖掘。正如苏霍姆林斯基所说："有激情的课堂教学，能够使学生带着一种高涨的、激动的情绪从事学习和思考。"

上海七宝中学特级教师毛荣富退休之前，在一次公开课上，讲到黄宗羲的《柳敬亭传》最后一句"每发一声，使人闻之……或如风号雨泣，鸟悲兽骇，亡国之恨顿生，檀板之声无色"时，非常投入，不知不觉间竟泪流满面。课下一位教师说，终于明白成功授课的诀窍了，那就是教师先要感动自己，全心投入，这样才能讲出激情，才能让学生受到感染。毛荣富指出，教师如果只是讲书本上的东西，没有自己的感受，没有真知灼见，很难说服学生，更谈不上感染学生。教师要点燃学生的生命之火，也要点燃自己的生命之火；先感动自己，再感动学生；教师需要教育学生，也需要自我教育。

当然教学激情不是无病呻吟的浮躁，不是浅薄的冲动，不是矫揉造作的张扬。激情是热爱，激情是执著，激情来源于教师对学生深沉的爱，源于对教材的深刻体察，源于对教学艺术的感悟，源于读书充电、知识水平和文化底蕴的升华，源于对教育事业生生不息的人生追求。正如有位教师所说："要让学生爱上你的课，首先你要喜欢自己的课。要爱学习，满腔热情的投入教学，这样就赢得了学生，你的课就能上出艺术品位。”

教师在教学中为什么要特别注重运用激情教学呢？

（1）有激情才有情智。有人这样描述名师的课堂：文字平铺在纸上，既无色彩又无动感，可是经老师的一读一点，文字便从纸上立了起来，学生便看到了生活的本来样子——花开了，人物活了，海中涌动着波涛，风里鼓荡着清香……这样的课堂为什么会有如此效果呢？是教师使课堂充满着激情，教学因激情而美丽和充满活力。

学生的情感、求知欲、好奇心是天然的干柴，而教师的激情就是点燃干柴的火种。教师上课有激情，课才有活力、有生气；教师上课有激情才能打动学生的心灵，震撼学生的心灵。一位老师曾对窦桂梅的课作了这样的评价：“整整 10 分钟，我忘却了自我，忘却了时间，沉醉在小动物们与落叶在秋天共舞的童话世界里，窦老师把激情灌注到整个课堂，使课堂像一条奔腾向前的大河，时而蓄势待发，时而汹涌澎湃，时而舒缓有致。我们仿佛和她以及孩子们一起登上她的激情之船，开始了激情之旅，观赏和领略到一派激情风光。从窦老师的教学成功可以看出教学激情的力量。”

（2）有激情才能生动活泼。生活需要激情，教学同样需要激情。有一位教师说：“二十多年前，我读高中，语文教师是一位七十多岁的代课先生。我很清楚地记得，有一次上课铃响后，同学们都坐等他走进来，这时前排的同学却发现他猫着腰，半蹲着溜进教室，只见他悄悄钻进讲台肚里，将布满白发的头探出来，一双眼睛贼溜溜地转着，不一会儿，他站起来问道：‘谁能用一个成语来表达我刚才的行为？’‘鬼鬼祟祟。’‘对！’‘哈哈哈！’他笑起来，我们也笑起来。虽然我后来读的是数学系，但我一直对文学情有独钟，正是源于这样的一位令人尊敬、令人难忘的老先生上课时的那一份激情。有一位教育界的朋友去德国访问交流。有一次他在某大学听讲座，主讲教授讲着讲着走到学生中间的过道里，做了一个漂亮的前空翻，引出一片掌声。当时，这位教授这样做只是为了说明一个问题，其中文意思是'身体是革命的本钱'。我们也时常看到国外的教师在课堂中时而坐在讲台上、时而放声大笑、时而手舞足蹈，甚至有一位女教师在讲生理卫生时，把自己当成了标本，这些看起来是有悖于我们传统教师形象的，但是谁也不能说我们传统的教师形象就是最合适的教师形象，特别是社会发展日新月异的今天，教师的课堂形象应该不会再是老夫子了。教师要有激情，要把课堂教学组织得有别于多媒体视听，这样才能吸引学生。"

（3）有激情才有好课。教师们常常有这样的感受，如果带着激情去上一节课，那节课肯定会上得非常好，甚至会有意想不到的结果。智慧灵感来自激情，思维张力源于激情，彰显教学个性需要激情；教师有了激情，就显得神采奕奕，定能吸引学生，激活学生思维，自然而然地调动起学生的学习兴趣，增强学生的求知欲，呼唤起一个个充实的灵魂，从而提高教学效率。

令人遗憾的是，有的教师的课已经与激情久违了。有的千篇一律照本宣科，味同嚼蜡；有的玩技巧，搞噱头，嘻嘻哈哈，轻轻松松一节课就混过去了；有的搞所谓的启发式，毫无价值的问题一个接一个地问，牵着学生的鼻子团团转，问完了课也就讲完了；有的热衷于玩花样，时而放录音，时而看录像，一会儿打幻灯，一会儿演课件……就是缺少教的激情，更缺少学的激情。看来要上好课，必须有激情；没有激情的教学，如同没有灵魂的躯壳，"金玉其外，败絮其中"，再好的教学手段也没有感觉。

【解决对策】

## 教学激情的培养和历练

教师的教学激情从哪里来？教师的教学激情能够培养吗？下面这位教师的经历告诉我们，教师沉睡的激情是能够被重新唤醒的。

最近，我偶然翻出了一封以前学生写给我的信，他在信中写到："张老师，我永远都不会忘记，您的英语课生动有趣，把我带入了英语的殿堂。"于是，我想起了1997、1998年我当班主任并教英语的那段时期。那时，外中刚建校，我也刚上班三四年，满腔的工作热忱。课堂上我总是激情四溢、表情丰富，讲得津津有味、滔滔不绝，课堂气氛活跃，学生积极响应，课堂充满了欢乐和笑声。作为一名普通的英语教师，我既没有演员丰富细腻的表演天赋、政治家的机智雄辩，也没有主持人的敏捷和口才，我所具备的只有激情。激情让我忘我地投入、忠诚地付出，是教学激情让学生记住了我的英语课。

可后来呢？承受着巨大的教学压力（自身的和外在的），年复一年地在不同的班、不同的时间重复着初中英语换汤不换药的内容，学生越来越难以管教，大量的备课与批改作业，学生成绩与教师的付出不成正比，身体状况不好，自己的拙于表达所造成的人际误解，遇到的各种不顺心事，甚至丧失了个人的时间与空间等，都一度让我麻木，甚至恐惧无奈地发现自己的教学激情荡然无存了。

我的教学激情就像火山，爆发一段时间后冷却了。但它不是死火山，它只是进入了休眠期，等待下一次的爆发。

现在的我，依然有着强烈的责任感和好胜心，工作上不愿输给别人。我不想满足于现状，墨守成规，老调重弹，吃老本和吃现成饭。我想要超越自我，寻求新的突破。所以，我必须重新培养自己的教学激情。我不能改变整个大环境，但我可以努力调整自己的心态，学会泰然处之，保持快乐的心境，尽量忘掉一切烦恼，倾注热情；我不能改变教材，但我可以选择有趣的教学材料，挖掘新花样，变换游戏规则。

我不能改变我的职业，所以我只能选择充满激情地面对学生，用激情去激发孩子们的激情，在教学过程中寻找快乐和幸福。

**先感动自己，再感动学生；有了激情，犹如生活有了阳光和种子，丰收还会远吗？**

**“每天我死亡一千次，也诞生一千次，我离幸福的路程还很漫长。”这是意大利诗人彼特拉克的著名诗句，每个教师都应当相信沉睡的激情是能够被重新唤醒的。**

## 一、激情源于对事业的追求

教师教学的激情来源于对教育事业的热爱之情。讲台是教师展示才华的舞台，课堂就是展现教师生命价值的具体世界。一定要让自己的生命在课堂上焕发出亮丽的光彩，一定要让学生因为自己的存在而感到幸福，这是教师拥有激情的内驱力。

有这么一个故事：

有一位青年充满着抱负，曾立志要把青春献给教育事业。所以，在刚参加工作的前几年里，他对自己要求很高，工作勤勤恳恳，取得了非常优异的成绩，在全市也小有名气。几年后，他便开始有些倦怠了。有一次，他在乡下的老父亲问："你最近在学校感觉怎么样呀?"他说："每天都在重复同样的工作，真没劲。"父亲是个铁匠，听了儿子的话之后，沉默了一会儿。然后，他操起一把大铁钳，从火炉中夹起了一块烧红的铁块，然后放在铁砧上用锤子猛锤了几下，随之把它丢入身边的冷水中。只听哧的一声响，水马上就沸腾起来了。父亲对儿子说："你看，铁是热的，水是凉的，我把铁丢进水里，水和铁就进行了较量，水想让铁冷却，铁却想让水沸腾。我们的生活就像这盆冷水，你就是这块热铁，你如果不想被水冷却，你就得让水沸腾。"没想到，一向敦厚朴实的父亲竟说出了这么富有哲理的话。这个青年听后感到很羞愧，开始反省自己。于是，他重新制定了目标，并朝着这个目标不断努力，工作和学习都开始有了新的起色，生活也变得越来越充实了。

其实，我们的生活就像一盆冷水，许多教师本来也是块热铁，但在与冷水的较量中慢慢地冷却了下来，失去了当初的热量，甘愿静静地躺在那里。如果我们不想让平庸的生活冷却斗志，那么就得找回当初的激情，把自己加热，重新把生活这盆冷水煮沸！

激情是事业生长的养料，激情是工作的灵魂，激情是尽职尽责的责任的体现。激情和责任紧密相连，在尽职尽责的背后，我们总能发现激情的身影。如果教师在课堂教学中失去了激情，那么他的事业就会变得苍白、僵硬，甚至枯死。一些优秀教师的课之所以上得好，除了教材挖得深，教学设计得巧妙之外，更主要的是因为教学有激情。他们爱自己的学科专业，爱学生，爱教育，爱事业，爱生活。一个教师如果不能因为激情在工作中找到快乐，那么，他也就不可能在教育的过程中成就自己。

越是最困难的时候，就越是接近成功的时候！世界上最成功的人往往不是最有才华的人，而是最耐得住寂寞的人。越是接近梦想，道路越艰难，于是要到达成功的终点就需要一种坚持；要坚持到底、永不放弃，坚持就是胜利。

**二、激情源于勤奋学习**

一个调查显示，100% 的中老年教师认为在新课程背景下“有必要”不断充电、学习以促进自己的专业成长；但 40.7% 的人表示自己只是“偶尔学习”，有 3.6% 的教师“基本不学习”。分析原因，“没有时间和精力”的占 81.5%。对于“如果有一个培训提高机会，你会怎样?”53.3% 的人选择了被动报名；“如果有论文比赛你参加吗?”56.7% 的人选择了不参加；“你认为学校对年轻教师和老教师的重视程度一样吗?”63.4% 的人选择了“对年轻教师更重视”；“你在工作中会力不从心吗?”76.7% 的人选择了“会”。周俊说，中老年教师职业生涯出现停滞和退缩，另一个层面的原因是其中的很多人缺乏奋斗目标，缺少内驱力。他们往往在经历了一个迅猛发展后遭遇长时间的发展停滞或平台期，很多人会想:“该有的都有了，没必要和年轻人竞争。”

没有厚积，不可能有薄发；没有深入，不可能有浅出。“问渠哪得清如许，为有源头活水来。”深厚广博的文化底蕴是激情产生的基础，一个教师教育信息闭塞、知识贫瘠、孤陋寡闻，是不会搞好教学的，更谈不上有什么教学激情。苏霍姆林斯基说:“教师所知道的东西，就应当比他在课堂上要讲的东西多十倍、多二十倍，以便能应付自如地掌握教材；到了课堂上，能从大量的事实中挑选最重要的来讲。”教师需要用自己的求知激情、生活激情、工作激情、事业激情去影响和感染学生。

## 三、激情源于对学生的爱

精诚所至，金石为开。教师有了深厚的文化底蕴，还必须拥有真挚的爱生之情。特级教师丁榕老师说："一个教师，怎样才能做好教学工作？我体会就是把生命的火、赤诚的心、真诚的爱全部献给学生。用自己生命之火，点燃学生的生命之火；用自己赤诚的心，赢得学生的心。"学生的成长是老师生命的延续，更是老师知识智慧的传承和发扬。师生的感情交流直接影响课堂教学效果。很难想象，一个不热爱教育工作、不喜欢学生的老师在课堂上能激发出什么教学激情。

## 四、激情源于教学创新

如果说激情是火花，激情的培养就是物质上可燃物的积累和准备，情感积累到一定程度，就会像火山爆发一样，通过不同的方式把能量释放出来。火药有了，还需点燃导火线，激情的火花要像靠划火柴般的摩擦来产生。创造激情要学会不断出点子，感受快乐，通过快乐的刺激酝酿激情、表现激情。比如，选择有趣的教学材料，经常变换导入、过渡和小结，而不是千篇一律；在挖掘新花样上多花点心思，变换游戏规则；上课时对学生微笑；注意做一些夸张的表演动作，提高音量、加快语速，自我暗示增强自信；经常变换发型、服饰等，适当化点儿妆，注意自己的气质风度；注视每一位学生，与学生的心灵进行交流……从中都可获得激情。

为什么一些教师成长不快？这与他们缺乏创造精神有关。他们教育理念听校长的，教学设计抄组长的，上课内容看参考书的，作业及答案全是练习册上的，自己的东西太少了；教师队伍中出现一批上课靠《教学参考书》，布置作业靠《同步练习》，阶段考试靠《标准化试题》的三靠教师；特长没了，创造力没了，丢掉了自己，成长还能快得了吗！

教育家李海林提出教师二次发展论，并绘制出发展存在着发展曲线图，表明教师成长有三个阶段：第一次成长期、高原期、第二次成长期。一个优秀教师的成长至少由两次成长构成，而两次成长都离不开勤奋学习。为什么许多教师的教学激情渐渐降温，就是因为缺少勤奋学习的精神，不能实现第二次成长。当前教师成长遇到的瓶颈，不是在第一次专业成长，而是在第二次专业成长。某一些方式和途径对教师的第一次专业成长是有效的，但对第二次专业成长效果不大，甚至是无效的。98%以上的教师会自动完成第一次发展，十三四年后会进入其高原期。医生、工程师、行政长官等都有客观的、不以人的意志为转移的事实来告诉你他们正处在高原期。教师则没有，成绩取得的原因是多方面的，如果一个班的成绩不好，无法判断教师水平，所以不能准确判断是否进入了高原期。统计表明，108 位教师只有 18 人符合第二期斯格模德曲线（查理斯·汉第），即大约 15%以下的可以进入第二次发展期，如下图所示。

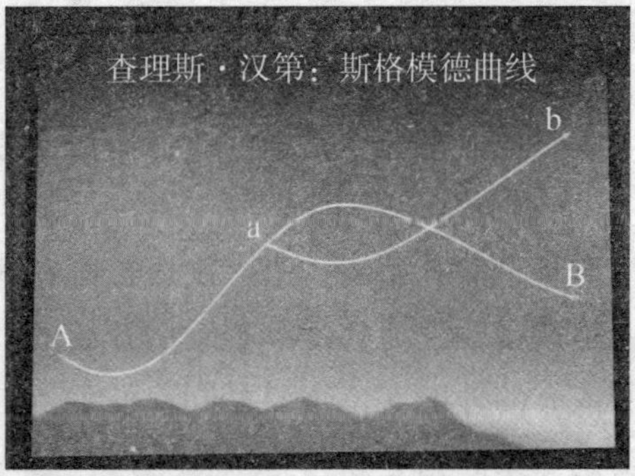


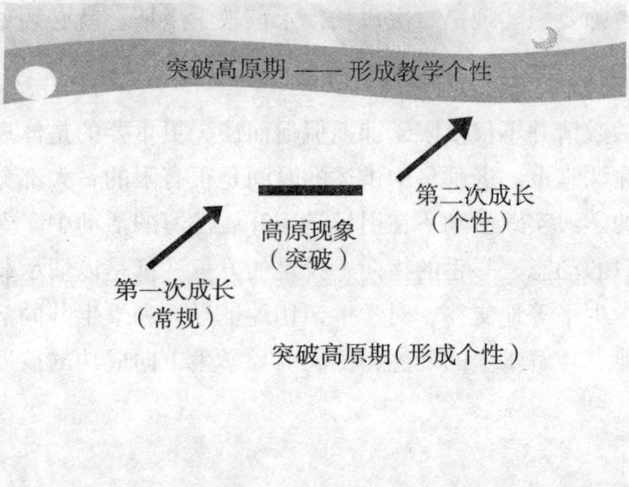


突破高原期（形成个性）

在人生最高点之前，要开辟第二条人生的曲线，这样才不会在到达顶峰后走下坡路。进入高原期的标志：很难感觉到像前面一个时期那样快速成长（参加工作五六年积极性最高，简直能听到自己成长的脚步声)，相反，发现自己很多事情都是在重复，能保持中等状态的教学效果，但即使努力，也没有明显提高，不过一般情况下也坏不到哪里去。

第一次发展期稍微努力点就有明显进步，而到了后面，不管怎样努力都没有效果。一般人都会选择退回来，人生往往就这样在关键点把你卡死、扛住了。突破了高原期，前面就会一片阳光；反之就会败下阵来。

两次成长的比较如下。

第一次成长方式主要是模仿；第二次成长中，教师反思自己的教育教学行为及效果这一环节不可或缺。

第一次成长主要靠经验的积累；第二次成长主要靠“用理论”来反思自己的经验。

第一次成长主要表现在行为方式的变化；第二次成长更着重于看问题的立场方法的重大变化。

第一次成长很多是自然开始的；第二次成长则有很多是受到较大挫折后开始的，或者是在受到外力的强劲推动后开始的。

第一次成长所依靠的外部支持主要是同伴的示范；第二次成长所依靠的外部支持主要是专家的指导。

所以教师要想实现第二次成长，永葆教学激情，就必须重视创新。

**五、激情源于多样化的教学方法**

教师的激情并不仅仅限于课上侃侃而谈，更重要的是体现于教学的全过程。在课堂上，老师集中讲述的时间是很有限的，大部分时间用于指导学生的学习实践活动。在引导学生开展学习的活动中，老师眼神的投放、开口的动态、举手的指向、投足的方位，都是以情承载着知识的传送。与学生平等地交往、对学生亲切地辅导、和学生共同活动、给学生指点迷津、巧解学生的疑惑，都能引导学生走向成功的彼岸。太原市特级教师刘颖的教学很有特色，她的学生曾说：“刘老师会煽情，她的课不是叫我们笑，就是叫我们哭；要么叫我们争论不休，要么使我们回味无穷。我们在哭笑中丰富了情感，在辩论中明晰了是非，在回味中悟出了许多‘作文与做人’的道理。”

有志于做一名优秀教师，都应使自己多一份才情，少一份匠气；多一份沉静，少一份虚浮。当你走上讲台面对学生时，多一点激情和神奇，少一点平淡和死气。

这里，不妨引用著名企业家学者俞敏洪的励志一分钟演讲词，送给那些尚还保有激情或渴望唤醒激情的同道者，让我们以此共勉：

人的生活方式有两种，第一种方式是像草一样活着：你尽管活着，每年还在成长，但是你毕竟是一棵草，你吸收雨露阳光，但是长不大；人们可以踩过你，但是人们不会因为你的痛苦而让他产生痛苦，人们不会因为你被踩了而来怜悯你，因为人们根本就没有看到你。所以，我们每一个人都应该像树一样成长。即使我们现在什么都不是，但是只要有树的种子，即使被踩到泥土中间，依然能够吸收泥土的养分。你也许两年三年长不大，但是八年、十年、二十年，你一定能长成参天大树。当你长成参天大树以后，在很远的地方，人们就能看到你；人们走近你，你能给人一片绿色、一片阴凉，你能帮助别人。即使人们离开你以后，回头一看，你依然是地平线上一道美丽的风景线。树，活着是美丽的风景，死了依然是栋梁之材。活着死了都有用。

# 主题十　要学会赏识激励学生

## ——课堂有效性与教学评价

行为科学证明：一个人如果受到正确而充分的激励，能力就可以发挥到80% ~90%，甚至更多。看来教师课堂上学会赏识激励学生不仅对提高课堂有效性是至关重要的，而且对学生一生的发展也有很大的影响。那么，教师在课堂教学中应该怎样赏识、激励、评价学生呢？

【问题呈现】

### 无意的伤害

目前课堂上教师在评价激励学生方面还是存在一些不尽如人意的地方。如：

● 一位教师教学“直线、射线和线段”后让学生质疑，一学生问：“老师，射线为什么只有一个端点，而没有两个端点呢？”教师以为学生故意捣乱，随口说了一句：“你为什么是两只眼睛而不是一只眼睛呢？”这话引得其他学生哄堂大笑，而让发问的学生羞愧不已，以后再也不敢发问。（不解童真）

● 比一比，看谁比×××读得更好！（褒了一个，同时也贬了一个）

● 你背诵得实在是太好了，早知道这样，我应该叫你第一个起来回答。（鼓励了后者，但打击了前者）

● 你和××同学一样，都是一天上八节课，但论成绩相差十万八千里。（一棍子打死）

●《年月日》一课，我精心备好课，上课时我先提问：小红今年12岁，奶奶今年60岁，小红和奶奶今年过生日，小红已经过了12个生日，可奶奶只过了15个生日，这是为什么？我刚说完，聪明的学生甲立马站起来说："因为奶奶的生日在这闰年2月29日，每四年才过一次生日。"这样就把我精心设计好的教学情境搅乱了。我压住气，对学生甲面无表情地说："坐下。"然后继续讲课，按照自己备好的课一步步上下去，结果平平淡淡，平时积极的学生甲也不再举手发言。

【问题分析】

## 赏识有神奇的功能

好孩子是在表扬鼓励中成长起来的，伴随着爸爸、妈妈、爷爷、奶奶、亲属、邻居、老师、校长、同学、社会的鼓励、赞扬、奖励，他们从婴幼儿到童年，从童年到青少年，鼓励是他们进步的阶梯，表扬是他们成长的驿站，奖励是他们成就的里程碑；在表扬中学生发现了自己的潜能，在表扬中学生得到了尊重、增强了信心，在表扬中学生努力进取、学习有了力量。

什么是评价，这里先看一个案例：

### 一张最重要的纸条

车　风

我教的年级里，有一个叫李晨的性格有些内向的女生。她是一个挺漂亮的小姑娘，只是左边脸颊上有一块圆形的疤痕。

开学初，政治课本第一课的内容便是《增强自尊自信》。那一天，刚讲完"培养正确的自尊心和充分的自信心"这一课，我抱着教案走出教室，李晨小跑着追了出来。她拉了一下我的衣襟，轻声说："老师，要是一个人总是自信不起来该怎么办呢？"我想了一下，对她说："这样吧，你回去做一项特殊的作业，把你认识到的自己的优点总结出来，明天交给我，好吗？"她点了点头，若有所思地回去了。

第二天，我的办公桌上出现了一张纸条，上面没有署名，只写着："遵守纪律，爱劳动。"看着这几个字，我心底泛起一种酸酸的感觉：这个孩子活得太沉重了。我拿出纸笔，开始写一份"李晨优点录"。除了她自己总结的两条以外，我又添加了"善良、温柔、乐于助人、坦诚、虚心、渴望成才、言行一致、细致、有爱心"等十余条。放学后，我找来几位他们班的学生继续了解李晨的情况，在他们的提醒下又添上了几条。最后，我写了自己认为最重要的一条："你有一双非常美丽的大眼睛。"

第二天，李晨看到了这张写满她优点的纸。她把目光从纸上移开时眼睛有些湿润。她问我："老师，我真的有这么好吗？"我拍了拍她的肩膀，没有说话，只是用力点了点头。后来，在结束整节课的内容时，我让学生们每人写出一个自己认为是班里最出色的学生的名字。我把大家写好的纸条收上来，一张张地打开来读。很多学生都"入围"了，因为我并没有限定哪方面最出色。当我念到"李晨"的名字时，班里一下子安静下来，显然大家都觉得有些意外。李晨抬起一直低着的头，用有点怀疑的目光看着我……我带头鼓起掌来，接着全班响起了热烈而持久的掌声。

如今的李晨已经完全自信起来了，脸上总是洋溢着阳光般灿烂的笑容，课堂上也经常举手回答问题。但是始终没有人知道：我所读的那张纸条上，其实一个字都没有……

车风老师用真诚、智慧的评价终于使自卑心理极强的学生抬起头走路了。

什么是评价？汉语中指对事物估定价值。本章要讨论的评价单指教学评价。所谓教学评价是指人们借助理论以及方法、手段，对教师教学行为或结果、对学生学习行为或结果的价值所作出的评议和判断的过程。教学评价的目的是为了提高和改进教育教学效果，促进学生主动的、全面的、和谐的发展。

评价是一个广泛的含义，大而言之，是对一个老师的评价，对一节课的评价；小而言之，是课堂上老师对学生回答问题的评价。从形式上看，可以是口头评价，也可以是书面评价（如作业批改、操行评定、量化考核、成绩测试等）。有时，老师的表情、动作对学生来说也是一种评价。如课堂上教师一个温和的眼神、一个赞赏的微笑、一个肯定的点头，都会给学生带来巨大的精神力量，令学生精神振奋、思维活跃起来。

简言之，评价是一种判断，是一种界定，是一种激励，是一种导引。

评价也是一把双刃剑，同样是学生的一种行为，这样评价学生就受到鼓励，从此扬起奋进的风帆，朝着既定的目标而不懈的努力；而那样评价，学生就遭受伤害和打击，从此委靡不振，不去做本该会做的事。这就是神奇的评价。所以在平时教学和备课中教师注重课堂评价的历练也十分重要。

**【解决对策】**

## 教师课堂评价的方法与技能

那么，怎样优化教师的课堂评价呢？以下建议可供教师参考。

### 一、心灵碰撞——体现真诚性

俗话说，感人心者，莫先乎情。情先行，理必通。教师在课堂上的评价能不能发生作用、起到多少作用，首先看教师的评价是不是真诚的，是不是发自内心的。学生对老师的评价是敏感的，如果学生感觉到教师的评价是真诚的，是发自内心的，是由衷的，就容易接受，并产生震撼、受到感染。如有位教师说："每当学生提出有价值的问题，我总要走上前去，握住他的小手，注视着他的双眼，赞美道：'你有一双慧眼哟，能发现别人发现不了的问题，多了不起呀！'学生真切地感受到了成功的愉悦。"因此教师的评价应该重视情感的投入，即用简短、恰当的语言，热情地给予褒奖。而且，评价语言要富有变化。如有学生在品评教师范读时，讲得有理有据，不仅说出教师读得好，还说出教师读得好在哪里，教师动情地对他说："你说得太好啦，真是我的知音啊！"学生听了这样的评价语言，内心肯定比吃了蜜还要甜。

### 二、行为导向——体现针对性

笼统、抽象地评价学生的课堂学习活动，内容含混宽泛（如语文课堂上评价学生"你读得很有感情""你的字写得很好"），不仅给学生造成模糊不清、似是而非的印象，而且对学生的行为发展帮助不大。所以教师的课堂评价应适时，具有明确性、针对性，而不要过于笼统、宽泛、含混不清。

怎么才算有针对性呢？可以考虑以下这样几个问题。

（1）针对学习内容的评价。比如教师在教学《早操》一课时，引导学生读儿歌，给予了这样的评价语——“你读得好极了，真像一只勤劳的小蜜蜂”“你的声音真响亮，小露珠听得多开心啊”。

（2）针对学习习惯的评价。比如：“你看这位同学的眼睛里一直有老师，他听讲多认真啊！” “这位同学读书的姿势真好看，谁能像他一样？”

（3）针对学习方法的评价。如：“你真是个有心人，在生活中认识了这么多生字，小朋友们都佩服你。” “你通过想象，一下子就记住了‘飞’这个字，这个办法真好。”“你用换偏旁的方法记住了这个字，这真是一个记字的好方法。”

（4）针对情感态度的评价。如在教学拼音时，教师设计了借助拼音介绍好朋友的环节，学生纷纷夸奖自己的好朋友，教师抓住时机，引导学生相互团结；小组合作组句子时，教师就“妈妈关心我”和“我关心妈妈”两句话，培养学生爱父母、爱家庭的情感。当学生克服了学习上的困难时，教师及时评价：“你勇于向困难挑战，是个勇敢的孩子。”

（5）针对合作学习的评价。如“你们小组可真棒，想的办法最多。”于是这个小组，有的读、有的摆、有的贴，分工合作，很快乐地完成了任务。“你看这些同学都在欣赏他们共同完成的作品，他们多快乐呀！”

### 三、运用语艺术——体现激励性

俗话说：“良言一句三冬暖，恶语伤人六月寒。”语言是一种艺术。同一个内容，换一种说法其作用就有所不同。如一位教师教《海上日出》时，一位学生说“夺目”的意思是“把眼睛夺出来了”，惹得全班哄堂大笑，她也满脸通红，低下了头。教师走到她跟前，慈爱地说："你已经把意思说对了，能换一种说法吗?"当她说出"就是光亮很强，很耀眼"时，教师亲切地鼓励她说得好，她高兴地坐下了。正是教师的耐心与慈爱给了学生自信与尊严。

教师的某一句话可能对学生一生产生影响，所以必须讲究说话的艺术；而教师的课堂评价语言，句句都应体现激励性。如："你的声音像百灵鸟一样，读得真动听，再读一遍好吗?""你真会动脑筋!""××真会听讲，我们都向你学习!""你知道的真多!一定很喜欢看书。""你回答得太棒了!"……这些鼓励性的语言鼓满了孩子们前进的风帆，使他们获得了满足，产生了学习的兴趣和动力。

怎样运用好课堂评价语言的艺术呢?下面介绍谢文香老师对新旧课堂评价用语的研究，相信会对一些老师有所启发。

[旧语之一] 说得还不错

[新语之一] 你解释得真精练，比老师说得更有道理。

[旧语之二] 哪位同学比他读得好一点?（读得差的学生没有再读的机会了。）

[新语之二] 这一遍比前一遍好多了!再读一遍会更棒!

[旧语之三] 上课不要三心二意，心思都用在哪儿了，好好听课!

[新语之三] 老师再说一遍，请你仔细听后再回答。

[旧语之四] 自己独立思考，不许交头接耳。

[新语之四] 请大家以小组为单位讨论讨论吧。

[旧语之五] 我们来齐读课文。

[新语之五] 请同学们用自己喜欢的方式来读课文。

[旧语之六] 现在老师把标准答案写下来，你们抄在笔记上背下来。

[新语之六] 对于这个问题，大家可以广泛发表意见，只要能说服对方就行。

[旧语之七] 不要胡思乱想，不许信口开河!

[新语之七] 谁还有其他办法?办法越多越好!

以上几组旧语和新语的对比，不难看出旧语是轻率而发，在不知不觉中束缚了学生的主动性和创造性，长期如此训练，学生只会越来越自卑，越来越被动，不知学习还有乐趣，结果是使后进者越来越差，好孩子也没有了学习的动力。而学习了新课程标准后，在新的教育观念的驱动下，我们的教学用语不断向人性化、平等化、科学化发展，学生的积极性、主动性和创造性被激发出来，课堂上焕发出了无限的生机和活力。

但也要注意，新课程课堂教学评价尊重学生、强化激励性评价是必要的，但凡事千万不能滥用，要有个度，只鼓励、赞扬、评价而忽略引导、忽略否定性评价也不妥。

**四、巧妙灵活——体现多样性**

评价方法单一、机械死板，既容易降低评价的作用，又会导致学生的厌烦心理。根据学生求新、求奇、求趣的心理，评价方法应富有变化，要巧妙、灵活、多样化。

除了在课堂上经常使用的一些评价方法外，教师还应注意采用以下一些方法。

（一）学会转化

所谓学会转化就是教师运用评价角色的转换而将同一内容换个说法，这往往会大大提高评价的作用。如于永正老师在教学《草》一课进行评价时就运用了这种手法。

师：小朋友，回到家里，谁愿意把新学的《草》背给妈妈听？（学生纷纷举手，教师让一名学生到前边来）好，现在我当你的妈妈，你背给我听听好吗？想想到家该怎么说。

生：妈妈，我今天学了一首古诗，背给你听听好吗？（生背）

师：啊，我的女儿真行，老师刚教完就会背了。（众笑）

师：谁愿意回家背给哥哥听听？（教师让一位学生到前面来）现在，我当你哥哥，你该怎么说？

生：哥哥，我背首古诗给你听听好吗？

师：哪一首？

生：《草》。

师：噢，这首诗我也学过。这是唐朝大诗人李白写的。

生：哥哥，你记错了！是白居易写的！

师：白居易？都有个“白”字，我搞错了，还是弟弟记性好。（众笑）……

显然，在这里，于老师将对学生不足方面的否定性评价转化为口气、声调和音量等方面的肯定性评价，将教师角色转化为社会性角色（如妈妈、奶奶、哥哥）来评价学生，这样有情节、有冲突、有情趣，容易被学生接受，评价的作用也体现得淋漓尽致。

（二）调动体态语言

体态语言是指教师在课堂上通过手势、姿态、表情等来传达教学信息的一种语言活动。

心理学研究表明：“信息的总效果 = 7% 的文字 + 38% 的声调 + 55% 的面部表情。”在课堂上，教师正确运用表情，以及手势等其他体势语言传递信息，能表达教师对学生的激励和信任。

要善于调动体态语言参与评价，丰富评价的内涵。教师亲热温暖的举动能给学生身心带来愉悦，教师灿烂的笑容是开在学生心中永不凋谢的鲜花。所以教师的课堂评价，也应注意体现在每一个细小的动作情态之中——摸摸孩子的头、拍拍孩子的肩、拉起孩子的小手，体现在一个表扬、一个眼神、一个动作、一个鼓励、一句幽默的话语之中。

（三）运用观察统计

有的课堂评价也可以借助于观察统计的方法。如下面这个关于学生学习自然的兴趣的评价就是教师采取“观察记录”的办法，将学生的表现备案（见下表）。

**自然学习兴趣评价表**

| | 评价项目 | 特别表现 | 自评 | 互评 | 教师评 |
|---|---|---|---|---|---|
| 你的学习兴趣 | 课前准备 | | | | |
| | 好奇心和求知欲 | | | | |
| | 大胆想象 | | | | |
| | 尊重事实、认真 | | | | |
| | 乐于探究，有坚持性 | | | | |
| | 善于合作 | | | | |
| | 完成作业情况 | | | | |
| | …… | | | | |

（量化标准用“★”表示，可以是一颗星到三颗星）

（四）互评

有些老师课堂上基本上体现的是教的垄断，同时也体现出评价的垄断，如课堂教师的评价用语基本上全是“错了”“请坐”“不对”“谁再来”等诸如此类的套话。甚至有的老师在平时的教学工作中，不注意自己的教学用语，他们指责较多，乃至进行讽刺挖苦，让学生感到十分羞愧难当。所以改变教师评价的垄断势在必行。

引导学生自评，教会学生互评，这会大大发挥课堂评价的作用。如在语言教学中，可引导学生通过评议，知道哪些地方读得好、哪些地方读得不好、应该怎么读好，并进行自我矫正和自我完善。教师应教会学生评议的方法，提出评议的具体要求，即引导学生从语气、语调、停顿、重音等方面进行评议；在读读、评评、议议的过程中，学生专心聆听，认真思考、判断和表达，逐步提高朗读能力和鉴赏能力。

评定应防止四种心理定式：①以教师自我为中心；②以优等学生为中心；③以整齐划一的答案为中心；④以单一教学目标为中心。

（五）评价有时机性

所谓时机就是在时间上有利的条件和机会。农民种地抓“农时”，工人打铁有“火候”，一个优秀教师在进行课堂评价时总会抓时机。

当学生回答很有创意，教师能及时充分地肯定；当学生回答问题露出端倪时，教师及时给以引导性评价：“你回答得很好，已接近答案，再想想。”特别是当学生回答问题很不全面，乃至出错时，教师不急于否定，而是延迟评价，耐心等待，善于引导。这些确是聪明之举。

（六）评价有导向性

教师的评价要有激励性，要尊重学生的独特见解（体验），鼓励学生大胆发言。但是教师还要及时把握、正确引导学生的思维方向，要注意评价的客观性和导向性。如下面这段课堂纪实，教师的评价只强调了学生的独立见解（体验）却忽视了对文本的基本尊重。

师：你们觉得司马光砸缸救人的做法如何？

生1：大家都慌了，有的忙找大人，有的哭起来，只有司马光的办法又快又好。

生2：我觉得司马光的办法不好，砸坏了园子里的缸，又可能把缸里的小朋友砸死。

师：你们觉得第二位同学说得有道理吗？

生3：小石头都会砸伤人，这么大的石头真的会把缸里的小朋友砸死。

生4：缸片飞出来，还会把外面的小朋友砸伤，这办法危险！

师：这几位小朋友真会动脑筋。

其实，该文主要是赞扬司马光在危机时刻能不慌不忙、急中生智、挺身救人；而这大智大勇的司马光却在教师的引导下被群起而攻之，批了个体无完肤，使大部分学生对人物的理解严重偏离了课文原意。

另外，下面列举的学生回答问题中的问题，也充分说明教师必须把握评价的导向性。

《狐狸和乌鸦》——“狐狸很聪明！你看它为了得到肉，很会动脑筋。”

《秦兵马俑》——“我觉得应该感谢秦始皇，如果秦始皇不为自己造陵墓，就不会留下举世无双的兵马俑了。”

《虎门销烟》——“林则徐没有环保意识，八百万斤烟渣冲入大海会造成多严重的污染，石灰冲入大海，对大海、海洋生物的危害更大。”

这些都是脱离文章主旨、游离文本的独特体验，是对文本的误解；它们不仅严重偏离、曲解了课文原意和科学本质，而且还出现了价值观的偏离，从根本上扭曲了教学的方向和实质。

**五、坚持不懈——体现连续性**

教师对学生的评价激励不应是偶尔一时的，应该坚持不懈——体现连续性，这样发挥的作用会更大。如下面这个案例。

**您的话对我很重要**

粟　莹

以前，有人跟我说过：“老师的话对于学生很重要，有时一句话可以影响学生的一生。”原以为这话有点夸张，但是经过那件事以后，我信了。

那一年我教初一（3）、（4）班的语文课，（3）班的成绩好一点，但（4）班的成绩起初很差，差到有点儿离谱的是第一次月考。我清楚地记得，作文题要求“下面两个题目任选其一完成”，而当时教的（4）班有个学生居然在共600字的格子内，完成了两个作文，他把两个题目的内容都写了一点点。这是当时所有学生中唯一的一个，因此他的语文成绩自然位于倒数的行列，不过我倒是第一个记住了他的名字。

以后每到月考、期中考试、期末考试的时候，我总提醒他：“二选一，写一个作文，明白吗！”每每这时他总是红着脸，低下了头。那时我认定他是个语文很差的学生，直到有一天，事情发生了变化。那天我带领同学们背诵《〈论语〉十则》，提问到他，他居然清楚流利地一字不差地背下来了，我脱口而出：“太棒了！”当时我分明看到他的眼中闪过一丝惊喜——他笑了，笑得很甜。我发现原来他的记忆力很好，理解能力也还行，只是以前的基础太差了。从那次以后，我发现他课堂上说话的声音大了，也敢举手了。

我感觉到他在进步，就对他说：“其实你完全能把语文学好。”他只是浅浅一笑，并没答话。第二次月考，他的语文成绩提高了，我知道他还在努力。直到那一天，师校的老师听我的课，正巧是在他们班。成绩一向不好的他们，那节课依然像平时一样，课堂上很沉闷，只有他，多次举手，而且答对了几个关键性的问题。那节课他表现得最好。

课下，我对他说：“不错嘛，努努力，争取期末拿个高分。”这以后他听得更认真了，而且经常问我语文题……期末成绩下来了，一看成绩，吓了我一跳，他居然拿了个全班第一，我当时感觉太意外了、太高兴了。

我拿着卷子找到他，兴冲冲地说“××，你语文考了咱班第一。”原以为他会像我一样吃惊、兴奋，可他却淡淡地说了一句：“我知道了，老师。”“你不高兴?”我问。“没有，老师你不是说过我能拿高分吗?您说能，那就一定能，我不意外。”他的话又让我一惊，同时有点儿惭愧。没想到他那样重视我说过的那句话，我一句鼓励的话，成了他奋斗的目标。可想而知，为了这个第一他付出了多少努力。事后有人怀疑他作弊了。我说，我用人格担保，他没有。他听到后仍旧是微微一笑。从那以后他的语文考试成绩总在班级前几名，再也没有人怀疑了。后来不仅语文，他的各科成绩都进步了。现在他上高中了，毕业时他对我说：“谢谢你，老师。你的鼓励对我真的很重要。”而今天，我也想对他说声谢谢。因为是他让我明白“多一份赏识，就多了一份成功的希望”。

**再看另一个案例：**

在周弘创办的婷婷聋童学校里有个特殊的学生名叫菲菲，他是个健康的孩子。因为学习不好经常挨打，已经厌学了。他的父母从河南带他来向周弘咨询。菲菲告诉周弘：“小时候我一挨打就哭，爹妈总是严厉地对我说：‘我们不相信鳄鱼的眼泪。’现在我想哭都哭不出眼泪了。”就是这个泪都流不出来的孩子在和周弘谈话后，就铁了心不想回河南上学了。有一次，菲菲狂风暴雨般地把桌子、凳子和柜子全移了位。当老师赶来时，菲菲高高地站在桌上，一副谁也不怕的表情。出乎意料的是，老师却用柔和的声音对有些愤怒的孩子们解释说："菲菲发脾气肯定有他的理由，我们相信他会把东西归位的，现在我们出去玩一下，让菲菲同学冷静一下。"当老师半个小时后回来，发现东西都一一复归原位了。三天以后，菲菲旧"病"复发，老师却表扬了他，说："菲菲有进步，上次移动了桌、椅、书架，这次却只推倒了桌子。大家是不是该给他鼓掌呢？"同学们热烈鼓掌。第三次发脾气，恰好在阳台上，老师又一次表扬了他："菲菲怕影响大家学习而跑到阳台上发脾气，这是一大进步。"老师一次次地给面子、给台阶下，菲菲渐渐找到了好孩子的感觉，找回了自尊和自信。现在的菲菲完全变了。在他的本子上有这么一段话："今天好过昨天，明天好过今天，未来好过明天。"菲菲说这是老师教他的，他会一直记在心上。

为什么上面这位同学会发生这样大的变化？是因为教师赏识的作用。而这种赏识和激励体现了一个长时间的完整过程，有其连续性。歌德说过："最真诚的慷慨就是赞赏。"待人处世，最真诚、最慷慨、最有效的灵丹妙药就是能够经常有意识地给他人撒播心灵的阳光和雨露——给予鼓励、感谢、欣赏和赞扬。

附教师课堂忌语20条：

(1) 挖苦式：你呀，脸皮有一丈厚，拖拉机的犁铧也耕不透，真不害臊！

(2) 弹压式：你不服气？我罚你扫一周地，告诉你，今天做不完一百道题休想回家吃饭，让你啃啃硬骨头。

(3) 挑战式：是老师大，还是你大？若治不住你我就不当老师了。

(4) 告状式：好，咱先到校长、主任那里走一走，然后去见你爹妈！

(5) 预言式：你是豆芽子，长一丈高也是菜，天生的笨蛋！

(6) 比较式：你和××同学一样，都是一天上八节课，但论成绩相差十万八千里！

(7) 记账式：我现在不理你，早晚和你算账，跑了初一，总躲不过十五嘛!

(8) 挑拨式：这堂课可真让他搅得上不成了，大家看咋办?

(9) 驱逐式：如果不愿听我的课，请马上出去。(或：不愿听，就滚出去!)

(10) 罢课式：好，我教不了你们，不教了。

(11) 嫌弃式：看见你，我就烦，摊上你这样的学生我真倒了八辈子霉了!

(12) 伤害式：你真笨! 你真傻! 我要是你那样早不活了! (或：你不懂人话呀!)

(13) 判决式：我看你这辈子算是完了，回家让你妈带你去查查，看看是不是弱智!

(14) 命令式：明天让家长写一份保证书，再犯错误，干脆别上学啦! (或：听着! 让你爸和你妈明天来学校找我。)

(15) 比喻式：你简直是木头桩子多俩耳朵；你能变好了，除非太阳从西边出来!

(16) 悲观式：现在的学生没治了，一拨不如一拨!

(17) 主观式：老师就是老师，老师说什么都是对的，你不听就不成! 不听你可以不来。

(18) 提醒式：你别忘了，你是咱班倒数第×名。(或：你是最差的一个! 或：你长眼睛干什么用的呀! 或：不说话怕把你当哑巴了!)

(19) 埋怨式：不知道，干吗举手，总是耽误大家的时间! (或：一个老鼠屎坏了一锅汤。)

(20) 放弃式：我教了××年书，没见过你这样的学生；你别在我们班里混了，哪儿凉快哪儿待着去。

# 主题十一　怎样看待一节好课

## ——课堂有效性与课堂评价



评价标准，不仅有甄别、监控、鉴定等功能，更有诊断、导向、激励等作用。教学评价成为优化教学管理、提高课堂有效性、促进师生发展、助推教学改革的关键因素。那么当前应该怎样看待评价一节好课呢？有效课堂的标准有哪些呢？

【问题呈现】

### 众说纷纭说评课

什么是一节好课？从标准数量看，有人说五条，有人说八条，有人说十条。从侧重点看有人重教育理念，有人重教材，有人重教法，有人重效果。从师生地位看，有人看重教师教，有人看重学生学。总之是众说纷纭。那么教师到底应该怎样评价一节课呢？

【问题分析】

### 好课标准是教师的一种教学追求

什么是一节好课的评价标准？评课标准不是绝对的，因学科、年级、地区、家常课、公开课等而不同。又因为每次评课的目的任务不同，评课的标准和方式也不同；特别是面对新课程、新思想、新教材，很难有一个通用的标准。

好课标准是理想标准，教师在追求这个理想标准的同时，既是为了提高课堂教学的有效性，同时也是提升自己专业水平的过程。每次评课的目的不同，好课有标准，但不能唯标准；新课程的课堂教学评价正在走向多元化，宜粗不宜细，从学科、年级和每节课的具体实际出发是评好一节课的关键。

【解决对策】

## 新课程怎样评价一节课

怎样评价一节好课？这等于在问："怎样当一名好教师。"实际上，一节课能反映出教师的教育思想和智慧，反映出教师对课标、教材的掌握情况和文化底蕴，反映出教师的语言、板书、教态、应变能力等教学素养，反映出教师的个性特长等。所以，评价一节课是在评价教师的综合能力。新课程怎样评价一节课要说明的问题很多，这里仅从评课的原则、标准和方法为教师提点建议。

### 一、评课原则

所谓评课原则就是评课者在评课时应遵循的指导思想。针对当前评课存在的问题和评课的需要，评课者在评课时应遵循以下几项原则。

#### （一）实事求是原则

实事求是，指对课的分析要以课堂的真实情况为基础，以科学的理论为依据，不带任何偏见，恰如其分地进行评价。上课是反映教师一般的教育素养的一面镜子，是衡量教师的智力财富的尺度，是评价教师眼界和知识面的标准。因此，校长听课后，教师们都期待给予中肯的评价。评课的过程，既是校长与教师共同探讨研究教学方法的机会，也是校长指导教学、培训教师的课堂。校长听课和评课，不应以领导者、检查者自居，特别是不能将一节课简单地分成几条优点和缺点，更不能把自己的观点强加给教师，而应与教师志同道合地共同探讨课堂教学的规律，找出难点，一起出主意、想办法。

实事求是，就是要客观公正，不夹杂感情因素，不分厚薄亲疏，通用一把尺子、一个衡量标准。

#### （二）坦率诚恳原则

一般说来，多数执教者都希望别人为自己的课作出评价，提出指导性意见。所以评课者应及时地、坦率地同执教教师交换意见。所谓坦率诚恳，就是对课的长处一定要充分肯定，看准了问题一定要明确地提出来，不能含含糊糊，一味“好、好”，无根据地唱颂歌。对缺点和不足，也不应因顾及面子而遮遮掩掩；要直截了当地指出，成绩要说够，缺点要说透。

评课时要考虑教师的心理承受能力，对年长和心理承受力较弱的教师应含蓄、客气一些，对年轻而心理承受力较强的教师可坦率直爽一些。

评议也要抓紧时机。通常听后就评为好，最长不能超过一周，时间长了，时过境迁，评者、教者印象都会淡化，影响评课效果。

（三）兼顾整体原则

教学过程是一个完整的过程，评课者应树立整体思想。通常，在分析课堂教学时常常会出现两种倾向：一是只注意到了一节课的整体分析，而忽略对局部的分析，如只分析课的结构而忽略教学方法；二是脱离整体孤立地对局部进行评价，如孤立地评价教学手段而忽略对教学效果的考察、孤立地看待考试结果而忽略对教学过程的考察等。因此评课者应注意树立整体意识，坚持在评课中，把点和面、局部和整体结合起来。

整体性原则还包括对教师教学能力的评价。评价一个教师的课好与坏，既要看当前所听的课，还要看平时的课。既要看上课，还要看教学成绩。要避免看一两节课就给教师教学水平下结论的片面做法，要做到全面分析、整体评价。

（四）激励性原则

所谓激励，就是教研员利用某种因素，激发教师内部产生某种需要。评课者科学的艺术性的评课能激发教师钻研教材、研究教法的积极性。对于一些中青年教师如有几次成功的课得到恰当适时的鼓励和评价，可能是使他们后来成为教学明星和能手的直接动力因素。运用激励的导向作用，可以达到听一堂课促进多堂课，听一个人的课激励一批人，听一门学科课推动多门学科课的目的。

不追求完善而找亮点。现在有些公开课失真是领导和专家逼出来的，对公开课要求过高，在理想尺度指挥下，总能挑出毛病来，这也就在某种程度上铸成了失真的教学。我们知道，教学永远是一门遗憾的艺术，一位教师不管教学能力怎么强，课堂总会有缺憾，所以听课者评课对教师存在的明显问题，必须提出改进要求和建议，但不宜过多地求全责备。也就是说，对教师的课我们首先要处于新的发现这一层面，而不是把主要精力放在挑毛病、找差距上，或让教师感觉一无是处，或给教师的感觉是这也不对、那也不行，无所适从。那样反而会使教师丧失提高的信心，甚至很难积极地去研究学生、改进教法。

两年前，一位获得公开课一等奖的教师在领奖时说了一句话："这节课是我上的，但课堂上没有一句话是我说的。"他说他的教案写出来后，在学校教研组讨论时，被砍了一半，到县里又被砍了一半，剩下的到市里也被砍了一些，最后到省里更被砍得精光了，然后才到全国来参赛。所以，"课是我上的，话没一句是我说的"。他当时就说他是一个道具。显然，这样的课不能代表教师的真实水平，这种评课对教师帮助不大，这也启示我们听课评课应掌握尺度，而不能越位。

（五）差异性原则

被评的教师情况不同、对课堂的要求不同，评课的侧重点也应有所不同。

（1）针对下面不同层次的教师，评课就应各有侧重。

• 对已初步形成自己教学特点的"尖子"教师，要求就要高一些，不只是要求把课讲明白，还应侧重对他们教学中的擅长之处、独到见解，作一些比较鲜明、突出的分析和概括，并加以提炼和升华，鼓励他们进一步发挥自己的特长，形成自己的风格和特色。

• 对一些胜任教师，应侧重在改革课堂教学结构、改革教法上多做评议，在如何根据教材的内容设计教法、指导学法，以及运用多种教学手段、揭示规律等方面，有意识地多发现、多指导、多帮助，总结提高。

• 对一般教师，应根据教学的基本功要求全面评议，力求让他们逐步达到这些要求，并针对他们某一方面或几方面的薄弱之处，有侧重地加以点拨、指导。

- 对任教有困难的教师，评课时的侧重点则应放在教学目的要求是否明确、集中，教学重点、难点是否把握，讲解得是否清楚、正确、有条理，讲练是否结合等一些课堂教学的主要方面。

- 对新教师，应着重指导他们在课堂教学中逐步达到上课的基本要求。在评课时首先抓住三条：一是目的要明确，不含糊笼统；二是讲课有重点，讲解清楚，不讲错、讲偏；三是注意课堂练习。

（2）对于不同的课，因为目的不同，评议也应有所差异。

- 对教改观摩课的评议，应突出一个“研”字，倡导一个“争”字。评课时，大家要从良好愿望出发，不存偏见，不抱成见，紧紧围绕教改的主要课题，畅所欲言；充分肯定其成绩、经验，认真分析其问题、不足，切实提出改进措施，从而使教改试验不断完善、日臻成熟。

- 对选优课的评议，应突出一个“严”字，倡导一个“学”字。即采取统一标准，从严要求；在分析对比中选优，在选优中总结教学经验，将评优与推广先进的教学经验结合起来，推动教学改革的发展。

- 对检查了解课的评议，应突出一个“实”字，倡导一个“促”字。评课时一定要实事求是，是一说一、是二说二，成绩说够、缺点说透。

考虑到教师的心理承受力，所以在评课形式上应该因人制宜，灵活多样，做到以理服人、以情感人、以知导人。

**二、评课的标准**

评课的标准也可以理解为评课的内容，即从哪些方面评价一节课。评课作为一种质量分析，首先应该有一种质量标准，这就如同一种产品的质量验收在验收前应有质量标准一样。要评价好一节课也是这样，评课者首先要熟悉和掌握评课的一般标准。

下面这个新课程课堂教学评价标准，是在本地区课改实验中吸收其他地区教研经验研制出来的，现呈现给大家作为参考。

## 新课程下课堂教学评价标准

(一) 看三维目标设计与达成

(1) 教学目标全面、具体、明确，符合课标、教材和学生实际。

(2) 三维目标渗透整合，后二维目标既不忽视，又不硬加和拔高。

(3) 突出重点，突破难点。

(4) 重视开发潜能，注意培养学生实践能力和创新能力。

(二) 看创造性使用教材

(1) 正确理解新教材，抓住新教材的特点，思路清晰。

(2) 有开发课程资源的意识，资源开发利用合理有效。

(3) 敢于对教材和资源从地域、时空等方面做必要的加工调整、活化，教材呈现出生活性、简约性、整合性、探究性等。

(三) 看教学方式

(1) 体现以学定教，注重教学过程和知识的形成过程。

(2) 教学组织形式巧妙、多样灵活、有情趣，学生乐意学。

(3) 发扬教学民主，营造宽松、和谐的课堂氛围；面向全体，因材施教，充分体现教师引导者、组织者、合作者、促进者的角色。

(4) 注重教学过程评价，方法多样化——自评、互评、师评，评价真实有效。

(四) 看学习方式

(1) 学生积极参与，注重经历和体验，学习自主、合作、探究，学习扎实有效。

(2) 学生在真实情境中体验、感悟，在思考交流中理解，在应用中巩固，在活动中深化。

(3) 学生能用适合自己的方法去学习，又能在交流互动中学习吸收别人的学习方法，并在多种学习方法中形成最佳方法，形成习惯。

(五) 看教学素养

(1) 说普通话，语言生动，有艺术性。

(2) 教态亲切、端庄，有感染力。

(3) 课堂组织能力强，应变能力强。

(4) 知识面广，教育理念新。

(六) 看教学效果

(1) 看学生学到多少东西，看学生知识增长、学习方法获得、技能训练、智力发展、信念和价值观形成是否对一生有益。

(2) 看课堂学习是不是愉快的，是否有情感体验。

(3) 看课堂效率是否短时高效，学习负担是否适度。

(七) 看教学个性

(1) 教材处理有独特性。

(2) 教法组织有个性。

(3) 体现个性文化底蕴和人格魅力。

近些年来，尤其是实施新课程以后，各地区教研、科研部门以及各基层学校根据需要，结合本地或本校实际情况，区别不同学科，因地制宜地制定了许多课堂教学评价标准（或评堂评价量表），这些都可以作为评课者的参考资料。这里仅举一例。

**课堂教学评价表**

执教者：　　　年级（班级）：　　　评价人：　　　（请在等级处打√）

| 评价维度 | 具体指标框架 | 等级 | | |
| --- | --- | --- | --- | --- |
| | | ★ | ● | ◆ |
| 教学目标 | 教学目标明确而具体，重点突出 | | | |
| | 让学生知道这节课要做什么（目标） | | | |
| 教学策略 | 所有课堂活动都围绕目标展开，体现科学性、趣味性 | | | |
| | 内容正确，由简入繁，知识点讲清楚 | | | |
| | 联系学生经验或已有知识，设计多样化的活动 | | | |
| | 教学步骤清楚，活动转换自如 | | | |
| | 阻止不当行为，鼓励正确行为；驾驭课堂的能力强 | | | |

（续表）

<table>
<tr><td rowspan="2">评价维度</td><td rowspan="2" colspan="3">具体指标框架</td><td colspan="3">等级</td></tr>
<tr><td>★</td><td>●</td><td>◆</td></tr>
<tr><td rowspan="2">教师素养</td><td colspan="3">语言、板书、教态等基本功，适当使用其他媒体</td><td></td><td></td><td></td></tr>
<tr><td colspan="3">真诚、热情、民主、公平等专业品质，善于沟通</td><td></td><td></td><td></td></tr>
<tr><td rowspan="2">学生学习</td><td colspan="3">目标达成程度高，合作与互动气氛浓</td><td></td><td></td><td></td></tr>
<tr><td colspan="3">学生感兴趣，注意力集中</td><td></td><td></td><td></td></tr>
<tr><td rowspan="2">总体印象</td><td>★</td><td>●</td><td colspan="4">◆</td></tr>
<tr><td></td><td></td><td colspan="4"></td></tr>
<tr><td>改进意见</td><td colspan="6"></td></tr>
</table>

★表示优秀，●表示良好，◆表示一般

名师怎样评价一节课？

名师既是教学能手，同时他们也是评课的行家里手。名师是怎样看待一节好课的呢？这里介绍几位名师对一节好课的看法。

（一）我心目中的好课标准（靳家彦）

怎样的课才是一堂好课？人们见仁见智，众说纷纭。我本着“莫被传统思想禁锢，不为时尚放弃永恒”的理念，提出十条标准。

（1）目标明确。从知识与技能、过程与方法、情感态度价值观三个维度上确定立体的目标。师生认同，指向明晰。

（2）重点突出。这堂课重点是什么，师生都应胸中有数、明明白白。难点要突破、疑点要解决、特点要抓准，这样重点才能突出；立足于教材，延伸要适度。

（3）以生为本。从每位学生的个性得到充分发展的宗旨出发，课堂上真学、真思、真练、真会，学生的主体地位切实落实，教师的主导作用恰如其分，师生互动，交往自然、和谐、融洽。

（4）流程科学。课堂流程设计符合学生年龄特征及认知规律；教学流程符合学科逻辑，顺理成章、严谨流畅、疏密有致。

（5）注重内化。全面提高语文素养，课堂充满文化气息；内化、积淀、裂变、生成，文而不野，雅而不俗，活而不乱，情趣盎然。

（6）体现沟通。课内外、校内外、学科间、知行间相互沟通、有机整合。

（7）启迪创造。引导学生勤于思考、善于质疑，敢于发表独立见解，倡导创新思维方式；鼓励学生自主探究，培养合作精神。

（8）媒体得当。根据需要与可能，恰当运用媒体手段，常规手段与现代媒体各展其长，信息技术与学科课程有机整合，处理好手段与目标、内容与形式的关系。

（9）讲求实效。无论何种方式方法，无论什么理论模式，最终的检验尺度是学生的学习质量。力求面向全体、全面提高、因材施教、效果显著。

（10）多元评价。对一堂课的评价应根据目标达成的要求，抓住关键、突出重点、综合评价。量化和客观化不能成为课堂评价的主要方式，应把教师评价、学生评价、家长评价、领导及专家评价相结合。

### （二）简约之美——我的好课设计观（薛法根）

语文，承载着太多的“使命”：培养语感、发展思维、提高言语能力、丰富精神世界、传承民族文化……由此，语文课千头万绪，模糊一片，甚至失却了纯真的“语文味”！我以为“大道至简”，语文课必须反璞归真，体现一种“简约之美”，正所谓“简简单单教语文，扎扎实实促发展”。从教师的视角看，一堂好课应该这样设计：

（1）教学目标简明。一堂课彻底解决一两个学生切实需要解决的问题，真正给学生留下点东西，比浮光掠影、蜻蜓点水、隔靴搔痒的教学要有效得多。

教学内容简约。课堂教学的时间是个常数，是有限的，学生的学习精力也是有限的。因此，选择学习的内容，特别是关乎学生终身受用的“核心知识”，就显得尤为重要。课堂，也不需要把什么都讲透了，留下点悬念，就是给学生自由和发展的空间。

（2）教学环节简化。语文学习本身是一件简单的、快活的事情。我们没有必要设计那么多的学习环节，没有必要设置那么多的学习障碍（问题）和陷阱，没有必要搞得那么复杂、那么玄、那么深奥。比如：你是怎么体会到的？孰不知体会的过程本身是“只可意会不可言传”的。学生因这种追根究底而感到恐惧，渐渐丧失了自己本应具有的探究精神。“勤师培养了懒学生！”这样的现象值得我们重视和深思！

（3）教学方法简便。简单意味着可以学习，是学生经过努力可以达到的。简便的方法、简捷的思路是为学生所喜欢，所乐意接受的。好方法是真正能为人所用的有效的方法。

（4）教学媒介简单。语文教学可以省去不必要的教学手段和教学技术，克服“浪费与作秀”。现代教学技术（多媒体技术）使用过度，也会扼杀学生语文学习过程中独特的体验和丰富的想象力。

（5）教学用语简要。课堂中除去了一切不必要的繁文缛节，省去了不必要的言说，就如同秋天的天空一样明净，让人有一种心旷神怡的感觉。简单的课堂，其独特的神韵就在于此！

其实，简单是一种教学中的大气度、大智慧！它来源于对学生真切的、真诚的、真实的爱；来源于教师丰厚的修养和教学艺术；来源于对教学生活的发现和深刻的认识！

### （三）好课三味（王崧舟）

长话短说，开宗明义，我觉得好课有好味，一堂好的语文课得有“三味”。

（1）第一味是“语文味”。一堂好的语文课，首先得有“语文味”。语文味越浓，课就越好。语文课的最大问题，不是怎么教的问题，而是教什么的问题。语文课的最大悲哀是语文本体的淡化和失落。说句不太中听的话，不少语文课总是喜欢“红杏出墙”“为人作嫁妆”。那么，什么是“语文味”？“语文味”就是守住语文本体的一亩三分地。语文的本体是什么？显然不是语言文字所承载的内容（即“写的什么”），而是用什么样的语言形式来承载这些内容（即“怎么写的”）。语文课要学的就是“这个味”，语文味所指的就是“这个味”。具体来说，语文味表现在“动情诵读、静心默读”的“读味”、“圈点批注、摘抄书作”的“写味”、“品词品句、咬文嚼字”的“品味”。

（2）第二味是“人情味”。一堂好的语文课，必须得有“人情味”。这里的“人情味”有着三层意味：一是指语文课要有情趣。枯燥乏味、机械刻板的语文课注定不受学生欢迎，不受学生欢迎的课能称之为好课吗？二是指语文课要注重情感熏陶、价值引领，否则，语文课就会犯上“丧魂落魄症”，沦为“空心课”。三是指语文课要以人为本，充满人文关怀。对学生要尊重其人格、理解其要求、赏识其个性、激励其潜能，真正为学生的幸福人生奠基。

（3）第三味是“书卷味”。一堂好的语文课，最好还要能有点“书卷味”。当然，这是我的一种个人偏好，或者说是我的一种风格追求。有的语文课，初看时满目繁花、流光溢彩，但细细体会，则味同嚼蜡，整个感觉就是缺乏内涵、缺乏品位。有“书卷味”的语文课，初听时可能不觉得怎样，但往往越嚼越有味道。有“书卷味”的语文课，充满浓浓的文化气息，内含丰厚的文化底蕴；有“书卷味”的语文课，儒雅、从容、含蓄、纯正；有“书卷味”的语文课，常常灵气勃发、灵光闪现，或在教学设计上别出心裁，或在文本感悟上独具慧眼，或在课堂操作上另辟蹊径。总之，有“书卷味”的语文课是大有嚼头的语文课。评课就是嚼课，好课必能嚼出好味。

有了“三味”的语文课必是一堂好课。

**三、评课的方法**

因为每次教师参与听课评课的活动内容和方式不同，听课的老师各有千秋，因此评课的方法也应有所不同。而评课的方式方法也是多种多样的。这里介绍几种学校中常见的评课方法，以供教师参考。

（一）综合评课法

所谓综合评课法就是评课者对一节课作出全面的、系统的、综合性的评价。通常是先分析后综合。苏霍姆林斯基说:“系统评课之所以必要，是为了看出和理解各种教育现象的实质及因果关系。”我们必须重视对一节课的综合分析。

综合评析包括以下内容。

- 从教学目标上分析
- 从处理教材上分析
- 从教学程序上分析
- 从教学方法与手段上分析
- 从教学基本功上分析
- 从教学效果上分析
- 从教学个性上分析

综合评析
(既不就事论事也不空谈理论)
↓
得出综合性评析意见

下面是一位老师对一节英语课的综合评价:

下面我从七个方面简单评述这节课:

(1) 从教学目标上看，本课突出一个“明”字，即知识目标、能力目标、思想目标明确，符合《课程标准》的要求，符合教材和学生的实际，体现了循序渐进的教学规律，操作性强。

(2) 从教学内容上看，本课抓住了一个“准”字。即重点、难点的确立准确。教学思路清晰，先教重点：east，south，west，north——东南西北四个方位名词，后教难点：southeast，northeast，southwest，northwest——东南、东北、西南、西北。由浅入深，步步推进，训练形式灵活多样，有pair work，有 group work，有 half work，有 whole class work，有 individual，有 row 问答，有 team 训练，有表演，有竞赛夺标等，人均活动量大、次数多、练得到位，在大量的训练中突破了难点。

(3) 从教学程序上看，本课体现了一个“清”字。Revision-Presentation-Drill-Practice-Consolidation 五个环节紧密相连，过渡自然，严谨有序。

(4) 从教学方法上看，本课呈现了一个“活”字。

①教师教法活。集中表现在充分利用电教手段及实物和图表等创设

情境上。如：用幻灯片呈现中国地图和八个方位名词；用幻灯片呈现uncle Wang 与 Wei Hua and Ann 的对话背景；用半导体收音机教“turn... on”和“turn... off”等词组；用图表进行填词竞赛等。另外，操练形式也灵活多样，如波浪式和连锁式等。②学生学法活。学生积极性高、兴趣浓、参与意识强；学生自制表演道具，自编自演对话等，学生活动生龙活虎，丰富多彩。

(5) 从教学技能方面看，本课体现了一个“强”字。教师自始至终用英语授课，显示了较强的外语教学基本功和驾驭课堂和教材的能力。

(6) 从教学效果上看，得出了一个“好”字。即课堂教学效果好、密度大，学生人均活动 6 ~ 8 次，课堂无死角，人人参与活动，真正体现了面向全体学生的教育思想，全面推行素质教育。

(7) 从教学特色上看，本课展现了一个“谐”字。即师生双边关系和谐融洽，这点与第四点给我留下了最深刻的印象。教师笑容可掬，亲切自然、和颜悦色的面部和体态语言无疑为学生营造了轻松愉快、宽松祥和的气氛，而这种气氛的形成为师生的教与学这一双边活动的顺利完成打下了良好基础。真是笑迎八方教学精英，笑送学子“知”和“情”。

最后，我谈一点意见供王老师参考。如果课上适当纠正或减少表演过程中的语法错误，我想会更加有利于口头表达能力的培养。

不一定一开始就从七个方面逐一分析评价，而要对所听的课先理出个头绪来。怎样理？第一步，从整体入手，粗略地看一看全课的教学过程是怎样安排的、有几个大的教学步骤；第二步，由整体到部分，逐步分析各个教学步骤，要分别理出上面的几个内容；第三步，从部分到整体，将各个教学步骤理出的内容汇总起来，然后再按照一定的顺序，从全课的角度逐个分析评价。

(二) 优缺点分析法

优缺点分析法不像第一种方法那样，从各个方面逐一对一节课作评析，而是对整节课的优缺点作总结归纳，从而找出课的优点、缺点。如下面栗莹对王涛老师教的《爱莲说》一课的评课就是采用了归纳法。

《爱莲说》选自新教材初二年级上册，本文借花喻人，托物言志，巧妙地把莲花的生活环境、特殊性状和君子的高尚品德联系起来，表达作者洁身自好和对恶浊世风的鄙弃。

我认为本课最大的优点是“培养创新性阅读”的习惯，而突出表现在处理好了三种关系上。

(1) 学生与老师的关系。

学生是学习的主人，教师是学习活动的引导者和组织者。王老师贯穿在课堂中的一条主线就是把阅读的主动权交给学生，让学生去品读。而老师发挥帮学作用。一是让学生质疑，二是教给学生必要的阅读方法。比如在品味探究这个环节中，采用了“个人思考”“集体讨论”“师生合作”“教师点拨”等几种方式。老师就不再是课文作者的“传声筒”了，也不是高高在上的主宰者，而是学生阅读的伙伴，是阅读集体中能力略强的一员。

(2) 师生与作者的关系。

阅读是一种创造性的劳动。如读者只是咀嚼作者口中之食，岂不索然无味？只有个性化的阅读，才会读出新的信息；许多好作品不是作者写出来的，而是作者和读者共同劳动的结果。所以，无论是老师还是学生，都不应该把迎合当做尊重，也不要把阅读的主动权交给作者，须知书在谁的手里，谁就是书的主人。所以，我认为王老师让学生多读课文，这本身就是一种个性化的阅读和创造性的劳动。

(3) 阅读和生活的关系。

文字是生活的反映，阅读是生活的组成部分，阅读和生活的关系是非常密切的，所以，应当树立为人生而阅读的观念，既要关照别人的生活，又要关注自己的生活；既要为今天的应试去认知和理解，更要为明天的发展去批判和创新。王老师让学生写读后感正是连接阅读和生活的一条有效的途径。

当然我认为本课也有不足的地方。如上好一堂课教师的激情非常重要，假如本课教师的教学激情再多一些，课会更好。

（三）片段评课法

片段评课法是评课者从课堂教学中选取有代表性或典型的教学片段进行评析。这种评析可以按一节课教学进行的顺序，分若干片段进行全程评价，然后再作一个小综合评析，也可以从一节课中选择一两个片段进行评断。下面是北京市特级教师吴正宪老师执教的“分数的初步认识”一节中的两节课。由江苏徐州师范学校王俊辉作片段赏析。

片段一（“分数的初步认识”）

（本节课吴老师在讲授完分数的产生及概念时，为巩固分数的要领、强调分数要领中的“平均分”，设计了三道判断题，第三道题是“把一张圆纸片分成两份，其中一份占二分之一”），学生的回答截然不同，教师没有作出评判。

师：认为这句话正确的同学请到我的左边排队，认为错误的同学请到我的右边排队。

学生到台上后，还争论不休，教师示意停下。

师：我们对这个问题有不同意见，可以辩论嘛！好，认为正确的同学为正方，认为错误的同学为反方。先请正方同学推选出两名代表，向反方说明自己的理由；然后，再请反方同学推选出两名代表向正方说明自己的理由。

正方派出两名同学，吴老师给他们一张圆纸片。一名同学从中间对折，撕开，拿出一片向反方振振有词：“我们把一张圆纸片分成两份，这其中一份难道不占二分之一吗?”反方同学沉不住气，急着要表达，吴老师组织好两队，也给反方两名代表一张圆纸片。反方同学把纸片撕成大小不等两片，拿出一小片，向正方同学示意：“我们也把圆纸片分成两份，这一小片难道是二分之一吗?”两队僵持不下。

师：认为对方正确的同学，可以站到对方队伍里去。

正方一些同学站到了反方那边，还有2名代表支持自己的判断。

师：你们不服？说明理由啊。

生：（正方，出示自己的分法）这题是说把一张圆纸片分成两份，我们把圆片平均分成两份，难道不占二分之一吗？

生：（反方，也出示自己的分法）你们是平均分成两份。可是题目并没有说平均分啊，难道我们不是分成两片吗？你们说，这一小片能是二分之一吗？

生：（正方）……

师：正方还有话要说吗？好，看来是否是“平均分”很关键，能不能占二分之一要看是否把圆纸片“平均分”了。

新课程标准强调指出，要鼓励学生独立思考、自主探索，要为学生提供各种思考与合作交流的空间。吴老师对学生两种截然不同的答案，并没有简单地指出谁对谁错，提示正确的答案，而是创设组织了辩论这一活动形式，使学生在合作中与同伴进行交流、反思和修正自己的思维方式、认知策略和对问题的解释，并为自己的策略进行辩解。

（四）寻找特点法

单项分析法目的在于化整为零，化难为易，突出重点。但这种分析可能评析到执教者的教学特点，也可能评析不到执教者的教学特点。而沙里淘金，寻找特点法，可能采取综合的，也可能采取单项的。它的目的在于：千方百计寻找执教者的教学特点或教学风格（即亮点）。

什么是特点？从哲学上讲，特点是指一事物区别于他事物的规定性。执教者在一节课中的教学特点，既可能是他教学成功的闪光之处，又可能是他区别于他人的创新之处。所以作为评课者要善于发现它，捕捉它，总结它。能够抓住一节课执教者的教学特点和风格，也就为评好一节课打下了良好的基础。例如下面这位老师的评课：

在今天的课堂上，我们充分领略了执教者的教学风格与魅力，沈老师的教学亲切、温馨，如冬日的暖阳；徐老师语言幽默风趣、不疾不徐，如洪钟般的声音富有磁性，不知不觉把我们带进了精神的殿堂……同时，在今天的课堂上，我们也看到了智慧课堂的八字特征：真实、简约、灵动、深刻。

一、真实

……

（五）以果溯因法

所谓以果溯因法，就是评课者以一节课成与败的效果，去探寻其产生的原因，从中总结出规律性的东西。以果溯因法可以采取以下几个步骤。

第一，判定效果。这种分析判定方法有两种：一是根据对现场教学的直觉的观察，如看学生的神态、课堂气氛、学生对问题的回答、学生课堂教学参与面和参与率等。二是采取出题测试的办法。在即将结束课程的时候，由评课者依据新课教学内容，当场出题、当场测试。有了这份测试成绩，分析课就有了依据。

第二，以果溯因。课堂教学效果有了，那么这种效果是怎样产生的呢？这就可从教师教学目标的确定、教学重点难点的把握、教学方法的选择、教学手段的运用、教学过程的设计诸方面作出分析，查找原因。

第三，总结规律。在这个步骤里，评课者要借助教学理论对执教者的课堂教学活动进行理性思考，即透过现象看本质、丢开枝节抓规律。看执教者的教学活动（从教材的处理到教法的选择，从课堂结构、教学环节的安排到现代化教学手段的运用），哪些做得好、符合规律，哪些做得不好、不符合规律，最后得出科学的结论。

*The forth series*

第四编

# 「学习指导对策篇」

# 主题十二　有效课堂依赖学生有效学习

## ——有效课堂与学习指导

现在教师上课知识讲授不是问题，关键是学生接没接受、接受多少、愿意不愿意接受、能不能主动积极地去接受。如果学生心不在焉、神游天外，即使老师口吐莲花也是惘然。所以有效课堂依赖学生的有效学习，真正的课堂有效应该是教师教得有效，学生学得也有效。

【问题呈现】

### 学生不会学习的表现

● 有位高中教师总结出学生学习效果不好的主要原因，那就是不会学习，具体表现如下。

(1) 学生很少自主读书，也不会读书，阅读效果差。

(2) 合作学习中思维量不足，缺乏思维深度与广度，耗时多、收效低。

(3) 学生上课一听就“懂”，作业一做就错。学习因而是令人烦恼、让人痛苦的事。

(4) 作业繁重、效率低下，刚做的作业，一考试又丢分。

(5) 学生因作业而厌学，因作业而过早分化；完不成作业成为学生人生失败的“开端”。

● 有位地理教师说：“很简单的问题讲三遍学生还是做错了。关于地跨两大洲的国家，我列举了三个，反复讲了三遍，结果做作业学生还是做错了，真的晕!”

● 小刚是小学三年级的学生，上课的时候总是刚听了一会儿，就不自觉地东瞧瞧、西看看，桌面上有什么东西都想玩，一支铅笔、一块橡皮都能让他玩上半堂课，等到被教师提醒而转过神来听课时，由于没听到前面的而跟不上，索性又去玩手边的东西。考试成绩自然不好，教师和家长都着急。他自己也知道上课应认真听讲，想改掉这个坏毛病，可一上课就不自觉地又神游了。

• 王敏同学非常苦恼，她有积极向上的愿望，也有未来的理想和目标设计，可她常常管不住自己，学习坚持不了多长时间就去玩，之后也很愧疚：浪费了太多的时间。于是她下决心要从此好好学习。她写了计划书，可每次坚持两天就全盘废弃，别人说她“常立志，不如不立志”。她诚恳地向教师咨询：“我怎么了？还有救吗？”

【问题分析】

## 教学的本质是教学生“学”

新课程下，教师不仅要教学生“知识”，还要教“方法”；不仅要让学生“学会”，还要让他们“会学”；不仅要让学生学知识，更要让学生学习做人、学会创造。教学的本质是教学生“学”，要解决上面的问题，教师仅仅研究如何“教”还不行，关键要研究教学生如何“学”。

### 一、重视“学”的研究是教学本质决定的

教学的本质告诉我们，学生是认知的主体，教为学服务。离开学生的学，教师的教毫无意义。而在教学过程中，教师教的主导作用和学生学的主体地位是辩证统一关系，不能孤立起来，也不能割裂开来。只有两者相辅相成，相得益彰，才可能取得较好的教学效果。

但是长期以来，许多教师习惯于把教学理解为以教为基础，先教后学。教师教多少，学生就学多少；教师怎样教，学生就怎样学。这种教学关系甚至曾被视为天经地义、不可移易的教育教学规律。客观地说，先教后学并非毫无道理，但它留下了一系列它自身无法根治的痼疾：“教”支配、控制“学”，“学”无条件地服从“教”，“教学”由共同体变成了单一体，学生的自主性、独创性缺失，主体性被压抑。教师越

教，学生越不会学，越不爱学。

一位初三年级的数学教师有一天突发奇想，向全班学生提出了这样一个问题：“我们教室的空间体积有多大？”全班同学异口同声地说：“这简单，你告诉我们长、宽、高。”老师反问学生们：“你们就不能想办法吗？比如，量一量？”同学们受此启发，又异口同声地说：“你给我们尺子。”老师说没有。“那就没有办法了。”老师只好再次提示：“难道你们浑身不都是尺子吗？”“对啊！我们的身高、臂长、掌宽都是尺子啊。”很快，这个问题就迎刃而解。学生为什么会出现如此情况呢？他们对体积公式是烂熟于心的，只是一旦不知道“长、宽、高”，就“没有办法了”。因为他们从来都是在书本上已知这些条件的情况下进行训练的，从来就不曾有过实地“量一量”的经历，当被告知没有尺子时，他们就一筹莫展了。

为什么会出现上述情况，这正是教师“重教轻学，重讲轻练，重知识传授、轻能力培养，重理论灌输、轻实践操作”的结果。当然，值得欣慰的是，我们的教师已经开始有意识地引导学生的主动性和创造性了。但是要想让他们真正认识到教学的本质，有意识地引导学生“学”，那还得有一个漫长的过程。

**二、重视“学”的研究是提高课堂有效性的需要**

斯卡纳金说：“如果孩子没有学习愿望的话，我们的一切想法、方案、设想都将化为灰烬，变成木乃伊。”所以，教学中教师必须吃透两头——一头是教材，另一头是学生。要关注学生“最近发展区”的学习背景，千方百计让学生参与教学，发挥学生学习的主动性和积极性。

而传统教学“重教轻学，重讲轻练，重知识传授、轻能力培养，重理论灌输、轻实践操作”，因学生总是处于被动学习之中，学生的“潜意识”暴露不够，特别是“相异构想”没有显现出来，更没有得到解决。许多教师的课堂教学仅仅告诉学生该怎么做、什么是正确的，不去思考学生在这些问题上是怎么想的。即便是教师的提问也只是在追求学生回答正确。这自然会降低学习效率。

我们知道，教学的依据首先不是由老师来决定的。学生学习新课，原有知识、经验是什么？学生学习新课，能力是在什么水平上？学生学习新课，兴奋点和障碍在哪里？学生之间会有哪些差异？……离开这些，教师上课怎么精彩都没有意义。所以有效教学在于“以学定教，顺学而导”。

重视“学”的研究，有很多比较具体的方法，其中，课堂采用多样的学习方式，让学生积极参与教学最有效。这么做之所以能够明显提高学习效率，是因为它符合“学习金字塔”理论。

“学习金字塔”理论是美国缅因州的国家训练实验室的研究成果，它最早是由美国学者、著名的学习专家爱德加·戴尔于1946年首先提出的。“学习金字塔”理论是用数字形式形象显示学习的内容（如图12－1所示）。

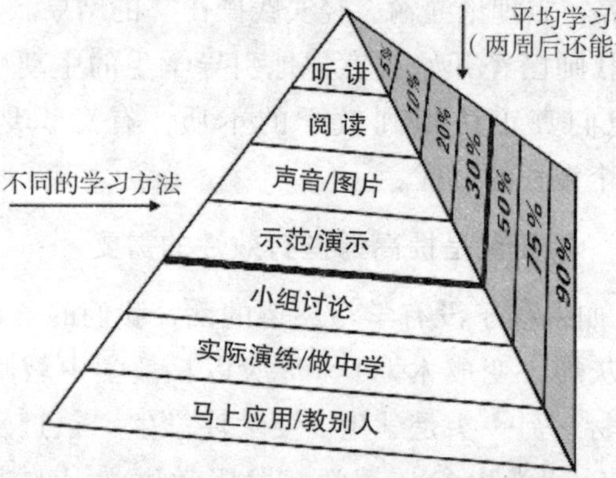


**图12－1　学习金字塔（Learning Pyramid）**

“学习金字塔”共分七级（有七种学习方式）。

第一种，“听讲”（在塔尖），也就是老师在上面说，学生在下面听。这是我们最熟悉、最常用的教学方式，但学习效果却是最低的，两周以后学习的内容只能留下5%。

第二种，通过“阅读”方式学到的内容，可以保留10%。

第三种，用“声音、图片”的方式学习，学习保持率可以达到20%。

第四种，是“示范”，采用这种学习方式，可以记住30%。

第五种，“小组讨论”，可以记住50%的内容。

第六种，“做中学”或“实际演练”，学习保持率可以达到75%。

第七种，“教别人”或者“马上应用”，可以记住90%的学习内容。

爱德加·戴尔提出，学习效果在30%以下的几种传统方式，都是个人学习或被动学习；而学习效果在50%以上的，都是团队学习、主动学习和参与式学习。

学习金字塔理论启示我们，教师在教学中采取多样化的教学方式。让学生动口、动手、动脑，多种感官参加活动，会大大提高学习效率。

### 三、重视“学”的研究是培养实践型和创造型人才的需要

有这样一个报道：

到美国之初，很多中方校长认为，我们的大学也许比不过美国，但我们中小学生的“基础”却远比美国中小学生的“基础”好。证据之一就是我们中小学生在各种国际性的学科竞赛中获得佳绩无数，普遍比美国学生好。由此，很多人得出的结论是：中国的基础教育质量在总体上比美国好。

一言以蔽之，我们“输在了终点”，但至少“赢在了起点”。事实真是如此吗？

范德堡大学号称美国南方哈佛，吸引了大量优秀的中国留学生。活动中，我们安排中方校长与该校的中国留学生对话，让他们从留学生的感受和对比中去了解美国的基础教育。

中方校长问的最多的一个问题是：“你们觉得在美国，最大的挑战是什么？”

留学生的答案往往是：“学习方法、自主思考和解决问题能力的欠缺。”

原来，在和美国同学的共同学习中，留学生们发现，过去国内老师辛辛苦苦教给自己的“牢固的知识基础”，现在几乎派不上用场。美国同学自主学习能力强，思维敏捷，上手很快，而自己总要慢半拍；一些理工科的学生更郁闷：自己过去在国内是尖子生，是站在“前沿”的，但在美国学习却让他们体会到了什么是“基础工作”——在实验室里，他们往往只能做一些基础性的工作，真正最关键、最富有创造性的环节往往被善于创新的美国同学抢了先，他们因此戏谑地说：“国内学习的基础让我们成了‘基础’!”

这样的对比，令人心生感慨：究竟应该为学生未来的发展奠定什么样的基础？

对于“基础”的具体内容，中美双方则有着不同的理解。

按照中国教育工作者的理解，“基础”是指“基础理论、基础知识、基本技能”（“三基”），我们把人在未来“进一步学习和发展的根本”定位为扎实的“知识体系”；而美国人则认为，人在未来“进一步学习和发展的根本”的核心不在于知识体系，而在于一个人的学习兴趣、好奇心、质疑能力、探究能力等“能力体系”。

这两个体系有什么差别呢？“知识体系”强调的是“学会”，而“能力体系”强调的是“会学”。强调“学会”的中国基础教育体系，学生离开学校时带走的是沉甸甸的“基础知识”；而强调“会学”的美国基础教育体系，学生离校时带走的是充足、轻松的思维空间和浓厚、持续的学习探究的兴趣。

（来源：《人民教育》2011 年第 9 期　文/王红）

美国教育重视学生学习兴趣、好奇心、质疑能力、探究能力等“能力体系”，强调的是“会学”，这是很值得中国基础教育反思的。

特级教师张思明说：“作为数学教师，我觉得好的教学成果并不一定是课堂上直接教给学生的知识、公式、定理、算法本身，而常常体现在学生经过遗忘后所剩的那些东西上。在这些“沉淀”物中更多的将是怎样提出问题、怎样发现问题、怎样做学问、怎样面对困难和挑战、怎样利用信息、怎样寻求帮助……我不企盼每个学生都成为数学家，但若能通过我的教学使学生们有一种在生活、工作、学习中应用数学去思考的观念和习惯，通过我教他们在课内外创设的“微科研”环境使他们得以培养一种勤奋求实、不断创新进取的精神，他们自身和我们的国家将受益无穷。”

这段话精辟且深刻地揭示了教学的本质，也代表了新课程的先进教学理念。教学的一项重要任务是要完成知识教育，但它绝不是一种单纯的知识教育，它必须能促进学生的全面发展，为学生一生负责。张思明老师在这里关注的是学生的发展和实践能力、创新能力的培养。

**【解决对策】**

## 学习指导的策略与方法

### 一、相信学生，树立以学生发展为本的思想

苏霍姆林斯基说：“人的内心有一种根深蒂固的需要——渴望自己是个发现者、研究者、探索者。在儿童的精神世界中，这种需求特别强烈。”我们知道，发挥学生的主体作用，让学生主体积极活动，恰恰能满足学生作为发现者、研究者、探索者的精神需要，这能最大限度地调动学生的学习意向。学校教学改革的实践证明，任何一种有效的、成功的教学，都必须是有学生主体参与的。换句话说，没有学生主体参与的教学，不是成功的教学。也就是说有了民主，学习就成为学生的内在需要。

刘京海（上海闸北八中校长，特级教师，成功教育创始人）的教育思想也让我们思考：

● 教师的三个相信：相信每个孩子都有成功的愿望，相信每个孩子都有成功的潜能，相信每个孩子都可以取得多方面的成功。

● 不同的教学过程都有一个共同的作用点，即它们首先都作用于孩子的自我概念、自我认识和自信心，这些正是人格的核心。而学生正是依据自我概念中的“我”去塑造自己的。关于“自我”，心理学有一

句名言："你认为自己是什么样的人，你才可能成为什么样的人。"

• 每个学生都是自我塑造的，教师和家长不能塑造学生。但教师和家长能够影响学生，其中最大的、最重要的影响恰恰不是知识、能力，而是在教学过程中着力影响学生的自我概念、自我认识和自信心。

• 教育的最高目的是教人做人，而教人做人的前提是教人认识自己是好人、能人，最终使之逐步成为好人、能人。不可否认，现在教学过程一是失败多于成功，二是教师没有有意识地去帮助学生形成积极的自我概念。

当然，相信学生，树立以学生发展为本的思想，并不是要淡化教师的作用。当下课堂存在两个误区：一种是认为教学纯粹是教师的事情，于是绞尽脑汁思考"教"的招数，脑子里盘算的尽是怎样把学生"讲"懂、"教"会；另一种是知道"教学就是教学生学"，于是不顾及学生的知识水平和接受能力，一味强调自学，采用"放羊式"的教学方式，以为这就是"教学生学"。显然，这两种倾向都是应该避免的。

### 二、建构"以学定教"、"顺学而导"的教学模式

学习指导要得到根本的落实，关键是教师要改进教法，建立以"学"为主的教学模式，使学生的学法与教师的教法和谐统一。也就是说，学习指导是在组织学生自学的大背景下进行的。如果教师的教学方法基本上属于"注入式""满堂灌"，学生根本没有自己读书、自己动手主动学习的机会，学习指导也就无从谈起。

例如，近些年一些课堂教学取得成绩的学校建构的课堂教学模式，就充分体现了以"学"定教、以"学"为主的教学模式。

• 洋思中学"先学后教，当堂训练"课堂教学模式
• 杜郎口中学"三、三、六"自主学习模式
• 东庐中学"学案导学"教学模式
• 凤城六中"分组联动、和谐高效"教学模式

• 魏书生的“定向、自学、讨论、答疑、自测、自结”六步教学法

首先，这些教学模式给学生主动学习创造了条件，保证了学生自学的充足时间和机会。其次，学中有指导，学生在自学有困难时能得到老师的指导和帮助。这就是学法指导的课堂教学结构。在这种课堂教学背景下，学法指导才有坚实的基础。

### 三、采取多种学习指导途径和方法

教师学习指导的途径和方法有很多，除了建构“以学定教”“顺学而导”的教学模式以外，还可以采取以下的途径和方法。

#### （一）渗透指导

这是教师最常用的方法之一。这种方法是教师在教学的各个环节中，在传授知识中指导方法，见缝插针，随时渗透。还可以把讲授、示范、提示、归纳等指导熔于一炉，在教学过程中，让学生既知道学习结果，又掌握学习过程；既懂学习步骤，又会学习技巧。

#### （二）讲授指导

讲授指导是指开设学法指导课，直接向学生讲授系统的学习方法知识。开设学法指导课可采取两种形式。一种是每周固定课时，按课表准时上课。另一种是根据学生需要不定期（如每月一两次）开设专题课。运用讲授法要注意理论联系实际，针对性要强，确保学生用得上、学有所得。

#### （三）总结交流指导

总结交流指导就是教师组织指导学生总结交流自己的学习经验和方法，以达到互相学习、取长补短的目的。学习方法的总结交流可采取以下几种方法。

（1）全班每个同学都作总结（老师可事先提出具体要求），写出书面材料，然后分别在全班同学面前作介绍。

（2）每个同学做完总结后都在学习小组中作交流，最后各组选出

经验成型、表现突出的同学在全班同学面前作介绍。

(3) 请优秀生作经验介绍。直接让学习成绩突出、方法得当、经验丰富的同学总结学习经验，然后在班上做介绍。这样的优秀生可以是本班的，也可以是其他班的，还可以是其他学校的。

(四) 提示点拨指导

有的学法，不一定要指导得太细，只要教师在适当时机加以适当点拨、提示，学生便能抓住要领，使一些问题迎刃而解。既然是提示，就不需要教师直截了当地把学法讲得明明白白，而要在学生迷茫时给予恰当提示，让学生自己悟出道理、掌握方法。

(五) 咨询指导

这是指让学生自己提出学习中的问题，由任课教师或优秀生作答。这种形式可以通过召开座谈会的方式进行，面对面地给予解答和指导。

(六) 示范指导

学生掌握学法过程的规律告诉我们，有些学法仅靠教师的讲解是不够的，必要时教师要作出示范，让学生效仿。

(七) 归纳指导

学生在学习活动中领悟到许多学习方法，但可能是分散零碎的；有些方法是不科学的，效果不好的，学生又把握不准。因此教师要帮助分析、归纳、总结，使学生的学法得以升华、得到巩固，形成固定的模式，以便在学生中间得到广泛的推广。

**四、注重培养学生的学习兴趣**

兴趣是最好的老师。“人不入迷难出奇”，教师的教学要借助于兴趣，发挥兴趣的魅力。

据吴正宪说，学生喜欢比较有幽默感和有人情味的教师。他们说：“有的老师上课很‘神’，挺幽默，使我们笑口常开，让我们在欢笑声中学会了深奥的知识，听这种课是一种享受，是我们精神生活的一部分。我们不喜欢老师讲课太刻板，老一个调子、一个模式、一副没有表情的样子。上这种课，我们觉得是一种负担，在盼望下课铃中度过45分钟，既学不到什么东西，又使人疲倦、厌烦。”

下面是一位教师记述的吴正宪老师注重愉快教学的一些做法。

三十多年来，吴正宪老师在小学教育战线上辛勤耕耘、默默奉献，在平凡的工作岗位上做出了不平凡的业绩。她总结出的“吴正宪数学教学法”享誉国内外，取得了令人瞩目的成果。我多次看她的课堂教学录像——《平均数》《相遇问题》《带小括号的运算》《猴王分桃》等，她使干干巴巴的数学课变得丰富多彩，使孩子们着了迷。数学既没有唐诗的豪迈、宋词的温婉，也没有美术多彩的线条、音乐轻快的节奏。数学在许多人眼中是枯燥乏味的，也是难懂的；可是，在她的眼中，在她的学生的眼中，数学却是美的，却是有意思的。但是数学的美是隐含的美，是不会自发地起作用的，这就需要教师努力地挖掘它的美——而吴老师就是这数学美的挖掘者，是一位用自己的一生，用自己的学习、实践、思考去创造数学美的人。作为一名师训者，我在解读吴老师的过程中，同样也进一步感受到了数学之美，也感受到吴老师那淡雅与含蓄的智慧之美。

坚持不懈的学习，让吴老师有了丰厚的知识储备。在教学的道路上不断学习、不断求索、不断思考、不断改进，让吴老师的课变得异常美丽。

在吴老师的课上，故事、矛盾、疑惑、辩论……她给学生设置了那么多美丽的“圈套”，让人不得不往里钻：教《认识分数》时，她让学生用自己的方法表示一半，在揭示1/2后，有学生表示不喜欢1/2，坚持用画图的方法表示一半，她微笑着，并不马上反对，待到后来说到1%时，她才让那学生继续用画图的方法表示，学生不得不承认“还是分数简单些”。当课堂上出现不同的声音时，她不慌不忙，开展一场小小的辩论赛；正反双方各抒己见，当分出胜负时，她不忘与失败的一方紧紧握手，告诉他们："因为有了你们问题的出现，才给全班带来一次有意义的"读者"讨论。"教《平均数》时，她与学生融为一体，参加他们的比赛，与学生一起探讨公平的比赛方案……在杭州时，一位已改行做服装生意的老师偶然听了吴老师的课，竟决心重返教育战线。这样的事情让人难以置信，但吴老师做到了。一节课的效应如此之大，吴老师的魅力可想而知。

现列举吴老师上的《带小括号计算》一节课与大家分享。

黑板上出现这样一道题：李师傅上午工作4小时，下午工作3小时，平均每小时做12个零件。李师傅一天一共做多少个零件？要求学生列综合算式解答。

一位学生这样列式： $12 \times 3 + 4$

$= 12 \times 7$

$= 84$（个）

吴老师说："你违背了运算规则，应该先算乘法啊。"这孩子也不示弱，脱口而出："如果先算乘法，就会犯'人加狗'的错误，12乘以3得到36个零件，再加4小时怎么行呢？"孩子们在下面议论纷纷："如果按照先乘后加的运算顺序就会与生活实际相矛盾。"吴老师耸耸肩、皱皱眉，表现出无可奈何的样子，自言自语地说："是啊，这个矛盾如何解决？"同学们更着急了，恨不得一下子找到解决问题的办法，课堂霎时变得宁静。吴老师轻轻地走到投影仪前，启动开关，请出了特殊的小客人——红色的小括号。"有了它，就可以先加而后乘了。"孩子们情不自禁地为小括号喝彩。不知谁还喊了一句："小括号真了不起！"同学们笑了，他们在笑声中感受到了知识产生于实践之中的道理。通过学习，同学们知道加括号可以改变运算顺序，并掌握了小括号的应用。

正当同学们沉浸在学习新知的喜悦之中，这时个性极强的王维忻向吴老师发起了挑战："我认为小括号没有什么了不起，没有它的存在，照样可以解决实际问题。"他边说边走到黑板上写算式：

$12\times4+12\times3$

$=48+36$

$=84$（个）

吴老师肯定了他的做法后指出："小括号的出现给我们解决问题带来了方便，这个规定不是脱离实际的，而是根据实际需要才自然形成的一种规则。我希望你能接受这个可爱的小括号。"当时听课的老师笑了，同学们笑了。王维忻仍然不服气，一边坐下一边说："反正我不喜欢小括号。"吴老师意识到了，在备课中是从认知系统去思考学生怎样接受这个知识的，而没有从情感角度考虑学生乐不乐意接受这个规定。吴老师打破了教学预设，立即面对这一偶发事件——她看到了讲台上摆放了许多同学为灾区捐献的图书，急中生智提出了一个新问题："王红同学积极支援灾区。她有92本图书，自己留了32本后，把剩下的书送给了5个小朋友，平均每个小朋友得到几本？请同学们试着列综合算式解答。"

大家低下头认真地算，吴老师特意请王维忻到前面板演并讲解。

$(92-32)\div5$

$=60\div5$

$=12$（本）

他边写边不好意思地说："我在算式中画了一个小括号，表示先求92与32的差，最后再除以5。"吴老师不愠不火地将了他一军："小括号有什么了不起？不写它不是一样可以解决问题吗？"王维忻急了："小括号非写不可，不然就得先算$32\div5$这步了，不符合题目要求。"

当时上海《小学数学》编辑部记者宋淑持老师评述了这节课。她写道："吴老师的课有疑问、有猜想、有惊讶、有笑声、有争论、有沉思、有联想……有矛盾的困扰，有无言的沉默，有巧妙的比喻，有'人加狗'的幽默，有茅塞顿开的微笑。教学过程中这种信息的传递、情感的交流、心灵的碰撞为师生双边活动披上了浓重的情感色彩……这种愉悦和谐的课堂使干巴巴的数学课变得妙趣横生、丰富多彩，平淡的'白开水'变成了芳冽醇香的'茅台酒'。"

总之，作为课堂学习活动的主体，学生的学习方法的指导是有效课堂得以存在的基础和保证。“要我学”的效果永远无法与“我要学”相比，“我会学”永远是比“学得会”更具内涵的学习方式。日常教学中，我们教师作为课堂教学的主导，如果都能像吴正宪老师那样善教善导、富于智慧，将“模式”“兴趣”“方法”有机结合，给予学生及时善意的肯定，让他们获得自信，我们的课堂教学效果将是另一片天地，有效课堂便不是梦想了！

# 主题十三　怎样提高学生学习有效性

## ——课堂有效性与学生学习的有效性

在班级里常常会有这样的情况：同用那么多时间学习，有的同学收效显著，而有的同学却收效甚微。甚至有的同学学习所用的时间看上去并不多，该玩还玩，轻松愉快，学习效果却极佳；反之，有的同学，起早贪黑“一心只读圣贤书”，每日里忙忙碌碌，但学习成绩却并不理想。这是为什么呢？这就有一个学习是否得法、是否高效的问题。

**【问题呈现】**

### 学生低效学习的表现

什么样的学习是低效率的呢？请看下面这些同学是如何归纳的。

吴溪：我认为无效的或者效率不高的学习表现就是不注重理解，只顾盲目地死记硬背。比如背课文，应是先读熟理解后背诵，才能又快又好。如果只顾一字一句地死背，既浪费时间又慢，过后还容易忘记。数学方面背概念也要理解、灵活运用，而不能生搬硬套。不理解的背诵，只是表面记住了定义，无法实际运用，这是没有用的。

杨源：我认为最浪费时间而学习收获又小的做法，就是同学们在老师没有布置学习任务的情况下不能“活”学，就是说不会利用时间——有时间的时候不知干什么，不能独立地学习。

孙元元：我认为学习是有窍门的。无论是预习、上课、复习还是背诵，都有窍门。学习不找窍门、只顾蛮干就浪费时间。

陈锦宇：我认为“轻课内，重课外”学习效率最低。也就是说，上课不注意听讲，然后回到家里才“用功”，书看到半夜。但是由于上课时没有听明白老师讲的内容，自己看时只能看表面，而不理解实际内容。这样，因为当晚睡不好觉，又影响第二天上课。如此反反复复恶性循环是学不好的。这就是教师们常说的“用功”没用到正地方。

魏相楠：只顾做笔记，不注重理解，耽误听课。有的同学为记笔记而记笔记，笔记记的内容是什么自己不清楚。即使记了笔记，过后也不看。这样学习，既浪费时间，收获又小。

路璐：我理解的学习低效率就是读书不专心，一边学习一边玩。如写作业时，一边看电视或一边听录音机，学没学好、玩没玩好，这样虽然学习时间很长，但效果不好。

王小威：已经掌握的东西，还反复做，搞不必要的重复性劳动，如非常简单的题还做很多遍、写两遍已经能记住的生字非要写十遍不可。这特别浪费时间。

王琪：学习、休息、娱乐安排不好，天天死抱书本，拿本书走路看、坐车看，回家吃饭也看；只顾死记硬背，不注意灵活运用；有时只装模作样，表面看是学习，实际上是在浪费时间。学习应提高效率，不能靠拼体力，要学就扎扎实实，要玩就痛痛快快。

除了上面同学们总结的这些外，学习低效率还有其他一些表现。

(1) 每次学习前犹豫时间太长，浪费时间。例如：晚上要学习了，看看这、摸摸那，一磨蹭时间就过去了；或者看会儿电视，去趟卫生间，不知不觉中，几十分钟或者个把小时就过去了。

(2) 舍本逐末。教材还没弄通，就忙着解数学竞赛题，去抠偏题、难题。

(3) 学习拖拉，磨磨蹭蹭，一件事不能一次性完成。如一篇作文两周还没结尾，一套试卷两天还没做完。

(4) 情绪不好，心绪烦乱。有的同学由于与同学的摩擦或与老师的冲突以及受家长的训斥等，造成内心冲突和矛盾，如情绪不好，焦虑、忧郁、忌妒、忿恨、骄傲等，背上思想包袱，于是学习就坐不住，钻不进。在这种状况下，学习效率最低。

(5) 贪玩成癖。贪恋游戏机、台球、武侠小说、爱情小说、电视节目等，学习时老走神，学习效率低。

（6）学习生活无秩序、无计划。课前准备不足，书包里的书本摆放没有顺序，很多东西没有固定的位置，上课了现打开书包，经常为了找东西而浪费了好半天时间；或者书找到了没有笔，笔找到了又没有钢笔水……就这样，宝贵的课堂学习时间白白浪费了。

【问题分析】

## 学习指导是教师的天职

### 一、什么是学习指导

要理解什么是学习指导，先要理解学法指导。什么是学法指导？学习方法是指学生完成学习任务的手段和途径。所谓学法指导是指教师在教学过程中，通过最优途径，使学生掌握学习方法，并获得选择和运用恰当学习方法进行有效学习的能力。

有人对学习指导的理解仅局限于方法的指导，这是不够全面的。或者确切地说，学法指导这个概念太狭隘，学法指导从广义上说应该叫做学习指导。我们知道，学生的学习活动本是一个整体，它既包括动力系统，又包括操作系统，二者密不可分（见图 13－1）。

- 学习活动
  - 动力系统：学习动机、学习兴趣、学习意志、学习信心、学习习惯 → 学习积极性
  - 操作系统：原有知识、智力水平、学习能力 → 学习能力
  - → 学习效果

**图 13－1　学生学习活动的两个系统**

从图 13－1 可以看到，从总体上讲，学生学习活动包括两大系统，即动力系统和操作系统。动力系统对学生活动起着定向、强化、促进、保证作用，解决“想学”“爱学”的问题。操作系统是学习的技巧、策

略、手段、途径，解决会学、学会的问题。二者如同鸟之两翼、车之两轮，缺一不可——没有动力不能学，没有方法不会学。由此学法指导就不能只抓方法不抓动力。应该既要进行方法指导，更要给以动力指导，使学生的动力系统和操作系统都发挥作用。

关于这一观点，从魏书生的学法指导成功的范例中可得到证明。魏书生老师十分重视培养学生的自学能力，还经常给学生讲学法，但他更重视对学生动力系统的指导，注重培养学生的非智力因素。如给学生讲理想，他让学生追溯名人的脚步；让学生写日记以培养毅力，让学生写作文——《谈信心》《再谈信心》《三谈信心》。可见给学生学习动力的指导也是十分重要的。

但是，如果我们把学习指导仅局限于方法，势必误导教师把指导的注意力集中在方法方面，而忽略对学习动力的指导。这种只见“方法”不见“人”的做法，必然是事倍功半。所以我们必须坚持学习动力指导和学习方法指导并举的原则，形成学习指导的体系。

通过前面问题的呈现使我们看到，在学生中存在大量学习不得法的问题。更重要的是，在我们的教师中还存在着更多的只讲方法指导、忽略学习动力的做法。这不仅仅是教师（尤其是班主任教师）认识的偏狭，更是全社会范围内在学生学习有效性问题上认识的盲区。

通常，学生学习有以下三种境界。

第一种境界为苦学。提起学习就讲“头悬梁、锥刺股”“刻苦、刻苦、再刻苦”。处于这种层次的同学，觉得学习枯燥无味，对他们来说学习是一种被迫行为，体会不到学习中的乐趣。这一境界下的学生，学习目标明确，动力系统运行基本正常，但长期下去，对学习必然产生一种恐惧感，失去学习的兴趣和动力，从而滋生厌学的情绪。结果，在他们那里，学习变成了一种苦差事。

第二种境界为好学。这一境界下的学生，学习目标和动机均佳，尤其学习兴趣浓厚。所谓“知之者不如好之者”，达到这种境界的同学，学习兴趣对学习起到重大的推动作用。他们对学习的如饥似渴，常常达到废寝忘食的地步。他们的学习不需要别人的逼迫，自觉的态度常使他们能取得好的成绩，而好的成绩又使他们对学习产生更浓的兴趣，于是形成学习中的良性循环。

第三种境界为会学。达到这一境界的学生，学习动力系统无障碍，学生本人把学习本身当成一门学问，有科学的方法，有需要遵循的规律。他们能按照正确的方法学习，学习效率就高，学得轻松，思维也变得灵活流畅，能够很好地驾驭知识，真正成为知识的主人。

目前，中小学生的学习中，处于第一种境界的居多，第二种境界的为少数，达到第三种境界的更少。怎样改变学生学习的这种状况呢？教师就要增强学习指导意识，坚持在教知识的同时，指导学法，培养学生的学习能力，真正实现“教是为了不需要教”的教育目标，让学生成为会学习的人。

**二、学习指导体系**

（1）培养非智力因素的方法。（培养学习动机、兴趣、信心、意志、习惯等）

（2）培养智力因素的方法。（培养观察力、记忆力、想象力、思维力等）

（3）制订学习计划的方法。（确定学习目标、分配学习时间和方法）

（4）五环节的基本学习方法。（预习方法、听课方法、复习方法、作业方法、小结方法）

（5）应试的方法。（考前复习方法、临场心理调适方法、答题方法等）

（6）课外学习的方法。（课外阅读、课外活动、课外休息等）

（7）学科学习方法。（结合各学科教材特点的学习方法、如学习语文的方法、学习数学的方法，学习外语的方法等）

**三、学习指导要坚持“教、学、管”三位一体**

我们知道，方法是一种手段和途径，但它不是能力，我们指导学生学习不仅是要让他们弄懂某种方法，更主要的是形成某种学习能力。而能力既不是“讲”出来的，也不是“听”出来的，是学生在学习实践中形成和并提高得来的。这就需要我们在指导过程中，不仅要让学生懂方法，更要引导他们去用方法，并在学习过程中培养习惯进而形成能力。

但是，目前在中小学的学习指导研究过程中，还存在重方法传授、轻能力训练的问题。即学习指导就方法讲方法，脱离学生的学习过程和学习实践，这是不利于提高学生的学习能力的。近些年来有些学校开设学法指导课，系统给学生讲学法，但效果却不尽如人意，这就是一个佐证。所以学习指导是教与学同步、学与用相统一、学与管相协调的过程。

对于学生的学习指导，仅提供方法是不够的，教师应坚持改进教法、指导学法、加强管法。改进教法，是把对学生的方法指导纳入到具体学习活动中去，而不是脱离学习过程孤立地讲学习方法；指导学法，是在学生学习困惑之时，在教学的潜移默化之中，给予学生方法指导。加强管法，是指对学生非智力因素的培养。学习技巧的获得，从知到行是一个实践的过程。由于学生自身的自制力等原因，需要一个训练过程，那么就需要一个督促强化的过程，这是一个把方法技巧变成习惯和能力的过程，也是把智力因素和非智力因素结合起来形成信念，变成习惯和能力的过程。

洋思中学、杜郎口中学成功的教学经验，就是“教—学—管相统一”。魏书生提出的自学能力、自我教育能力以及班级管理能力都是围绕教、学、管三者展开的。因而，学习指导要坚持“教、学、管”三位一体的原则。

【解决对策】

## 怎样帮助学生提高学习效率

学习指导从理论到实践是一门需要深入研究的科学，这里不可能做全面的解析，仅结合部分优秀生的学习案例从几个侧面来探讨。

### 一、指导学生制订学习计划

制订学习计划会使学习、生活、休息、娱乐有规律——先干什么、后干什么、什么时间干什么、一件事做完另一件事做什么。该学习的时候努力学，想玩儿的时候玩儿得尽兴，既节省时间，又劳逸结合，有益身心健康。因为有了计划，定了时间，定了任务，定了方法，就不能松松垮垮、漫不经心，长此以往可以形成良好的学习习惯。

**二、指导学生搞好预习和自学**

“预习→听课→复习→作业”，这四个环节体现了学生的学习常规和基本方法，而课前预习是四个环节中的第一步，它对整个学习活动起着十分重要的作用。

采取什么样的方法和策略预习是有效的？以下是一些同学谈的自己的体会。

王琳：我的预习方法是根据各科的特点有针对性地灵活学习。比如常识课，熟读课文明白其中的意思；语文课，根据课后问题在文中找出重点词语、句子；数学课，理解概念，熟记公式；地理课，了解新课内容，查一查新课有关地名在地图上的位置。

王巍娜：我的预习方法是：数学课先背背概念，然后分析应用题；语文课先分析课文，划分段落，再写预习笔记；历史课先阅读课文，记住朝代和哪年哪月和人物；品德课先阅读课文，然后尝度回答书后问答题；自然课先阅读课文，然后再背概念。

孟霞：我对数学课的预习方法是：①看例题讲的什么；②看例题的解题方法；③看例题的提示，知道做题要注意什么。最后理解重点词句。

陈锦宇：我经常预习的是语文、数学、英语。我预习数学的方法是先把例题弄明白，然后对照书中的法则、定义、公式，把书上的习题做一遍；英语预习的方法是随着录音一起去读和记。

王子：我的体会是，无论预习哪一学科，都应做好笔记，特别是疑难问题，一定要记下来，以便课堂上特别注意听。

预习可以采取灵活多样的方法，有时可以在书上画线；有时可以在书的空白处写批注，写提要心得；简单的练习也可在书的空白处做。自己不懂的，打上问号，预习时合上书围绕下面几项内容想一想：下节课老师要讲什么以及哪些自己懂了、哪些还不理解、哪些内容要记住、哪些方法要掌握等；这样回忆就可以检查预习效果。总体上讲，预习不一定要全会，自学也不一定要都弄懂。实际上预习和自学的主要作用还是让我们明晰目标，以便在课堂上听讲更有针对性，抓重点抓得更紧。

## 三、指导学生上好课

能不能上好一节课、会不会上好一节课，这里面既包括心理因素，也包括方法策略问题。下面是一些同学谈的体会。

李筝：我的体会是，要高效率听好每一节课，应该掌握下面的方法和要领。

第一，上课前先回顾一下上节课的内容，以便和新课联系起来。

第二，带着预习中不懂的问题听课，注意老师的讲解。

第三，精力集中，老师讲到哪，自己的思路就跟到哪，同时积极思考老师提出的问题。

第四，多问几个“为什么”，对每一节课、每一道题，要能讲出道理，做到当堂“消化”不留“尾巴”。

第五，做点课堂笔记，把老师的分析步骤及重要内容记下来，便于帮助自己记忆和复习。

于淼：要上好课最关键的在于注意力集中、全身心地投入。心要静，不想其他事；课堂上不交头接耳，不搞小动作。

路璐：要想效地听好每一节课，就要时刻紧跟老师讲课的思路，老师讲到哪，就想到哪，紧盯住老师，眼到、口到、心到。要眼睛看着黑板，耳朵听老师说的话，脑子想老师提出的问题，对老师提出的问题能够迅速作出反应。

吉丽娜：我认为上课要有趣味，快快乐乐的，就像做游戏或看一场精彩的电影，而不是把它作为一种负担，这样学习效果就会好。

孟印：上课脑子不能懒，应积极开动脑筋，不要等老师“喂”；主动配合老师讲课，对有些问题联系过去学过的知识来理解。尤其对预习时没搞清楚的问题应格外注意。

李明月：上课不能死板，要在快乐中求得知识，方法应该是边听边看、边听边想、边听边记。

张晶欣：上课应该积极发言。特别是对不懂的问题不能放过，不能不懂装懂；有不懂的地方要举手问老师，直到弄明白为止。

王艳青：要听好一节课，不能眉毛胡子一把抓，要抓住重点和难点。什么是重点呢？可能有几种情况，一是预习发现的问题（如课本注明问题或书后习题）；二是老师在讲课时提出和强调的重点问题，如课上提示“注意”“重点记住”“主要掌握”“一定理解”等，则相关内容即为重点；三是老师一节课前提出的授课目的和重点，或提问考查学生并提请同学注意的问题；四是课堂要结束时概括小结的内容等。

付玉：我觉得上课还要学习老师分析问题的思路、方法，把自己的思路和老师的思路相比较，以此来找差距。

概括起来，学生要上好课，基本要求是心要静、脑要想、手要勤，最后达到专心学、当堂懂、思路清的目的。

## 四、指导学生做课堂笔记

下面是一些学生谈的做课堂笔记的体会。

李文君：做课堂笔记要处理好听和记的关系。上课应该以听为主，不要为记笔记而记笔记，在听好的基础上记笔记。听时要专心，记时要挑重要的概括地记。我记笔记有两种形式：一种是摘录老师讲的主要内容；另一种是由主要内容扩展出去的由粗到细的内容。

王子：在课堂上做笔记，首先听记能力要很强，并且记笔记时应该有选择，不能漫无边际地什么都记。着重记重要的地方或自己不懂的地方。不懂的地方下课要向老师请教。另外，要处理好听和记的关系。不能听时顾不上记，记时顾不上听；应边听边记，听时认真，记时要快。

鲍玲：做好课堂笔记要详略得当。我记笔记的方法有两种：一种是直接在书上记。就是把老师讲的重点问题在书上画出来，或记在书的空白处。另一种是在笔记本上记，这就要详细一点。

李艳：课堂上老师讲的应先用脑子记，记不住的做下简记，课后再详记。

丛莉莎：记笔记应该抓住时机，老师讲时要认真听，在老师讲课出现空闲时，见缝插针做笔记。

李筝：我并不是在课堂上做笔记，而是在课后整理笔记。我的笔记有提纲式和小标题式两种。

上述几位同学提到的记笔记的方式方法是很实用的。其实，我们平时在做笔记的时候还可以将一个固定搭配的内容单位记为一个字，留下空白，待老师重复相关内容或讲课间隙时间补上。比如“中华人民共和国”可以简单记为“中”。



**五、指导学生保持课堂注意力**

注意力是学习活动赖以产生并完成的前提。注意虽然不是一种独立的心理过程，但它总是伴随人的全部心理活动的始终，外部的一切信息，只能在受到注意后才能进入人的意识。苏霍姆林斯基认为：“控制注意力的问题，是教师工作中最精细的而且是研究得还很不充分的领域之一。”

下面是一些学生谈的关于课堂注意力的体会。

孟赫：学习应全身心投入，心中一直想着自己的理想和奋斗目标，把每一节课的学习和奋斗目标与理想前途联系起来，把学习当做第一任务，而不去想如何穿戴享乐。这样有了责任感，就会约束自己，一心一意学习。

李艳：如果能对学习产生浓厚的兴趣，把上课作为一种乐趣，满足求知欲，这样就能保持注意。当然，兴趣在于培养；要培养兴趣，先要认真仔细地学习，有成功的喜悦就会产生兴趣。

吴楠：我认为要保持课堂注意力就是要进入课文中去。进入情境，钻进去了，跟着老师思路走，被学习内容吸引住了，就不会想其他事了。

于淼：应该努力克制自己不去想别的事，排除杂念，用纪律来约束自己；尽可能不搞小动作，不与前后桌同学说话，头脑里只是“学习”，把自己完全置于学习之中。

叶丹：为了防止课堂上思想溜号，上课之前应把不必要的放在眼前和手头儿的东西收好，特别是不要把容易引起弄玩的兴趣、分散注意力的东西带到学校，上课时老师不让拿笔、翻书就不要动。学进去了，自然也就能保持注意力了。

张成举：课堂上应一边听讲一边记笔记。用做笔记来牵制自己，这样就做到了双管齐下，就兴奋，这也是保持注意力的一种方法。还有就是课堂上要积极发言、参与讨论，让老师的提问来牵制自己。心想学习，就忘了其他的事。

李雪莲：为了防止头脑里一些杂念的干扰，回家应少看或不看武打等类型的电视节目和很热闹离奇的小说。下课不要做太剧烈的运动，晚上还要休息好、睡足觉。

### 六、指导学生做好复习

第一，及时复习，趁热打铁。

高明：我的体会是，刚学完的马上复习效果好。如果学过很长时间再复习，效果就不太好了。所以复习应该趁热打铁，一课一巩固，不等知识忘了就进行复习。

孟霞：我认为及时复习很重要，因为在当天对老师讲的课印象模糊的情况下，及时复习可以把“模糊”转为“清楚”。另外，因为重视了平时复习，记得快，又轻松，而不至于到考试时再去起早贪黑地搞突击，这样学习效果就特别好。

孙溧：以前我复习并不是一课一复习，而是几课一复习，于是有些字词句的意思淡忘了，就是拿起笔记也想不起来，知识学得非常不扎实。现在，我按一课一复习的方法去复习，知识学得很扎实，不容易忘记。

心理学家艾宾浩斯通过实验研究发现，遗忘是有规律的，这个规律就是“先快后慢”。即学习某一知识内容后，往往在学完之初，遗忘速度快，随着时间的推移，遗忘的速度变慢。上完一天课以后，老师讲课的声音、体态萦绕在脑海里，知识印象很深，保持着“余热”。这时无论复习看书，还是写作业，效果总是特别的好，省时省力，学习负担轻。

所以，要指导学生在学习中尽可能“当日事，当日毕”。因为与其借助复习去“恢复记忆”，不如借助复习去防止遗忘。

有时学生学习忽视平时复习，临时抱佛脚，考前突击，这样既容易造成学习的疲劳，同时效果又不好。所以必须重视课后及时复习。

第二，回忆复习，“过电影”。

安帅：我觉得复习是有窍门的。比如我采用的是回忆法，效果很好。自习课或课后没事时，我就努力回忆当天每堂课老师讲的内容。

先不要看书，而是认真想一想（最好闭上眼睛），在课上老师讲了什么、强调了什么，这就像“过电影”。哪个地方实在想不起来了，我就看看书，直到想起来为止。不懂的一定要弄懂。

回忆法的好处很多。首先是印象比较深刻，比泛泛地看书效果要好得多。经过回忆，课堂上学的知识在我的记忆里就像扎下了根一样。另外，回忆还可以培养和训练自己的记忆力。

王艳青：我复习不是盲目地拿过书来就看，而是先想一想：老师今天讲了哪些内容，重点是什么？理理思路、归归类。比如对所要解的应用题，就要知道它是属于哪种类型的、用什么方法去解更简便，然后打开书看一看什么地方自己记漏了或记错了，最后才动笔写作业或复习。

王巍娜：我复习时也是先回忆当天的学习内容。复习采取两种方法：对记不下来的、不熟悉的就下工夫弄懂背会；对会了的，再想一想，“过过电影”就行了。

第三，联系旧知识归类，使知识系统化。

李筝：我复习是先把当天老师讲的课回顾一下，然后联系旧知识，对当天的课进行巩固。我觉得，新旧知识本来就是互相联系的。复习时（特别是单元复习和总复习），应该善于归纳、整理、总结。不管哪一科都要理清思路和知识的体系；有些知识要归类，“梳成辫子”，知其然又知其所以然。做类型题，要会举一反三，触类旁通。

理解是使新旧知识联系和系统化的关键。在复习时，我往往是反复阅读课本，反复独立思考，使课堂没听懂的地方，通过阅读思考得到解决。对一些基本概念、基本道理、重要事件或计算公式、定理在理解基础上系统化，并加以记忆。

**第四，忆、看、理、做、背相结合。**

叶丹：我在复习时，采取忆一忆（回忆老师讲的内容）、看一看（重读课本）、理一理（整理笔记）、做一做（做作业或写练习册或做书后复习题）、背一背（对重点章节、定义、概念进行背诵）的办法。

我觉得复习不能只抱着书本儿反复去看，这样既不容易记住，又容易犯困。做题可以促进自己思考问题，带着问题去重读教材。另外，这样动脑、动手、动口容易集中注意力。

陈欣：我一般复习时先看一遍教材后把课后题做完，然后自己提出一些问题来，自己答；最后把生字解词练会。采取先做课后题，再做自己的题，最后练生字、解词的方法，这样复习的效果好。

路璐：我是这样复习的：回到家里先把学过的东西认认真真看一遍，然后能做的就做，“熟能生巧”嘛。通过做题，知识掌握、运用起来就更牢固和熟练。所以我的做法可归纳为“记、看、写”三个字。有时复习时就要死记，所以叫“记”；有时看一遍就会了，所以叫“看”；有时既记不住也看不会，就需要“写”，所以叫“写”。

**第五，抓重点复习。**

叶莉：我在复习中特别注意抓重点。我反复阅读教材，抓住新教材的重点，对重点问题进行重点复习；我经常整理预习笔记和听课笔记，把笔记中写得不准确的地方及时改正过来。

李文君：在复习基础训练中，我先挑重点复习，然后再复习次要的。一般都采取先重点再次要的方法。复习重点，一般还要看时间，灵活掌握。时间充足就认真、全面地看；时间紧就快速复习，抓重点。这里说的重点，一是教材本身的重点；二是回忆老师讲过的，但自己尚不熟悉或不懂的内容。

孟印：我认为复习应该抓重点，而不是盲目地下工夫。要在普遍复习基础上的重点问题上下工夫。抓重点就应该特别抓住笔记来复习，因为笔记是老师经过提炼的条理性要点。

第六，复习和背诵相结合。

白琳：我在复习过程中，经常一边看一边背诵记忆。对数学的概念、定义、法则，对语文的重点段、重点句进行背诵。

孙颖：我复习采取多读、多想、多写、重点部分用波浪线画出来的方法。

孟薇薇：我是按照熟读→理解→背诵→强记来复习的。熟读，就是把文章读熟了，这样才能记住并理解；把文章理解透彻，对背诵有帮助。然后是强记，最后是复记。也可以分几次复习，逐步完成复习过程。

## 七、指导学生完成好作业

根据一些优秀学生的经验，教师在指导学生完成作业时应指导学生注意下面几个问题。

第一，回忆。

王艳青：我认为要使作业达到预习目的，写作业之前，先要用几分钟时间认真回忆一下课堂上老师所讲的内容，然后再做作业，这样做起来就容易多了。做题过程中，先弄清题意，在脑子里形成正确的解题思路再动笔。有的同学在做作业时，忽略复习，做作业前，既不复习课本中的有关内容，也不看自己的课堂笔记，而是拿过题来就做。这样由于没有很好消化课堂上老师所讲的内容，因而概念不清，做题乱代公式，结果既浪费时间又容易出错。

第二，审题。

安帅：写作业要仔细琢磨题目，看懂题目的内容，抓住关键词语来分析。要考虑好解题思路，设计好解题步骤。对于题目要看准、想明白题目要求什么、给了什么条件、有什么限制、可以联系哪些知识，这些都要搞得清清楚楚。不认真审题，就会造成一步错、步步错的结果。

第三，做题。

乔缓缓：我写作业是一读、二想、三做、四检。这里我重点谈谈“做”。

做题应该做到“一遍对，速度快，书写清”。一遍对就是做作业力争一次成功；速度快就是在解答正确的前提下，加快解题速度；书写清，就是做作业时，一定要按照各学科要求的格式去做，并做到书写工整、条理清楚。

做题要的是提高应用知识的能力，抓住关键有助于把知识联系起来，做到灵活运用。无论做什么题，只追求结果的正确是不够的，重要的是掌握解题方法。要注意开阔思路，力争用多种方法去解。

第四，复查。

作业写完后不能草草了之，应该注意复查，以便更正错误和弥补漏掉的内容。

复查可以采取下面几种方法：一是逐步检查法，就是按解题步骤逐步检查。二是重做法。如果时间允许，干脆把题目重做一遍，重做也可用另一种解题方法；做完后看一看前后两次答案是否一样。三是代入法，就是将结果代入公式或式子，看公式或式子是否成立。四是观察法。如数学题要求的是人的个数，可求出的结果却是个分数，就可判断出解答是错的。当然，具体学科和具体题目不同，检查方法也不同。

掌握正确的学习方法、养成良好的学习习惯是学习成功的必由之路。与小学生相比，初中生的学习方法显得更加多样和复杂，学习内容的变化要求初中生做到以下几点。

（1）学会合理安排自己的学习时间，以免造成学习上的忙乱。

（2）课堂上，要认真听讲，学会记听课笔记。

（3）随着学习内容的扩大加深，要能够学会独立思考，对学习材料进行逻辑加工，做到学得活、记得牢、用得上。

（4）学习上努力做到“三先三后”，即“先预习、后听课，先复习、后作业，先独立思考、后请教他人”。

（5）学会灵活学习。学习过程中要针对自己的实际情况采取灵活有效的方法。

# 主题十四　令人心痛的学生作业
## ——有效教学与有效作业

提高课堂教学的有效性，大家把关注点都集中在课堂教学上，其实，还有一个重要领域被忽略了，这就是学生作业的有效性问题。当下，低下、重复、无序的作业不仅是造成教学低效的一个方面的原因，而且也是导致学生负担重、压力大和大面积厌学的重要因素。所以，目前加强作业有效性研究已是一个刻不容缓的问题。

【问题呈现】

**学生作业令人堪忧**

● 孩子写作业到凌晨3点，愤怒家长撕卷子。

星期一晚上，和往常一样，女儿7点半左右回到家，一吃完晚饭，8点左右马上就开始做作业。但直到凌晨三点多，娃娃已经哈欠连天，可手中的笔一点都没有停下的意思。

“她妈妈忍无可忍，叫她别写了，赶快睡觉，第二天早上6点半还要起床上学！但家长没想到，女儿坚持要做完再去睡觉，她妈妈就冲上去把她的卷子撕了，不准她再写”。

当天的英语作业也特别多。娃娃一直闹，说交不出作业咋办！她妈连夜写了封信，叫她带给班主任。我记得其中一句是：“请你们不要再透支娃娃的生命！”

● 2011年9月19日下午2点10分左右，江西省九江市庐山区人民医院急诊中心送来了三个小学生，她们脸色惨白，呻吟不断。据了解，这三名女学生都才十岁左右，相约跳楼后被送往医院急救。十岁的小丽（化名）是赛阳中心小学五年级的学生；19日上午，因为没有写完学校布置的作业，她和六年级的小梅（化名）、小雯（化名）都没有去上学。她们三个在家赶写了一天后，还是无法完成学校布置的作业，这时，年纪稍大点的小雯提出了一起跳楼的想法。小丽说，她内心很害怕跳楼，可是她也很害怕没完成作业被老师罚站。

- 家长林女士称，她的孩子从小学开始，作业负担就一直特别重。每天回家要完成许多试卷，完不成就要挨批评。每天，孩子早上6点起床，晚上9点回家，到家后还要做至少3个小时作业。很多时候，各科老师都布置了作业，相互之间也不通气，各安排各的，语文、数学、外语加起来要做好几个小时。其中不少作业是重复劳动，有的老师让学生抄卷子，做过的卷子重复抄好几遍。有时候实在没办法，家长只好帮孩子抄。有时候，学校安排的体育课，却要被语数外等主课“侵占”。

目前，不少学科的教师陷入了一种高耗低效的令人疲惫的状态，欲罢不能，形成了一种恶性循环，作业布置的动机变成了抢占学生的时间，学科之间、教师之间的作业布置演化成了时间的竞争。有些学校的教师把作业还转嫁到了学生家长的身上，让家长监督、检查孩子作业完成的情况，“快点写作业！”“你的作业完成了吗？”成为目前中国家长对孩子最常用的语言。

无效的作业将给学生增加负担，让学生疲于应付，养成“抄袭”作业的恶习，甚至使学生丧失学习的兴趣。以上令人担忧的学生作业问题应该引起学校领导和教师们的高度重视。

【问题分析】

## 有效作业研究——减负增效的大文章

我们这里列举上述学生作业的这些问题，并非是要否定教师的辛苦和工作，就整体而言，大多数的教师是能够认真对待和处理好学生作业问题的，我们所陈列的也许只是一些个别人的做法或个别现象。但即使是极个别的做法或现象也给学生们造成了极为严重的伤害，也对我们教育的效果及形象造成了极坏的影响。

当然，目前作业的问题并非只是教师的问题，与应试教育体制也有密切的关系。但是无论是什么原因造成的，面对问题，我们不能回避，在学生作业低效确实与我们没有把工作做好有关。如，有些教师一本练习册留到底，不分难易、不分层次；有些教师在留作业前并不研究作业内容，想当然地布置；有些教师在留作业时并不考虑作业时间；有的作业种类庞杂，一天的作业中又要学生查找资料，又要学生熟记背诵，又要学生拓展实践，学生被弄得手忙脚乱；有时还存在作业多而不精、重复抄写、无法启迪思想等现象。类似的作业让学生每天陷于“应付完成”的状态之中，简直成了做题的工具、填知识的鸭子，削弱了解决实际问题的能力。

造成学生作业低效还有其他方面的原因，首先是学校普遍不十分重视抓学生作业问题。在学校的各项教学常规工作中比较受到重视的是备课、上课、考试、辅导等，作业往往不能受到重视，甚至无人问津，任教师随意安排。如学校经常开展集体备课研究、听课评课教研科研活动，但是很少看到关于作业研究的活动。学校虽然有一些关于教师作业布置和批改等的常规要求，但是这些只是写在纸上、贴在墙上，没有人去监督落实。其实学生作业从设计到批改、从讲评到管理都是很重要的，也是有自身规律的。正因为学生作业现在没能受到重视，所以也造成了一部分学校办学质量受到影响。

其次，造成学生作业低效的另一原因是教师的设计作业的能力在降低。深入现今的中小学你会发现，目前教师设计作业的本领正在被边缘化。由于教辅和各种练习册的大面积泛滥以及网络的发展，教师不再设计作业，这项工作完全被“教辅”替代。所以学生的作业质量的下降就不是一个什么奇怪的现象。

有位校长说：“当初，我在搞管理时，曾颁布一条“禁令”，在小学，除六年级英语外一律废止“试卷化”作业。这是基于“两个退化”，一是孩子们审题能力的退化，长期不抄题，甚至不读题，抓起笔就答题，心浮气躁，最后是漏洞百出；二是老师设计作业能力的退化。有一点我们感同身受，现在找人命一套像样的试卷已经很难了，拼凑得太厉害，缺少原创性，缺少地域性。

我曾经在《读者》和《无锡日报》上选择了两篇文章，请我们的语文老师按无锡中考要求设计题干，遗憾的是，没有几份合格的设计。题目陈旧、重复，不具有系统性和文体性，难易不成梯度，与新课标结合不紧、与“考纲”精神有悖。这与我们的教研有关，恐怕与平时离不开“教辅”这根拐杖有更大关系。

作业设计能力应该是教师的一项重要基本功，如今这项能力不仅不能得到提升，反而在退化。有一种规律是“用进废退”，现在有相当一部分教师在设计编制作业题方面很欠缺，这也是导致今天学生作业低效的一个重要因素。

总而言之，教师对作业应精心选编、精心批改、精心讲评、精心辅导，教师要把“减负”的重点从学生作业数量上的“减”、形式上的“限”转变到质量上的保证、效率上的提高上来。

【解决对策】

## 怎样提高作业的有效性

有效的作业是有效课堂的延续与补充，它将巩固课堂所学知识，拓展思维空间，培养学生的创新能力。那么，怎样提高作业的有效性呢？应该着重做好以下几个方面的工作。

### 一、精心设计

一份优质的作业设计，只有出自教师自身之手才可能更切合学生实际、切合教材实际和教学实际。如果教师备课靠下载、上课靠模仿、作业靠教辅，这样的老师毫无个性可言。尤其是设计作业，它是教学有效反馈的重要手段；“反馈”最讲有效、准确，它为后期的教学提供科学依据。作业靠教辅显然比“照搬”先进了许多，但由于对单个题目缺乏更深入的了解，这还不是最佳作业设计办法。因为这样的作业往往脱离学生实际、教材实际和教学实际，因此它所发挥的作用就十分有限了。因为有些“教辅”可能都无法“预计”你的实际情况。我们在实际使用中都有这样的体验，在作业批改时发现题目不是太难就是过易，还有错题、超纲题；此时发现已太晚了，学生已经浪费了时日，而不负责任的老师还会继续浪费下去。

所以我们提倡“我的作业我做主”，教师应该尽可能自己去为学生设计作业，从自己的学生、教学状况、地域和自己的优势出发，去设计相应的作业。这方面要做到“三个结合”：结合重点、结合难点、结合学生；而其中的重点、难点更要缜密考虑，它应该是一方面要依据所学习的知识本身，同时还要考虑不同生源质量和单节课的实际效果。

教师编制作业要得到优化应该注意以下几项原则和策略。

## （一）练有所得，有针对性

有这样一个故事：

有一天，动物园里的袋鼠从笼子里跑了出来，领导指示员工加高围栏，从10米加高到15米。第二天，袋鼠又跑出来了。动物园领导大发雷霆，要求员工将围栏从15米加高到30米。这时，旁边笼舍里的长颈鹿哈哈大笑，对伙伴们说：“我敢打赌，如果这帮蠢人不关好笼门，围栏加高到100米也没有用。”

这个故事告诉我们，解决问题如果不搞清事情的缘由，只是盲目去做，没有针对性，那只能是劳而无功。这家动物园发现袋鼠从笼子里跑出来以后，如果能先搞清楚袋鼠从哪里跑出来的，那么他们只要把笼门修好就可以了，就没有必要加高围栏，白白做了许多无用功，还要遭人耻笑。

学生的作业练习也是这样，一个单元、一个课时后，重点、难点是什么？学生学懂了什么？学生没学会的是什么？学生似懂非懂的是什么？教师设计作业应该有针对性，要根据教学目标、学生的学情以及教学内容灵活设计作业。不搞无效劳动，真正让学生练到重点，练到要害处。一言以蔽之，练有针对性，才能练有所得。

## （二）新颖生动，有趣味性

“兴趣是最好的老师”，这话好像很陈旧，但这是经典。用心设计学生感兴趣的作业，兴趣能调节学生的心情。在中小学生的眼里，那些新颖、生动、灵活多变的事物往往更容易引起他们的兴趣，促使他们的思维始终保持活跃，产生强烈的求知欲，进入最佳学习状态。根据这一规律，我们在设计作业时，就应该多设计一些具有童趣性和亲近性的作业，以激发学生的学习兴趣，使学生成为一个乐学者。例如：可以让学生把一个熟鸡蛋当做地球，在上面画出"全球气压带与风带"。这样不仅提高了学生的兴趣，同时培养了学生动手实践的能力，还能强化记忆。

我们现行的作业训练形式，还存在"多统一、少选择，多静态、少活动，多书面、少实践，多室内、少室外"的"四多四少"现象。这些都严重束缚了学生的个性发展，压抑了学生的创新精神，淡化了学生的主体色彩。

（三）丰富多彩，有多样性

传统的作业，往往是教师课后统一布置，题量大且形式单一，对于"做什么""怎么做"，学生是没有选择权的，只能接受并按要求完成；学生个体的情感、态度、价值观、创造力、实践力等因素往往被忽视，致使学生对作业感到乏味、厌倦，敷衍应付，一遇到分析题、综合题、探究题就想翻各类教辅书找寻答案，或希望老师能直接提供标准答案，对完成作业缺乏主动性，对教师、书籍具有极强的依赖性。这样的作业，其有效性可想而知。因此，教师要以"新课标"为依据，以学生的发展为本，设计出新颖多样、面向全体、重视学以致用的作业，实现有效作业与有效教学的结合。

有效的作业应是丰富多彩的，形式应是多种多样的，应能极大地调动学生的学习兴趣，引导学生关注生活，使学生在生活中应用知识，形成综合能力，为学生的终身发展奠定坚实的基础。作业布置时最好能考虑作业的形式不要单一，可适当灵活布置，如预习作业、复习作业、思考作业、口头作业、书面作业、实践作业等等。尤其是其中的实践作业，贴近生活、寓于生活、用于生活。只有让作业的形式多样化起来，才能让学生做起来不感到单调乏味，既巩固知识，又发展智力。

(四) 体现差异，有层次性

苏霍姆林斯基曾经说过：“学习上的成就这个概念本身就是一个相对的东西，对一个学生来说，5分是他成就的标志，而对另一个学生来说，3分就是他了不起的成就。教师要善于确定每一个学生在此刻所能达到的程度，使每一个学生都能够享受到脑力劳动中成功的快乐。”

客观审视实际情况，由于受天赋、家庭、教育等各方面的影响，学生之间的知识和能力的差异是客观存在的，是不容我们回避的。如果让有差异的学生做无差异的作业，必然会造成一些学生“吃不饱”，一些学生“吃不了”的现象。因此，在作业的设计上，我们不能搞“一刀切”，而应从学生的实际情况出发，针对学生的个体差异设计不同的作业，使我们的教学面向全体学生，让不同的人在学习上得到不同程度的发展。

作业一般应分三个层次，即基础作业、提高作业和拔尖作业。对于学困生，要求基础作业必做，提高作业可选做；对于中等生，要求基础作业和提高作业必做，可选做拔尖作业；而对于学优生，则可提高标准——三类作业都要做。我们在承认个体差异的前提下，在布置作业时充分考虑到这一点，就可使A类学生“吃得饱”，B类学生“跳一跳，够得着”，C类学生“低起点，小坡度”，消化得了。

(五) 有适度性

火箭专家研究得知，火箭的有效射程不是看箭体内燃料的多少，而是看箭体的自重和燃料的燃烧质量。换句话，燃料多不见得火箭飞得远，有的火箭少装了燃料，反而射得远，适当的燃料和箭体相配合，才能得到最大的射程。与此类似，有效的作业设计，针对具体的学生，才能发挥最佳训练效果。有效的作业设计是“减负增效”的关键。

有适度性的作业设计应该内容精当、适度、适量。辽宁省教育厅颁发的最新的《辽宁省全日制六年制小学教学计划》作了如下规定：“一、二年级一般不留家庭书面作业，三、四年级每天的课外作业量一般不超过30分钟，五、六年级不超过1小时。”这是从时间上强调并规范了作业的“适量”。同时，我们还应注重作业的“适度”，即难度适宜，过易则起不到巩固练习的作用，而过难则易使学生丧失自信，打击学生学习的积极性。

## 二、精心批改

要实现作业的有效性，对作业的检查与信息反馈务必引起教师们的高度重视。有些教师在作业问题上“重留轻查”，或“以讲代批”“重答案轻改错”，这都是不可取的。只在正确认识作业批改的有效性，精心批改、细心改错、耐心指导，才能真正发挥作业的有效性。

批改作业的方式一般有全批全改、重点批改、轮流批改、当面批改、学生相互批改、师生共同批改等。全批全改，教师可以了解学生作业质量的全面情况，学生可以普遍受益，但老师花费的时间精力较大；而有些学生不大关心批改的内容及其批语，学生的积极性不易充分调动起来。当面批改，教师可以确切了解学生作业的思路及其错误形成的原因，当面帮助学生认识错误、解决问题，便于使学生掌握作业中间题形成的因果联系，指导也比较具体，但是教师的工作常常受到时间和空间的限制，在这上面不能花费太多时间。学生互相批改和师生共同讨论批改，能较好地调动学生的积极性，并能提高学生自我分析、自我教育的能力，有利于提高学生的学习能力；但是学生由于水平所限，在相互批改中难免有不够科学准确之处。所以有效的作业批改应该是将教师批改、学生相互批改、师生共同批改有机结合起来。

目前的作业批改还存在许多弊端，教师应该大胆创新、革除弊端。下面介绍一个案例。

### 智慧评改习作的几点尝试

辽宁省本溪县高官九年义务教育学校　包　蕊

回顾自己的作文教学，我发现一定比例的学生并不关注教师的评改，无论教师眉批、总批、圈画、润色得多么认真，下次作文中仍旧病重犯，教师的辛苦成了徒劳无功。重复昨天错误的作文一篇又一篇，老师对学生简直是"想说爱你却被吹散在无奈里，猛然回头，你还在那里啊!"问题就这样在我的脑海里越来越明确，如果能找到一种彰显智慧的评改作文的方式，能够让学生拿到作文本后自然地会对自己的作文进行审视、自己找错纠错，甚至有的学生还会发现教师没有发现的问题之处该有多好！为此我做了一点尝试。

(一) 反思作文"评"的目标，增设"个性创意评分栏"

习作评改从哪些方面进行呢？又从哪儿开始呢？我是个做事认真的人，那段时间又急着做又不知从哪儿入手，那种感觉很痛苦。一天，网上的一篇相关的文章启发了我，原来是自己对《语文课程标准》没有深刻的领悟——在总目标中特别指出"在发展语言能力的同时，发展思维能力，激发想象力和创造潜能"，何不除了用我们惯用的评价原则之外，再多把衡量的标尺呢？经过反复琢磨，我决定尝试为一篇作文打两个成绩或三个成绩，具体做法是让学生在每篇作文结尾处设计出一个划分为两个栏目的小表格，一栏是"语言表达分"，另一栏是"个性创意分"。有的学生语言表达能力不强，但他的作文独特而有个性，或是充满真情实感，我就把他的个性创意分评价为"优"；有的学生语言表达能力较强，但作文缺乏新意，"个性创意分"的评价就会较低，让他明白自己的努力方向，意识到创新思维能力的重要性。增设个性创意评分栏以后，一部分学生的习作变得有特色、有新意、耐人寻味了。这个小小的举措没想到给我带来意外的惊喜和收获，也带来了灵感，小课题从此展开了。

(二) 改革作文"评"的内容，增设"写作过程评分栏"

可能许多语文老师会和我有同样的感慨：当我们坚持多年执著地给每一篇习作精心点评之后，有的时候会出现一种不知如何给一篇习作下评语的感觉，纵使拥有满腹诗书也会无从下笔。因为每一次都是同样模式的评价语，再就是不同等级的评分，老师评语批倦了，学生看评语看倦了，导致学生在作文发下来时看都不看，以致下次的作文"依然重复昨天的故事”，旧病复发，毫无起色。

直到有一天，我发现在题为《读〈爱莲说〉想到的》的练笔中一学生写道：“陶渊明爱菊有诗为据，‘采菊东篱下，悠然见南山’‘种豆南山下’不正印证了菊的隐士形象吗？”另一个学生写道：“牡丹看上去十分浓艳，所谓‘天下无双’‘人间第一香’‘品原夸富贵，职本重王侯’，因此，作者就用‘富贵者’来比喻牡丹多么的恰当啊！”如果不是这两位学生习作前有丰富的积累，怎会有如此贴切的引用来清透地理解作者的寓意？我顿时豁然开朗，原来我平时的习作评价只是关注了结果，却忽视了写作过程。我们成人都知道写一篇论文要到处搜集资料、参考借鉴，为什么不把这个方法宣传到学生中去，使学生的习作过程变得丰富多彩，让习作效果事半功倍呢？

想到了，就不等不靠，在每次习作之前我都会动员学生收集资料。面对我们的学生都生活在信息闭塞的农村，而且有一半的学生住在学校因此收集信息非常困难的局限，我组织学生走进学校的图书室借阅图书，带领学生走进微机室上网查询，鼓励他们向各学科老师请教；学生在收集整理信息的过程中激发了写作兴趣，写作技能也有所提高。此时，小课题研究的思路在我头脑中的影像越来越清晰，于是我又在学生习作的评分栏中增设了第三栏，即“写作过程得分栏”。小小的得分栏里评价的是学生在习作过程中的观察、调查、阅读、思考与发现，它成为了孩子们喜闻乐见的展示才能的平台，整个班级在习作上也出现了你追我赶的新局面。这时我的研究热情也极为高涨，简直处于亢奋状态。

（三）反复推敲“评”的语言，增强眉批的实效性

回想自己以往的习作可谓是精批细改，可结合现代的教学理念反思一下，我简直对自己所谓的“认真”有些惭愧，因为我忽然觉得我的“认真”在一定程度上代替了学生的思维，怂恿了学生的惰性。而当今提倡人文性、多元化的作文评改，可以说评改的风格异彩纷呈、风情万种，说不定老师的哪句评语就会点亮学生的心灯，乃至影响学生的一

生。于是我就在眉批方面进行了改进和尝试。

(1) 变“师批”为“生改”。

对于文字功底差些的在各段文字旁作如是眉批:“本段有两个错别字、一个运用不恰当的词、一句不通顺的句子，请订正”；对于文字功底好些的，只在文末批一句，如:“本文有两个错别字、一个病句，请找出来纠正。”这样，学生在作文发下去后马上就会对自己出现的问题进行修改，增强了学生的主动性。

(2) 变“笼统评”为“具体评”。

针对行文中优点的肯定，一改往日“开头吸引人，过渡自然，结尾扣题”等生硬的眉批语言，而是换成了诸如“你的开头很诱人，俗话说‘良好的开端等于成功的一半’，祝贺你迈出了成功的第一步”“这一过渡既为文章架设了桥梁，又增添了不少色彩”“你的结尾意味深长，令人遐想无穷”这样的评语，使学生对自己习作的水平有了清楚的认识。

(3) 对学生个性的表现给予充分的肯定和鼓励。

在眉批的过程中，我时常带着“学生到底需要什么”这样的问题来给学生写出不同的评语，或委婉的语气、或商榷的口吻，或启发、或纠正，也基于此，学生的习作一次次在进步，我也经常会在学生的作文总批处写道:“你的改变让我格外欣喜，有你这样的学生是我最大的幸福，相信你的写作水平会更上一层楼!”

**三、精心指导**

善教必须与善学相结合，只有学生会学、善学，教学才能取得事半功倍的良好效果。教师关心和了解学生做作业的实际过程，并给予积极指导，才能使学生学会如何完成作业任务，提高作业的质量，培养独立学习的能力。学生做作业的过程中教师应注意指导的问题如下。

(一) 准备指导

学生做作业，不是孤立的学习活动，做作业是课堂学习的延续，每道作业题，都与课堂学习的教材内容有内在联系。学生只有首先弄懂课上学习的教材内容，才能运用知识去理解、分析、计算和解决教师所布置的作业题。因此，要使学生养成先复习功课，弄通所学的基本原理、法则、规律，然后再做作业的良好习惯。

（二）审题指导

学生对作业题看不准、弄不懂，就会白费工夫或者“文”不对“题”，一定要教会学生注意审题。审题就是了解题意，搞清题目所给的条件与提出的问题，明确问题的要求。审题是应用所学知识、使学过的知识具体化的首要环节。只有明确了题目的条件和要求，在头脑中建立起题目的印象后，才能进行习题类化，通过回忆、联想所学的知识，找到解决问题的途径和方法；才能够联系起过去解题时用过的思路和方法，把不熟悉的题目变成熟悉的，做到轻车熟路、得心应手地答题。

（三）做题指导

做题是审题后把解题的思路和知识表达出来的过程，做题要争取做得准而快。准，是指思维、表达和运算具有科学性和准确性；快，是指做题要效率高，即在科学准确的前提下，缩减推理过程和运算过程。学生应有意识地训练快速解题的本领。

（四）检查指导

检查是完成作业后保证作业质量不可缺少的一步。其任务是使学生自己想办法判断作业做得对不对以及错在哪里。这是学生学会自我分析、自我检查、自我改正的重要方法，也是培养学生独立思考能力和独立解决问题能力的重要途径。根据条件，可以从审题开始一步一步地检查，也可以通过再做一遍来检查。

（五）提高指导

作业检查一遍，可以说完成了任务，也可以说尚未完成。这主要是看以什么标准要求，如果是高标准严要求，就应进一步提高学习水平。

可以进行这样以下这样一些学习活动。

(1) 一题多解和一题多想。即每做完一题就要想想，还有没有别的思路和方法，能否从另一个角度提出问题，另辟蹊径，以此开阔思路、锻炼创新的能力。

(2) 比较归类，抓住根本，“以少胜多”。有些题目万变不离其宗，都是从一两个基本原理、基本规律中发展变化而来的。经过分析归类，精确地掌握基本问题，就可以举一反三、以一知万。

(3) 围绕中心主动做课外习题。要以课本中的基本问题为中心，主动提出一些问题，主动找有关书籍和有关资料，主动去解决有关的新问题，增加知识的深度和广度。



**四、精心讲评**

要充分发挥作业的有效性，教师还要注重作业的讲评。教师通过批改作业，做了大量的调查研究，掌握了作业的错误情况的统计数字与典型事例，到了一定阶段，要在班上进行讲评，总结一个阶段以来的作业情况，指出作业中的优点和存在的问题，表扬作业优秀的典型和进步显著的学生，明确今后的方向。教师的总结，要力求从作业的具体实际出发，抓住典型作具体分析，要切中要害，不要泛泛而谈空讲道理；总结要善于调动学生的积极性，师生共同活动、共同总结，锻炼学生逐步形成自我总结和提高的能力。

(一) 目前讲评课存在的问题

(1) 时间紧带来的作业批改马虎。前一天的作业学生上交后，老师可能上午上课就要用，所以来不及详批，只能匆匆忙忙看一下，造成了对学生作业完成情况的不了解。

(2) 老师一般不备讲评课教案，上课时，作业评讲不系统，没重点难点，更没知识的拓展；讲评课变成了老师给答案、学生记答案，老师在上面甲乙丙丁、ABCD，口若悬河、头头是道，而下面学生则是昏昏沉沉、不知所云。

（3）个别教师就题论题，面面俱到，从作业的第一题开始，一讲到底，题题不放过，教学形式也单一。

（二）教师怎样上好讲评课

（1）高度重视。讲评课比上新课更难，要需要充分的准备，更需要智慧，更需要精心准备。做到作业不批不评讲，作业不订正不评讲，不备讲评课教案不评讲。

（2）明确讲评目标。在详批作业的基础上，梳理出问题所在，确定本节课的教学目标。从作业中选好题目，要找典型错误题，同时备好拓展题，以便学生课堂练习。另外也可以根据作业的具体情况采取多种讲评方法，如解题规律的讲评、一题多变的讲评、一题多解的讲评、异题同法（解）的讲评等。

（3）把握讲评时机。由于教学任务重、时间紧，早上先批完作业，再备教案，然后上课，很多时候完成不了。有位老师的做法是选择错时讲评。即今天布置的作业，明天上午上交，白天详细批改，放学前再发给学生，要求学生回家订正，后天再上交检查，然后上讲评课。这个办法在复习阶段特别适用。

（4）生动有趣地讲评。学生一般对讲评课兴趣不高，因此教师就要设法把讲评课上得生动有趣。有位老师的做法：一是打乱讲评顺序。结合课本知识要点，分块讲评，这样更具条理性。二是典型问题要拓展。选择一些学生感兴趣或有挑战性的题目，进行练习和评讲，让学生收获成功。三是教师语言很重要。把枯燥的题义生动风趣地表达出来，会让学生更容易接受，也可活跃课堂气氛。

（5）给学生思考的时间。讲评课题目不宜太多，在教师提问时，应该给学生一定的思考时间，一节讲评课能解决一两个学生问题就足够了，不要期望太高，不要认为都讲过了学生就能全部掌握。

（6）课尾给学生留点讨论的时间。

**五、精心管理**

提高学生作业的有效性，教师的严格要求和管理也很重要。学生作业做了，应该按时收作业，及时批作业并发还作业。这样教师可以及时了解学生的学习情况，及时解决学生学习中存在的问题。更重要的是能起到督促检查的作用。下面给大家介绍一个案例。

### “常态”化作业管理助飞学业成长

辽宁省本溪满族自治县田师傅中心小学　郭子壮

当我翻开眼前三摞摆放整齐、字迹工整的作业，我很难想象一年前的尴尬——本应厚厚的作业本，上交只有不到一半，办公室里站满没写作业的学生。英语家庭作业咋就这么难？我对30名经常不完成作业的学生及家长进行了调查，其中有25名学生回答“忘了”，3名回答“家里有事”，2名回答“我打针去了”。家长答案竟然惊人一致：“不知道孩子有英语家庭作业！”

如何让学生按时完成作业呢？与语文、数学作业相比，英语作业存在以下问题：①英语作业每周1~3次，时间不固定，班主任无法配合，家长无法管理，任课教师单打独斗，学生轻松蒙混过关，英语作业成为“游击队”；②英语作业每次都是3~5篇机械的单词、句型、课文抄写，毫无新意；作业时间偏长，完成一次作业需要15~25分钟，大量占用学生休息时间。故而英语作业常常被恶意地延后，作业上交率维持在62%以下。即便是完成作业的学生也仅限于应付差事，致使作业成为“无效作业”。

经过反复测算，每周学生英语作业总量为4~6篇，总用时为60分钟。根据这种情况，我将作业总量平均分配到每一天，即每天一篇英语作业。同时，限定每个单词的数量，这样使每天的英语作业用时压缩到10分钟以内。把作业按类型分为书面作业和记忆性作业。在固定的时间检查相应的作业内容。为使家长、学生进一步明确作业内容及作业量，在学期初下发教学进度计划，将远期学习目标变成近期学习目标。通过以上办法使学生有的放矢，合理分配当前作业的内容。例如在2011~2012年上半学期，我向学生及家长公布了作业安排：①每天写一个单元的课文及翻译，翻译文字写在英文四线格中间的空白处（作业总量：一篇；作业用时：10分钟）；②作业剩余的篇幅写本周的背诵段落；如再有剩余（不超过三行），找到本册书中已学课文中不熟练的单词练习。通过以上办法使作业有了章法，让学生与家长把住老师的脉，更加有的放矢。在班主任及家长的通力配合下，经过一段时间，学生的家庭作业上交率有了大幅度的提高。

作业布置了，作业也交了，教师的检查与考核就显得尤为重要。为了提升学生对完成教师任务的执行力，我努力做到两个“一”：第一时间批改，第一时间反馈。在经过了骨干甄别、课代表核对、教师审核后，根据各组上交作业的质量我来适当调整当天各组的作业内容。同时，为提高骨干的积极性，我赋予骨干一定量的作业杠杆。同时严格控制个别学生的作业量（总量不超过17分钟），杜绝“无效”作业。

为了调动学生的积极性，我强化对作业内容的考核力度，规定考核范围就是作业内容，学过的就写，写过的就考，不学的不考。对考核的组织形式也进行了优化，对学生进行分层次逐一考核，使学生们渐渐养成“学校学什么，作业练什么；作业练什么，老师肯定考什么”的学习意识；相应地学生也就更加信服老师，自觉地养成了认真作业、主动复习的好习惯，不仅使作业有了质的飞跃，还使学生的学习态度有了极大幅度的提升。

通过常态化作业管理，使学生家长明确每天的英语作业量，使他们能够有效参与到孩子的英语学习过程中来，避免了学生英语作业“跑、冒、漏”的现象。家长见到我经常说的一句话就是：“老师，我每天都看着他写完英语作业，都习惯了。”五年（1）班的张同学以往的作业无外乎两种情况：一马平川，龙飞凤舞。在组长王溪的带领下，全组同学对他进行了积极、细致、耐心的辅导工作；经过短短一个星期的训练，他的作业自动上交率达到100%，作业的工整度也大大提升。令人欣喜的是，该生的学业成绩也大幅度提升，三年来首次突破及格分数线。在此同时，全年组的学习成绩也显著提升。

通过试验获得了许多成功的经验，但也存在着诸如作业形式单一、学生思维能力差等低水平问题，为此在今后的工作中，要努力做到以下“三个到位”。

(1)“知识到位”。

在加强传统备课的基础上，强化备家庭作业。将现在的单一平面的作业向多维综合作业转变，使作业的布置做到既典型又知识到位。

(2)“能力到位”。

增加作业多样性和趣味性，调动学生高效完成作业的热情，增加学生认知的深度，提高学生收集材料的能力，培养学生的综合实践能力，做到能力到位。

(3)“管理到位”。

改进作业评改的奖励机制，使之制度化。关注学习小组的组织与管理，加强对学习骨干管理方法、工作责任心方面的指导，进一步加强学生的自我管理能力，强化学生的团队意识；进而使英语由单一学科向综合学科转变，培养学生的主动学习意识。

*The fifth series*

第五编

# 「教学管理对策篇」

# 主题十五　教、学、管三位一体，和谐高效

## ——课堂有效性与教学管理

“三分教，七分管”，学科教学管理是十分重要的。为什么许多教师教也教了，许多学生学也学了，可是学习成绩并不是很好？这里除了教学方法问题，不能不说也与教学管理有关。教师管教不管导、教师的学科管理与学生的学习相脱节也是造成当前课堂质量低的一个重要原因。

【问题呈现】

### 关注非教学因素——教学管理

有的学校在关于学生方面提出下面的问题。

- 学生整体素质不高。
- 学生缺乏学习兴趣，学习态度不好，被动学习现象严重。
- 学生没有好的学习习惯。体现在：课堂学习过程中，学生的积极思维不够，等老师讲现成的；课后不能及时复习、消化、理解和吸收；作业不能按要求及时、认真地完成；该记忆的东西不认真记忆。

我们思考一下，这些问题的产生也许是因为教师的教学方法有问题，但也可能是与教师的非教学方法的因素有关，即与学科教学管理有关。如下面的一些表现：

（1）教师的教育责任心不强，课堂上只管讲课，不重视组织教学。

（2）教师个性过于懦弱，或不具备相应的教学管理能力，在学生中没有威信，管不住学生，课堂教学效果无法保证。

（3）“教”与“学”脱节，即教师只研究教材，不研究学生，课堂上只管教、不管学。教师不管学生接受能力如何，在课堂上滔滔不绝，

尽情发挥，讲解清楚，逻辑严密，举一反三；而学生从头到尾都忙于记笔记，一节课下来要记好几页，没有时间慢慢领会和消化。

（4）教师只布置任务，不检查。“我昨天不是叫你们回去背了这些东西的吗？为什么不背？”在课堂上说这话的老师，首先要想一想自己是否有问题。给学生布置了任务，就要进行检查，督促学生完成。学生不是机器人，不可能把老师的每一条指令都规规矩矩地执行。

（5）教师只会放，不会收。教师对课标、教材钻研不够，本来要求学生掌握1点，教师却习惯发挥到3点甚至5点，认为处处都是重点、样样都必须掌握，这势必加重学生的学习负担，使学生学习难分主次，没有条理。

（6）教师只关注优生，忽视差生。教学面向优生，眼中只有成绩优秀的少数学生，放弃甚至厌弃学习困难的学生，造成两极分化越来越严重，成绩差的学生在课堂上无所事事。

正是因为有的教师在课堂上完全失去了管理者的角色，忽视了课堂的组织与调控，才使得课堂上违纪现象越来越明显、越来越普遍。试想，一个课堂上出现了打瞌睡、看小说、讲小话、做其他杂事、随便出入课堂等现象，我们还向哪里要教学效果？

可以说，课堂教学的失败，有一多半是失败在课堂教学管理上。课堂教学如果没有规范、和谐、良好的小环境，而常常受到各种非正常因素的干扰，有限的时间和教学资源就会被浪费或低效使用。因此，绝不可抱着“讲不讲是老师的事，听不听是学生的事”的态度，而放松甚至忽视对课堂教学的管理。

【问题分析】

## 向教学管理要质量

上面的问题呈现让我们清楚地看到，解决课堂高效问题教师不仅要研究教学方法问题，还要重视研究学科教学管理这个非教学因素问题。

那么教师重视学科教学管理的意义又是什么呢？

### 一、管理是一种激励

我们倡导强化教师的愉快教学，同时我们也倡导学生的勤奋刻苦学习。质量是教出来的，是学出来的，同时也是管出来的。有人研究，如果仅仅依靠成员自身努力，在一般的情况下发挥才能的预期值约占实际能力的60%，而成功的管理可使成员能力提高40%左右。正如特级教师张富说："我们要提高班级教学效率，就必须通过管理，组织学生积极参与，避免出现置身于活动之外的'干坐生'；通过管理，检查学生学习任务完成的情况，改变得过且过的'应付生'；通过管理，及时帮助有学习困难的学生，减少跟不上班的'掉队生'。一句话，通过管理，把教学要求落实到每个学生。"

### 二、管理是一种强化

教不严，师之惰。严师出高徒。管理虽然是一种非教学因素（起码不是直接的教学因素），但是它对教学起到保证和强化作用；如果没有管理做保证，教师教与学生学的成果就不能得到及时的巩固。实践证明，大凡教学质量高的学校集体和教师个人，不仅教师教得得法，学生学得得法，而且一定是有严格的教学管理。洋思中学的"承包"把全部学生用起来，监督承包百分赛；凤城六中分组联动，开展星级学习竞赛加强管法。这些都是教学管理的成功尝试与实践。

### 三、管理是一种约束

贪玩是孩子的天性，每个人都有与生俱来的惰性。在学习过程中，这种贪玩的天性与惰性会成为孩子最大的敌人。心理学家研究表明，贪玩的学生思维比"听话"的孩子快很多，这是这类孩子可开发的巨大潜力；但同时，相比"听话"的孩子，这些贪玩的孩子的注意力也易分散得多。如果不加以约束，其结果往往是孩子"学而不专，快而不实"，难求高质量的教学效果。

而惰性更是时刻跟随于身的一种消极天性，尤其在孩子成长过程中，学习的经历是需要勤奋的态度、能克服困难的积极态度的。通过管理，可以帮助孩子们最大限度地克服惰性，学得更多的知识与技能，这是对孩子消极天性的一种约束，也是孩子进一步成长发展的基础。

**四、管理是一种历练**

管理对学生的成长而言，更是一种历练。管理的理念会影响孩子的人生观、价值观，管理的方法会培养孩子为人处事的技巧，管理的过程会开发孩子的组织管理意识，管理的结果是帮助孩子形成成熟的规则意识、良好的学习习惯甚至是自觉的学习态度。而且在管理过程中，还可以调动学生参与进来，这对开发学生思维、培养学生技能大有裨益。就像许多人所说的，“什么样的老师将带出什么样的学生”，如果一位老师精于教学又善于管理，那么他教出来的学生也必将朝着业务精专、管理能力超群的方向发展。

由此观之，我们应改进教法、指导学法、加强管法；只有实现“教、学、管”三位一体和谐一致，才能创造出高效的课堂。

【解决对策】

## 教学管理策略与方法

那么教师怎样搞好学科教学管理呢？特级教师于永正在一篇文章中提到教学管理的问题时，也认为现在好多小学生的语文能力低下，原因之一，就是训练不严格。于老师提出了几条关于如何进行教学管理的策略与方法，我们不妨进行学习与借鉴。

（1）发现问题及时练。教师要注意教学反馈。于老师强调，发现学生学习上的问题要及时进行分析，加以总结，决不能放过。一方面要向学生指出问题之所在，另一方面——也就是最重要的方面——要进行补救性的训练。例如在训练学生规范写字的问题上，于老师非常赞赏一种做法，那就是严格要求、严格训练。凡发现书写不规范者，立即纠正，责其重写。写字如此，其他训练也是如此。比如朗读，不少学生的水平离大纲的要求相差甚远，低年级学生唱读、顿读的现象严重，农村尤甚。出现这种情况应立即予以纠正，采取有效措施和方法，强化训练，否则，一旦形成习惯，再改就难。

可见，“及时指正、反复强化”虽是看起来较笨的办法，但却是最直接有效的办法。

（2）薄弱环节反复练。当然，许多学生在学习过程中出现的问题，好多不是一下子就能克服的，知识能力的形成更不是一日之功。虽然每个学生学习上的薄弱环节不尽相同，但共性的东西也不少，如语文学科中一些易读错、写错的字，数学学科中易背混的公式，物理学科中易连错的电路，英语学科中易用错的语法，化学学科中易写错的方程式，正确掌握它们决非一两次训练就能奏效的，必须经过反复训练、反复运用，才能牢记于心、正确使用。于老师在提及此问题时曾强调：“有些薄弱环节不能企望一气呵成，必须多练、持之以恒地练方有可能达到预期的教学目的。”

（3）从严要求顶真练。于老师解释所谓从严要求，就是要像体育锻炼的“达标”那样，按照小学语文教学课程标准规定的各项指标去练。也就是说，训练要“达标”，否则就是不合格。“顶真练”一般是针对学习目的不明确、学习态度不端正的学生而言的。对于敷衍了事的学生，除了晓之以理，进行正面诱导外，还必须从严要求、严格训练，不能含糊。必要时要给以严厉的批评，给他们造成一种心理压力。但是这里所说的“严厉”不是体罚。一般地说，马虎的学生还是怕顶真的老师的。字写不好，一定要重写；课文读不好，一定要再读；作文写不好，一定要重做……如此等等，处处顶真、事事顶真，一点不含糊，一丝不放过，总会取得成效的。当然，要做到这一点，就要求教师必须具备较强的责任心与持久的耐心，否则，极易出现半途而废、一切归零的情况，那必将前功尽弃。

（4）差生要从基础练。教学中难免遇到一些基础特别薄弱的学生，就是我们惯常所说的“差生”。对这个群体的学生，不少青年教师往往采取头疼医头、脚疼医脚的办法——不会分段就练分段、不会改病句就练改病句、不会作文就练作文。殊不知，所谓“差生”其实都差在基础上，我们应当创造更多的条件与机会，让他们多读书、多观察、多说话、多动笔。面对这个群体，教学管理更要讲究策略与方法。这些学生多数都是在长久的学习困难积存下来后，对学习有极强的畏难情绪和极难克服的惰性，作为教师，要真正耐下心来，放低姿态、降低要求，以“帮助”为目的，以“引导”为手段，以“鼓励”为动力，以“基础”为重点，细致而又持久地做好教学工作。中医看病讲究“辨证施治”，农民种田讲究施基肥，对于差生也必须从根本上抓起。

需要指出的是，严格训练不等于盲目训练，更不能乱加码，随意提高要求，而必须按照课程标准的要求去训练。乱加码，加大作业量，那不是严格训练。严格训练还必须讲究科学方法。这里最重要的是老师要善读、善写、善说。俗话说：“师父不明弟子拙。”以己昏昏，怎么能使人昭昭呢？这就要求我们教师要不断地学习，提高自己的水平。

**一、严格要求，从严训练**

天道酬勤。精湛的武功、杂技，娴熟的演唱、表演，高超的技能技巧，出色的考试成绩，都是严格要求、从严训练的结果。没有一个严格要求、从严训练的过程，任何优异成绩也创造不出来。一个班的学生为什么会写得一手好字？正如于永正老师提到的那位特级教师所说：“写字教学没有诀窍，就是严格要求、严格训练。凡发现不规范者，立即指正，责其重写。”

**二、宽严相济，注重引导**

严格不是严厉，要严而有法。爱学生太多、太随便，就会失去教师的尊严；可管学生管得太死，学生又会“闻师色变”，就无法进行心与心的交流。教师在学科管理中应坚持有严有爱，宽严相济，注重引导。要宽严适度，爱必严、严必爱，宽与严是辩证统一的。我们只有处理好严与爱的关系，该严时严，该爱时爱，教学管理才能成功。

有一位教师谈了如下体会：

我曾经教过一名很有特点的孩子——小王。他很聪明，记忆力极好，但不太爱学习，平时也不太和同学交流。对于课堂，他心不在焉；对于作业，他马马虎虎；对于老师的教导，他口是心非。这学期，我们要抽查学生掌握的60首古诗，可学生没有书，我让学生每人准备一本小作文本，每天抄写一首古诗。因为时间有限，我把古诗抄在黑板上后，让学生自己抽空余的时间抄下来。一天，我抽查，发现我们的小王连本子也没有。叫来问问，他竟然一把鼻涕、一把泪，伤心得要命。静静心，我知道，他虽然言语不多，可他重感情，他虽然字迹潦草，可他认真时写得还是不错的，他虽然不爱学习，可他很幼稚。讨古诗是讨不出来的，何不让他帮我抄古诗。于是，我去买了一本笔记本，对他说："小王，我知道你的字认真写时还是很不错的，我想请你帮我抄古诗，行吗?"孩子一听帮老师做事，马上就表现得很积极。我又说："如果抄得非常认真，老师就把这本子送给你。"小王更带劲了。结果，才两天时间，小王就把50首古诗抄好了，而且字写得非常认真。多么可爱的童真！轻轻一句"请你帮我抄古诗"竟然那么有魔力，让孩子废寝忘食地抄起了古诗。小小的一个帮助、轻轻的一句赞扬，都会让学生感受到你对他的关心、重视。此时，学生的进步就是飞速的，学生的改变就是巨大的。

榜样的力量是无穷的。在课堂管理中，树立榜样，相当于在集体中确立了一个坐标系，使学生感觉到有压力、有动力，帮助他们明确努力的方向。榜样的力量是无穷的，对于模仿力比较强的学生来说，有榜样就能够给他们压力，给他们动力。只要在适当的时机推出适当的榜样，就能够激发同学们的动力，使得学生能够以积极竞争的心态去面对学习，不断取得进步。

上课，一旦进入课堂，教师就要精神抖擞，把90%的注意力放在学生身上，10%的注意力放在教学方案的实施上。要善于用眼睛表达你的满意、生气和愤怒，尽量不要吼叫，训斥只可偶尔为之。目光要经常瞥向那些神不守舍、好动、好说的学生。可以请他们做点事——比如读书、读单词、表演，到黑板上默写字表等。这叫"以动制动"。

## 三、建立常规，培养习惯

课堂要立规矩。儿童的天性是好动、好说、好问，有人一刻也坐不住，低年级的儿童不懂什么叫“权威”、什么叫“尊重”、什么叫“民主”，所以一定要给他们立规矩。是规矩，就要和学生约法三章——上课应该怎样做、不能怎样做，违反了老师要怎样处分等。洛克说：“事实上，一切教育都归纳为养成儿童的良好习惯，往往自己的幸福归于自己的习惯。”建立良好的课堂常规，让学生遵守学习规范，主要在于训练学生形成良好的学习习惯。俗话说“习以为常，习惯成自然”。

学生学习规范训练的内容包括以下几个方面。

（1）课始。上课铃声一响，学生应精神饱满地就位。起立、敬礼，整齐坐下，这些规范不仅是开始上课的仪式，还是师生课堂学习的一次感情交流。

（2）课中。学生在课堂上，行为若懒散精神必涣散，为使学生集中精力学习，应该要求他们坐端正，不东张西望，积极举手发言，认真看课本读课文……对课堂学习通常要做的一些事，仅提出要求还不够，尚须想一想学生达到这些要求有什么困难、问题在哪里、应该提供什么帮助、采取哪些措施，进而制定各种规范。

（3）坐姿。坐姿也很重要。有的学生习惯于两脚乱伸，身子歪斜半躺半坐在椅子上，无精打采。双手背后虽然对坐正听课有些作用，但学生易感到疲劳，学习起来不方便。所以听讲不必将手背后，学生自己选择合适又便于学习的位置将手放好即可。坐姿的规范要求是：脚放平，手放好，眼看前。

（4）拿书。课堂上学生应该怎样拿书呢？总拿在手里容易疲劳，放在桌上不利于朗读。这方面的规范应是：朗读时双手将课本拿好，要立着放在课桌上，距眼睛一尺远。听讲及默读时课本翻到相应页面平放在桌面上。

（5）举手。课堂举手也要规范，但要灵活一些。一般问题举手发言；有些独立思考成分大、以谈个人想法为主的问题可以抢答，畅所欲言，各抒己见。凡要求举手回答的问题，教师提出问题，可举起右手向学生示意。对允许抢答的问题，教师也应该用约定的手势向学生示意，使学生明确哪些问题需举手回答，哪些能抢答。

（6）文具。有的学生在课堂上玩文具，影响注意力；有的学生乱拿乱放，该用时找不到，耽误学习。因此应有以下规范：待老师讲明学习任务、要求之后，学生轻轻打开文具盒，拿出所需的文具，用完及时放回去。

课堂学习规范不限于以上这些，从上课到下课，学习过程中通常还要做哪些事，学生怎样才能把一件件事做好？对这些问题，教师要全面、细致地考虑分析，制定出一套课堂学习规范，使教有章法、学有规范。

开始训练时，学生可能会感到不习惯，教师可能感到麻烦。这时要千万注意，教师不能中途放松要求或撒手不管。不能第一天紧，第二天松，第三天放任自流，而要持之以恒。教师发现学生在遵守学习规范方面有了进步就要表扬，及时给予鼓励。这种强化，一方面会使学生把取得的成绩巩固下来，另一方面又会激起学生进一步做好的愿望。在表扬时也可以把做得比较好的学生树立成榜样，号召其他同学向他们学习，开展竞赛，这有助于学生尽快建立学习规范。

如何训练学生良好的日常行为规范，下面这位教师讲述的做法有一定的借鉴意义。

这次接到新的班级，我先对学生进行细致的观察，按照《小学生日常行为规范》，根据他们的薄弱环节、班级劣势制定班级行为规范细则，然后打印出来，人手一份；全班同学逐条对照学习，找出差距，明确自己努力的方向。我还借助儿歌、选择激励性的小符号、树立学生中的好榜样等一系列的措施，规范他们的行为。每个学期，我都采用不同的激励措施进一步巩固、规范学生的言行。比如脸形激励、成语奖励、小队长的评比、“我与小树一起成长”等，都收到了很好的效果。

## 四、适当运用惩罚

适度的惩罚是必要的，惩罚是教育的一个重要组成部分；必要的惩罚，是让一个人健康成长必不可少的营养剂。孩子从小在一片赞扬声中成长，固然对树立信心有好处；但是一个人如果没有受到过惩罚，他也会禁不起挫折，不能敢于承担责任。在孩子犯错的情况下，对其进行适当的惩罚是必要的，但一定要在尊重孩子人格、维护孩子自尊心的前提下进行。下面这位教师的做法对我们很有启发。

### 我是这样“惩罚”孩子的

陈　强

今天我到校特别早，一进教室就催孩子交作业。“老师，我忘带签字条了……”“老师，我的作文本忘带回家了……”“老师，我的作业忘签字了……”我仔细数了一下一脸无奈的孩子，一共14人，占了班级总人数的三分之一。怎么办？我在脑海中迅速翻腾着这个问题：典型的丢三落四毛病！一时的数落很难奏效的，意识要靠强化，习惯要靠训练。第二天晨会课上，我“惩罚”了那些“忘事”的孩子——反复背诵“每日四问”内容三遍。

“我的今日事今日毕了吗？——我的习惯养成了吗？——我的学习进步了吗？——我的身体进步了吗？”

现在，每节语文课上课前，我都会让孩子们来一段“每日四问”。为了进一步巩固“战果”，我又为他们准备了一段“我的独白”：

我是一个好人，我理应受到善待和尊重。我是独一无二的，我富有创造的天赋。我会确定目标并能达成它。我能解决问题。我很强壮且有能力。即使我现在显得并不伟大，我也感觉良好。我对自己很有耐心。我会处事。我会应对困难。我期盼自己表现最好。我很勇敢并且勇气十足。我相信自己。我不害怕。

如果有梦想，就一定能实现。不要找任何借口！用行动实现梦想！

每次班会课上或者有调皮的孩子犯事我都会让他们把上面的内容诵读一段。事实证明上述的“惩罚”措施（或者叫“心理暗示法”）很有效，孩子们乐意接受这样的“惩罚”，我们的班集体始终充满蓬勃向上的朝气。

惩罚手段不能滥用，更不能体罚学生。通常应该把握下面的基本原理与原则。

（1）惩罚是一种辅助手段，应以爱心为前提。

（2）惩罚的有效性取决于师生的关系，如果教师与学生已经有了积极关系，惩罚比较有效。

（3）惩罚必须及时，惩罚必须紧跟在违反纪律之后马上进行，不要等这种错误行为加重后再惩罚。

（4）惩罚时，应该让儿童明确、了解他为什么受到惩罚。

（5）惩罚形式应当灵活多样，切忌千篇一律，这可以使学生产生不同的压力体验。

（6）一般来说，对于违反纪律的学生，如果事件的影响不大，那么私下惩罚要比公开惩罚好。

（7）惩罚要讲分寸，用起来恰到好处。惩罚教育，应考虑不同年级、不同个性学生的差异。

（8）惩罚的方式方法有很多，通常不宜采用严厉冷酷的批评，更应坚决避免“体罚”“财罚”“脑罚”“辱罚”等。

（9）初次犯错误有悔改表现的学生不适宜惩罚。

（10）学生动机良好而出现过失的，另外，犯错误没有认识其行为危害，或抵触情绪较大时，惩罚也应暂缓使用。

**【附件】**

**各国教育惩戒相关规定**

美国：美国有23个州规定了学校可以对学生实施体罚，但法律还对体罚规定了许多明确的细则。

- 学年开始时，家长和学校签订一份声明，表明是否同意对学生实施体罚。

- 必须在其他教育方法都无效的情况下才可以实施体罚。

- 不许当着其他学生的面体罚某个学生。
- 体罚时必须有证人在场，以确保体罚依法进行。
- 刚刚与要受罚的学生发生过冲突的教师不得实施体罚。
- 体罚必须考虑学生的性别、年龄及身体状况。
- 体罚时必须打孩子身上肉比较多的地方，比如屁股。

瑞士：瑞士对学生要求很严格，如果有人无故旷课，瑞士法院就要对他提起诉讼，因为学习是学生应尽的义务。对旷课的学生，一般都要处以罚款。

法国：法国的中学对学习极差的学生，经班级理事会（成员由校长、教务长和该班所有任课教师组成）决定可给予留级处分；犯了严重错误的学生会受到开除处分；对于打架斗殴、迟到、旷课等小错误，犯错者将受到节假日必须到学校反省或做作业的处罚。

英国：在英国，教师对学生惩戒权包括罚写作文、周末不让回家、让校长惩戒、停学。英国小学生如无故旷课，不仅会受到严厉批评，还将对其父母处以5 000英镑以下的罚款。教师体罚学生方面，一些地方教育部门规定了具体要求，如所用鞭子或皮带必须是符合认可标准的、必须有惩罚记录、对年龄在8岁以下的儿童禁止体罚、打手心每双手不得超过3下、鞭打男生臀部不得超过6下等。

新加坡：根据新加坡关于体罚学生的《指导原则》的规定，在辅导、留校的惩戒方式不能奏效后，校长、副校长和纪律事务长有权用藤条对违规学生进行体罚，但对象仅限于男生，部位仅限于手心和臀部，而且必须有见证人在场；体罚后写出书面报告，并立即通知家长。

澳大利亚：在澳大利亚，有一些公立学校设立了警戒室，学生违反了校规校纪，会被叫到警戒室，由专门的教师依照不同的情况采取不同的方式进行惩戒；或者被送到农场从事体力劳动；最严重的是开除，如果再不起作用，就会被送到特殊学校。

# 主题十六　和谐有序的课堂是高效的保证

## ——课堂有效性与课堂纪律管理

课堂纪律是一堂课是否高效的关键！一个嘈杂的空间和一个安静的空间哪个更能让人思考？毋庸置疑，一个安静的空间更能让人深层次的思考。40分钟时间里让孩子安静地坐着，竖起耳朵、睁大眼睛，手中握笔算一算、听一听……这样学起来更快、更好！

【问题呈现】

### 我真的是黔驴技穷啦

• 今年新接了一个一年级的班级，男生比女生多出12个，而且个个都有着旺盛的精力，调皮得无法无天。我想了很多的办法，“软”的“硬”的都试过了，可是情况还是很糟糕。每天的课程语文、数学还能坚持上完，其他的课程纪律很差，而且课间经常有学生打闹、放学路上行走纪律不好……总之能出现的状况在这个班里都出现了。我真的是黔驴技穷啦！有没有什么好的方法，能培养优等生的日常行为习惯，能使浮躁的班风变得踏实、上进、认真？帮帮我吧，真是愁死啦！

• 在课堂教学中，我们经常目睹这样的现象：上课铃响了，老师已站在教室门口，可教室内依然人声鼎沸，学生们议论纷纷；任课老师在讲台上讲课，台下依然是议论声不断，回头、做小动作者比比皆是。

• 今天我听了一节一年级的语文课，学生在课堂上的表现让我头疼。前10分钟，他们还能听从老师的安排，渐渐地，课堂开始混乱、开始嘈杂。有的开始和同桌吵闹，有的开始自顾自玩耍，有的自言自语，有的干脆把脸藏在书本后面……集体读生字的声音越来越轻、鼓励的掌声稀稀落落。课堂像个大口袋，学生躲在里面，胡乱挥拳，口袋东鼓一块西鼓一块，像麻花一样扭来扭去。

【问题分析】

## 学生课堂不良纪律行为的分析

建立高效课堂不仅要研究如何“教”，还要研究如何“管”。课堂管理不仅是一门科学，也是一门艺术。课堂教学不仅是教师讲授知识的过程，也是教师发挥自身主导作用、实施课堂管理的过程。教师既要教好，又要管好，要在讲授过程中，驾驭课堂之局，实施组织、调节、控制，建立规范、良好的课堂秩序，以顺利实现教学目标。

什么是课堂纪律？一般来说，纪律有以下三种基本含义。

- 纪律是指惩罚。
- 纪律是指通过施加外来约束达到纠正行为目的的手段。
- 纪律是指对自身行为起作用的内在约束力。

这三层意思概括出了纪律的基本内涵，同时也反映出良好纪律的形成过程是一个由外在的强迫他律逐步过渡到内在自律的过程。

所谓课堂纪律，主要是指对学生的课堂行为施加的外部控制与规则。良好课堂纪律的形成，不仅需要强制性的规则，更需要学生的自制与自律。因此，教师在提出课堂行为规范、进行外部控制时，要注意培养学生遵守纪律的自觉性，帮助学生自觉遵守纪律。

### 一、学生课堂不良纪律行为的表现

英国心理学家瑞格对学生的课堂纪律作过较为深入的研究。对学生在课堂教学中不良纪律行为的表现，瑞格等人对 1 020 个课堂片段进行了分析。他们是从上课开始的 20 分钟到 25 分钟进行观察的，这段时间恰恰是在课堂教学进行到三分之二，学生的生理因素和心理因素急需调节的时候。调查分析结果如下页表所示。

**最普遍的纪律不良行为**

| 纪律不良行为 | 百分比（%） |
| --- | --- |
| 大声说话 | 28 |
| 思想开小差 | 24 |
| 讲废话 | 23 |
| 不恰当地使用课本或设备 | 20 |
| 吃零食 | 12 |
| 随便走动 | 11 |
| 小动作 | 9 |
| 故意大笑 | 6 |
| 打架 | 5 |
| 弄坏课本或设备 | 1.5 |
| 不听从教师管教 | 1.5 |
| 欺骗 | 1.5 |
| 污辱同学 | 1.5 |
| 污辱教师 | 1 |

上表是按照纪律不良行为在课堂教学中所占百分比的多少来排列的（观察时，各选项可同时选择）。我们可以看到，大声说话、思想开小差、讲废话等出现频率比较高，而打架、污辱同学和教师的情况比较少。这说明，在纪律不良的行为表现中，纪律不良的程度并不严重。瑞格把他的研究进行归类，得出下列纪律不良的等级。

**纪律不良的等级**

| 等　级 | 百分比（%） |
| --- | --- |
| 轻　　度 | 83 |
| 比较严重 | 15 |
| 非常严重 | 2 |

看来，在课堂教学过程中，轻度纪律不良的表现约占整个纪律不良行为的三分之二，而真正的严重的纪律不良只占2%。另外，据我国有关专家研究证明，中小学生在课堂上出现的纪律问题，轻度的占84%，比较严重的占14%，非常严重的仅占2%。①

## 二、不良纪律行为产生的原因

### （一）教师方面的原因

（1）教学内容方面的原因。

没有不爱听讲课的学生，也没有所谓的坏孩子，只有讲的东西没人喜欢听的教师。某些教师所授课程内容枯燥，教学方法单一，没有将本学科内在的魅力展示给学生，久而久之使学生失去了学习该门课程的兴趣。而兴趣是中小学生学习的主导动机之一。学生因为失去了兴趣，自然兴味索然、注意涣散、我行我素，干起了别的事——课堂自然也就“乱”了。

有的教师对教学内容处理不当——或过难、或过易，有的教师讲课速度过快或过慢，这都会影响学生的学习积极性。如前松后紧或前紧后松，这给学生情绪松懈的机会，会使学生因为没事干而思想开始溜号。

（2）教师教学方法方面的原因。

有的教师不认真备课，不采取措施去激发学生的学习积极性，教学方法千篇一律，死板单调、枯燥无味。教学水平低，没有吸引力，尤其教师的“满堂灌”的单调刺激，唤不起学生学习兴趣，学生于是交头接耳、搞小动作，注意力分散。

在组织教学中，有的教师不能掌控好上课时间，学生们情绪尚未稳定下来、注意力尚未集中，老师就仓促开课，这就容易造成教师在一片吵闹中上课，效果当然不会好；还有的教师利用上课时间收发作业本，人为造成混乱。如有位教师一开始上课就收学生的作业或发作业本，教师对一个男学生说：“这本子很薄。”“是的。”“怎么会变薄的?”“我在

① 徐世贵. 素质教育与优化课堂设计［M］. 大连：大连出版社，1998.

本子上画画了，涂过后就撕掉了。”另一个男孩说：“老师，他把本子作手纸用了。”教室里一阵喧嚣，学生们大声议论这本作业本的事。这样一来至少15分钟后才能正式上课。

（3）教师课堂组织不当方面的原因。

教师对学生态度生硬、急躁粗鲁、主观武断，或者用尖刻的语言讥讽、侮辱、谩骂学生，或者采用体罚和变相体罚对付学生，从而引起师生关系紧张，激起学生对教师的反感和对立情绪。而压制、恫吓、挖苦、威迫的做法很容易激起学生的对抗心理，会引起学生更多的课堂不良纪律行为。

另外，同一班级的任课教师之间不协调、不配合，对学生要求不一致（尤其是班主任和科任老师协调不好），这容易造成学生管理上的松懈。

教师缺乏课堂教学组织管理能力，不善于维持课堂教学秩序，不善于处理学生违纪行为，往往使矛盾激化、事态变大。

（4）教师作风方面的原因。

实践证明，相当一部分学生的课堂纪律问题是由教师的教学态度不当引起的。如有的教师上课迟到，工作懒散，组织教学不利，或不注意自己的仪表和风度——衣着不整、举止不文雅、动作不规范，等等。

### （二）学生方面的原因

（1）学习困难与对抗心理。

由于先天禀赋、后天教育以及本人努力程度不同等原因，都可能会使学生出现学习成绩和能力上的差异。优等生能紧跟教师的教学步伐这不必说，学困生在学习过程中就会经常发生困难，造成失败。由于这些学生长期得不到老师和家长的正确引导，老师的冷遇、同学的歧视、家长的打骂，使他们产生对抗心理。他们对失败很恐惧，由此变得愤世嫉俗——在课堂上有时表现出玩世不恭的态度，有时故意和老师作对，甚至报复。由于他们自尊心长期被伤害，对老师说的每一句话、做的每一件事又特别敏感，心中有“防御工事”，因此一旦老师“触犯”了他们自尊心，为了在同学面前保持面子、维护尊严，他们就会爆发，这样师生在课堂上的一场冲突就不可避免。

（2）学习习惯与方法。

有的学生在课堂上不能遵守学习规范和纪律是因为没有养成良好的学习习惯。每每上课不是在下面摆弄东西，就是前后桌说话、贪玩、精力不集中。初三学生明明就因为经常在老师讲试卷的时候找不到昨天发的试卷而受到老师的批评；而他的表现是，每每受到批评时还是不疾不徐，对老师的批评置之不理，这就越发引起老师的反感，师生之间的对抗时有发生。明明认为老师对他有成见，老师认为“这个学生不可救药”。师生之间的对抗直接影响了明明的学习成绩，家长和班主任都认识到这个问题的严重性。但良好的条理性绝对不是一时可以养成的。同时，我们也可以想见不良的学习习惯是形成纪律不良现象的主要原因。

有的学生是因为没有掌握正确的学习方法，学不进去，对学习没有兴趣，因此课堂上注意力分散。

（3）气质与性格。

学生在课堂上违纪与他们的性格和气质有关。研究表明，在违反课堂纪律方面虽然四种气质类型的人都有，但胆汁质气质类型的学生更多一些。他们在班里表现得急躁、粗暴、易怒、容易冲动、爱发脾气，受到表扬时扬扬得意，受到批评时又灰心丧气。他们好动，喜欢挑衅、好斗；特别是容易受外界引诱，言行容易失控。因此在班里的调皮捣蛋鬼，惹麻烦、出乱子的学生中，有许多是胆汁质气质类型的，而其他气质类型的学生违纪现象相对要少一些。

另外，人的性格又分为外倾性格和内倾性格。外倾性格的人喜欢交际，迎合热闹，寻求机会向外活动，善于猎取令他们奇异的事物，而且胆子也比较大。因此，比较而言，外倾性格的学生更容易违反纪律。

**【解决对策】**

## 教师驾驭课堂的智慧

### 一、认真备课，用好课吸引学生

保持维护课堂纪律最好的方法是认真备课，优化教学内容，用好课吸引学生。

苏联教育家马卡连柯说过：“假如你的工作、学问和成绩都非常出色，那你尽管放心：他们全会站在你这一边，决不会背弃你。相反地，不论你是多么亲切，你的话说得多么动听、态度多么和蔼，不论你在日常生活中和休息的时候是多么可爱，但是假如你的工作总是一事无成、总是失败，假如处处都可以看出你不精通业务，假如你做出来的成绩都是废品和‘一场空’——那么除了蔑视之外，你永远不配得到什么。”

凯斯道森是个新教师，讲授社会课时，为了让学生守规矩，几乎用尽了一切办法。无论是制定学生的行为量化表格还是让学生写纪律保证书，无论是威胁、惩罚还是哄骗，能够想到的都试过了，结果却令他失望。后来，凯斯道森发现，每当他采用学生喜欢的方式讲授学生喜欢的内容时，学生总能够集中精力听课，维持课堂纪律也就变得十分轻松。就这样，凯斯道森不再把大量的时间和精力花在学生的行为控制上，而是把注意力转向自身：我在教什么？我用的是什么方法？在我用这些方法教哪些内容时学生没有表现出烦躁不安？有一次讲授民权运动，凯斯道森决定不再像过去那样按部就班地讲授单调乏味且远离学生生活的课本内容，而是让学生自己编写一个关于民权运动的小剧本，他和学生扮演其中的角色，师生都全身心投入进去了，几乎没有在维持课堂纪律上花费任何时间。

由此我们思考：怎样使学生遵守课堂纪律，让有趣、有用、有价值的课堂教学活动占领学生在教室里的时间？每当教师在教学上不很成功的时候，孩子就感到厌烦，课堂纪律就会变得一团糟。如果教师没有把一节课准备好，一切就会失控；如果教师能精心设计好每一节课，那么就不必为纪律问题绞尽脑汁。

正如特级教师于永正老师所说：“要精心备课，把握准教材，把教材装在心里。准备好教具，准备好教学。一旦学生安静下来，要尽可能地展示自己的特长和才能。如开头的一段话热情洋溢，板书的第一个字让学生为之赞叹，第一次朗读让学生为之感动，用丰富的表情和机灵的眼神吸引住学生，用得体而幽默的语言让孩子笑起来，用教学方法的变化让学生感到有趣，使他们注意力集中。”

**二、约法三章，有一贯的要求**

教师要与学生约法三章，用明确的语言告诉学生在课堂上不许随便说话，要注意听讲、不搞小动作，要按老师要求看书或做练习；老师提问时，回答要主动、积极、声音洪亮。并且讲清一旦违反怎样处理。有的教师怕得罪学生，管教不严，发现学生明显违犯课堂纪律仍视而不见。长此以往学生就会不拿老师当回事儿，课堂纪律会越来越糟。

说话算数，言而有信。老师在班上说的话、给同学们的许诺，一定要兑现，哪怕是罚学生的规定。这是为了让学生知道，老师是严格的，是说到做到的；老师的话不是开玩笑，也不是儿戏。

**三、包容缺点，控制情绪**

据统计，一个学生受完普通教育要上完一万节课；一名小学生90.48%的在校时间是在课堂上度过的。可见，课堂教学是中小学生生活的主要内容，占据了他们学生时代的大部分宝贵时间。因为青少年儿童的好奇好动的天性，乃至不成熟的心理，学生课堂出现这样那样的违反纪律的行为也属正常，关键是教师能否有广阔的胸怀来包容和妥善处理。

有位参加工作时间不长的新教师，心情本来就很紧张，生怕出意外。可是越怕越出事，刚上讲台，全班同学就哄堂大笑起来，笑声中夹杂着“真像”“像极了”“多像啊”等闲言碎语。她在茫然失措时，发现黑板上有个很大的女人头像，高高的眉骨、翘起的鼻子，加上作者在特征处明显的夸张一笔，一眼就可以看出画的是她自己。她顿时觉得面孔胀得发疼、窘迫极了。遇到这种情况教师通常的做法是发一通火、追究责任，可是这位老师控制住了自己的情绪。她在同学们猜不出她如何处理这件事的时候，真诚地鼓励说：“画得多好哇！确实像；这位同学应把这一特长发展下去。”接着她打开教案，若无其事地开始上课。后来画像的作者问老师为什么不急不气，这位老师回答说：“因为我是老师，我更知道尊重的意义。”那位同学为此向老师道了歉。

这件事告诉我们，对学生的恶作剧，教师应该有一个比较宽阔的胸怀，并尽可能利用它对学生进行思想教育。如果斤斤计较、睚眦必报，那么势必影响教师的形象，影响师生关系。

一位中学教师深情地说：“踏上讲台以来，我深切地体会到教师这一职业的艰辛。在日常的教育教学中：无论你是否有精神，走上讲台，你就得有精神；无论你是否愿意，跨上讲台，你就得乐意；无论你是否有病，站上讲台，你就得没病；无论你在生活中遭遇了多大的不幸，涉足讲台，你就得掩饰你的不幸。因为，你面对的是一张张稚气可爱的脸，几十个颗纯真无瑕、求知若渴的心灵。这一切都缘于你是一个教师，你有一个跟别人不一样的人生，这就是教师的境界。”

那么，教师的境界究竟应该体现在哪里呢？用一颗无比宽容的心去对待学生，包容他们的缺点、控制自己的情绪。包容他们是因为他们是孩子，控制自己是因为我们是大人，而且是特殊的大人——教师。更重要的是，成长中的孩子，他们的每一个不良的做法和举动都极有可能因为我们做老师的一个轻率的做法而对他们的一生产生极为不良的影响。所以，教师在课堂上的包容和理智在解决课堂纪律问题上显得尤其重要。

**四、顾全大局，个别处理**

有些学生平时养成了在课堂上说话、搞小动作甚至捣乱的坏习惯，一下子制止住很困难。特别是对一些特别顽皮的学生，一般不宜和他们在课堂上发生争执，而做课下的个别工作就显得尤为重要。对于这些学生最好是和他们谈心，心平气和地讲道理。由于受“应试教育”的影响，有些老师只抓学生的学习，只重视学生的成绩，而忽视了对学生心理的关注，不能从心理上关心、爱护学生，不能够满足学生一些合理的心理需求；有些教师对待“优生”“差生”不能一视同仁。这样，久而久之，必然造成师生间感情上的隔阂甚至对立。有些学生就会制造一些

"小麻烦"，故意气老师——"乱"就不可避免了。

在课堂教学管理中，作为教师最忌讳的莫过于和学生正面发生冲突——或争吵、或对骂甚至对打。这种"热处理"其结果往往是两败俱伤。一是受教育者一时难以接受教育；二是整个课堂教学会受到冲击，影响正常教学；三是影响教师形象，使其威信下降。所以，教师在课堂管理中应坚持"冷处理"的策略。其实课堂上的学生是很难"斗"的，因为，在课堂上教师往往为了维护"师道尊严"而"寸土不让"，而很多学生，尤其是淘气的"学困生"更是把自己的"面子"看得比生命更重要。有的教师在处理课堂教学中的纪律问题时，充分表明对全体同学的尊重，从不影响给全体同学讲课的大局出发，这样既可以保留自己的面子，也可以给淘气学生反思和缓冲的空间，实际操作效果极佳。这就是"冷处理"。所谓"冷处理"即教师在处理学生课堂纪律不良行为时，尤其是师生发生冲突和矛盾时，教师首先冷静下来，不和学生争斗，或搁置矛盾、或转移注意，待事后双方心平气和时再做处理。

从心理学上说，激情是人的心理现象，是情感的一种特殊表现形式。它是受到某种强烈刺激、猛烈爆发而又短暂的情绪。如暴怒、痛哭、狂笑等。人在爆发激情时理智下降，自制力降低。因此人在这种情况下最容易冲动，干出傻事。所以，课堂上常常会发生学生骂老师或者老师打学生的情况，这多半是师生爆发了激情、双方火气太大所造成的结果。

所以，有教育经验的教师不会轻意去触发学生的激情，一是尊重学生人格，不讽刺挖苦、体罚学生，不用过激的语言去伤害学生，批评教育讲分寸、场合、地点。二是一旦学生出现了激动的情绪，马上就冷静下来，力求缓解矛盾，而不是给学生火上浇油；不在火头上和学生争高低，一定要等他们情绪稳定下来、心平气和时再去做工作。

"冷静是智慧的源泉，急躁是无能的表现，火气一来智慧就走开了。"教师在课堂管理上一定要遵循冷处理这一策略。教师不能和学生在火头上争高低，无论遇到什么样的问题，盛怒之下，注意克制自己，冷静再冷静。这正是“人类灵魂工程师”的教育艺术之所在。

与此同时，值得一提的是，教师在处理类似问题时一定要注意，“顾全大局”不是无能，无原则的让步同样会损害教师的形象。维护教师的尊严不仅是顺利进行课堂教学的需要，也是学生听好课的需要，更是保证整个学校和所授课班级纪律的重要一环。在遇到类似纪律问题时，教师要抓住“首次效应”，通常一个班级在课堂纪律上的问题，往往是在首次出现这一问题时没有得到及时的纠正或者是教师处理不当造成的。第一次出现某一现象，比如教师板书时学生在下面偷偷讲话，那么，教师就要及时讲清道理，讲清为什么不能这样、有什么危害以及出现类似问题将如何处理。首次出现的问题如果及时纠正和解决，后续的问题有时就不会出现了。另外，教师在出现这类问题时也可以采取“得理不让人”的办法。也就是说，抓住一个自己特别有“理”，而违纪学生没有一点反击借口这样一个时机，借助学生舆论，教师从严密的语言攻势、严肃的态度、不可置疑的语气，甚至不惜“剑拔弩张”，力争“不战而屈人之兵”。以后，类似问题便不会再出现了。当然，选择“发作”的对象很有学问，教师必须保证可以“一招致敌”；同时，选择发作时机尤其重要，那就是必须有理，而且，教师本身说法和做法要“无懈可击”。

“急风暴雨式”的发作其实是为了“一劳永逸”，“得理不让人”后的教师形象会得到提升，以后，学生想违纪也要加倍小心了！

## 五、运用暗示法组织教学

### （一）表扬暗示法

这里说的暗示是采用语言形式间接的暗示。也就是说，当教师发现有的学生思想“溜号”时，不直接批评思想“溜号”的学生，而是表扬全班同学，或者表扬比较好的学生，从而对思想“溜号”的学生发出警告。例如，一位老师发现一名同学课堂上摆弄小刀，他对同学们说：“现在同学们的注意力都很集中，没有一个同学搞小动作。”那位同学听了老师的话以后，立刻把小刀收了起来，专心听课。要经常对学生说类似下面这样的话，使表扬有实质性，班级纪律就会有明显好转。

“第二组同学坐得最端正”。——如果班级里某个角落出现“骚动”。

“王磊的眼睛一直看着老师”——如果他的同桌宋景胜走神了，或回头说话。

“只有程章在认真书写！”——当写字课同学们议论纷纷时。

这比直接点名批评要好得多！表扬和鼓励是伟大的教育法宝，因小时候做成功了某一件事受到表扬而立下志向并最终成为专家学者的，不乏其人。

表扬暗示法有很多的好处。首先，因为表场暗示是间接的暗示，首先这不仅不会伤害受暗示的学生，而且会使受暗示的学生感激老师。他会想：天啊！老师发现我了，但没有批评，给我留了面子，以后我可要注意点。其次，采用表扬暗示法对表现一般的学生可能是一次调整，而对表现好的同学是个鼓励和强化，他们会做得更好。再次，采用表扬暗示法会使课堂不受冲击，节省时间，表面看起来不留痕迹；这样“无声的命令”实际却完成了课堂教学的组织任务。实践证明，这种做法对女同学或性格内向的同学效果更好一些。

当然，采用表扬暗示法也要看具体情况，必要时也可由表扬暗示转换为批评暗示。例如，已经上课了，但还有一名学生在下面玩，经表扬暗示不见效果，这时就可转用批评暗示，比如说：“现在全班大多数同学都已坐好了，还有一名同学没有坐好。”这种暗示性的批评应该能得到预想的效果。

（二）示目暗示法

示目，就是教师用目光注视着学生。这种暗示是教师直接用表情、动作向学生暗示。当教师发现有的学生在课堂上思想溜号时，不改变正常教学，而是抽出空余时间，用目光注视那个学生，从而让那个学生觉察到老师已经发现自己思想溜号，并从老师的眼神上看到已对自己不太满意，这种以目传情的直接暗示法能使思想溜号的学生马上把注意力集中起来。

值得注意的是，教师采用这种示目暗示法，需考虑用什么样的目光。示目是注视而不应该是瞪。如果老师怒目而视，从眼睛发射出凶狠、严厉的目光，这种暗示就可能适得其反，造成学生的逆反心理，学生会想：你老师愈是对我凶狠、严厉、冷冰冰的，我愈是不听你的，我非气气你不可。这下可就糟了。教师注视学生的目光，应该像父母对待儿女一样——恨铁不成钢，目光里应该暗含亲切、遗憾、责备、期待的感情。这样就可能使学生愉快地接受老师的暗示，把注意力集中起来。

（三）语调暗示法

在课堂上，教师的语言对学生来说是一种刺激。假如教师在课堂上改变惯常的语调，突然在不应该停顿的地方停止，或不正常地延长停顿时间，或者特别加重了语调，这往往都会引起学生的无意注意，从而收到“此时无声胜有声”的效果。根据这个道理，当老师在课堂上发现学生思想溜号时，就可以充分利用强调暗示法向思想溜号的学生发出暗示，使其立刻警觉到老师为什么不讲了，心想：是不是发现了自己没有注意听课……由此马上会振奋一下精神，注意力集中起来。

语调暗示法实际上也是教师通过言语形式间接地向学生发出的暗示。教师使用这种方法时，可以同时配以动作来实现暗示（这是一种直接暗示）。当教师发现有的学生思想溜号以后，不改变正常教学，用接近他的办法向这个学生发出暗示，从而使他把注意力集中起来。例如，老师正在读课文，如果发现某个学生在下面搞小动作，教师可表面上不动声色，一边读课文，一边向搞小动作的那个同学走去，这种接近暗示虽不是指名道姓的批评，实际也会使学生感到“老师发现我了”，他会马上把注意力集中起来。教师运用这种方法的时候，还可以根据思想溜号的学生作出的反应而临时决定走到哪里站住。如果走到中途学生已经把注意力集中起来了，就不一定非走到学生的跟前；如果学生在教师走到他座位前面时还没有反应，这时教师就可以站住滞留一会儿，直到学生把注意力集中起来为止。

低年级学生年龄小，有意注意的时间不长，在课堂上要注意随时维持纪律。王正芳老师说："我比较多的使用喊口号的形式来引起学生的注意。如"一、二、三，坐端正"，教师说前面的"一、二、三"，学生边坐好边回答"坐端正"。再如，"小眼睛——看老师，小耳朵——听老师，小嘴巴——闭闭拢"，教师说"小眼睛"，学生齐声说"看老师"；教师说"小耳朵"，学生齐声说"听老师"；教师说"小嘴巴"，学生齐声说"闭闭拢"。在这个互动过程中，学生分散的注意力能马上集中起来。

（四）提问暗示法

提问暗示法是教师通过提问向学生直接发出的暗示。例如，在课堂上，当教师发现有的学生思想溜号时，有意让他站起来回答问题，或者是重复及补充别人的发言。这种暗示是具有惩罚性的，它可以使学生体验到课堂上不注意听讲会带来的不良后果，从而可暗示他要在以后的课堂上把注意力集中起来。但是这种方法不宜多用。特别是不要把这作为管理学生维持课堂纪律的主要方法。教师如果只要发现学生课堂不守纪律就提问，频繁的提问会造成师生的对立，使学生产生逆反心理。他们会想："老师你不是愿意提问我嘛！那么，我站起来就一言不发言到头了。"所以运用这种暗示方法要注意掌握"火候"。此外，既然让学生站起来了，就要让学生把问题回答好，但千万不要一看到学生没有把问题回答好就幸灾乐祸，连讽刺带挖苦地训一顿，这不仅会打乱学生回答问题的思路，而且会激起学生对老师的反感，及至造成对立的情绪。

当然我们主张教师在处理学生课堂思想溜号的问题时多采用暗示的方法，主要是因为这种方法保护了学生的自尊，同时也不影响课堂进度。但这并不是说这种方法是组织教学的唯一方法，也不是说教师在课堂上完全可以不用点名批评的公开教育，在有些情况下，点名批评、公开教育也是必要的。例如，有的学生在课堂上思想溜号到了极为严重的程度，教师采取多种暗示方法均不能奏效，而从发展的趋势来看愈演愈烈乃至影响周围同学的时候，教师要以明朗的态度点名进行批评。但是批评必须讲究方法，不要发火，坚持说理，语言讲分寸，说服恰到好处，不乱扣帽子，让学生领会到老师的批评是善意的、应该的，自己确实违反了课堂纪律。而对那些在课堂上已经确实难以控制的学生，可以暂时让他到办公室里去，等待课后处理，而千万不要在全班学生面前和他争执。

## 六、适度的惩罚

为了维持课堂纪律，一定的惩罚也是必要的。惩罚是教师有意识地使学生经受不愉快的体验，以影响和改变学生行为的一种手段。惩罚的目的是为了制止或阻止违纪行为的产生和重现。所谓“杀鸡给猴看”，一般情况下不搞集体惩罚。惩罚的方式有这样几种：一种是暂时中止违纪学生参加所喜欢的课程的学习。如微机课和体育课都深受学生喜欢，一旦中止违纪学生参加此类活动，而眼看着其他同学跃跃欲试的快乐，他们将会对自己的做法进行反思，因而也会收敛自己的违纪行为；另一种是否定型，即对违纪学生当众批评、教训或让其课后留下来等。但在运用惩罚时，教师必须让学生明白，惩罚的是违纪行为，而不是针对学生。

提高教师的自身素质也很重要。课堂中的纪律状况往往与教师给学生的印象、教师在学生中的威信及教师处理问题的方式等密切相关。别看小学生年龄小，可“心眼”还挺人。为了维持纪律和进行课堂管理，教师要不断提高自己在思想方面的素养水平，热爱本职工作，对工作充满信心，情绪饱满地投入教学；热爱学生，与学生建立融洽的关系，并注意有时应站在学生的角度看问题，妥善处理违纪行为。这样就会收到良好的教育效果。

关于是否要“处罚”的问题。在“课堂规则”实施的过程中，难免会有违反的，不外乎两种情况：一种是无意的，大多是因为忘记了规则。对这类“违规”的学生，教师只需时常提醒，他们便能主动改正，毕竟好的“规则”是有利于每个人的，因此也就没必要“处罚”了。另一种是故意的，表面上看似乎是专门针对“规则”故意违犯，而经观察分析，就会看出这类学生“违规”的背后一般都有另一种目的：他们要么是所谓学习上的“差生”，被教师忽视；要么和同学关系不好，没有什么朋友，在品行上有些“问题”，被多数学生孤立；要么在生活和心理上存在“困惑”和“压抑”，寻求排遣和发泄；等等。这些学生“违规”行为的本质不是在于抗议“规则”，如果一味“处罚”他们，等于隔靴搔痒，治标不治本，有时甚至还会雪上加霜。教师应当把精力花在课堂之外多去关注、关心和帮助这类学生上，只有化解了他们在生活、学习、心理上的“问题”，在课堂上他们才可能遵守“规则”。当然，这类学生毕竟是少数，教师不能因为个别学生的“特殊情况”而否定了“规则”对大多数学生所起的作用和带来的好处。处罚是手段，如果能达到教育的目的，是可以用的；如果用得不好，就可能起反作用。所以，处罚手段要慎用！

对自觉性差的学生，可把他调到离老师近的位置。对此，处理要果断，快刀斩乱麻，不必说为什么。最不得已的手段是惩罚——如罚他停课。但最好不要在上课时请他到办公室去，那样做，容易闹僵——碍于面子，他硬不去，老师会很尴尬的。最好当众说：“××同学，下节课你必须到办公室去，因为你太影响大家了，这是老师迫不得已作出的决定。”课间休息时，再把他请到办公室。

如果还有人说话，甚至打闹，则用一种期待或者严厉的目光“盯”住他，无效，就点出姓名，并指出他仍在做影响大家上课的事。再无效，要迅速地走到他跟前，请他站起来，严肃但措辞文明地告诉他，之所以请他站起来，是因为他无视课堂纪律，影响了别人学习。必要时，要把这些学生的名字写在黑板上，但不能指责，更不能挖苦，学生知道老师这样做的意思。上课开始，就要和学生约法三章，说明上课应该认真听、动脑思考，积极提出和回答问题、眼睛要始终注视着老师以及违反了老师要怎样处分等。

总之，任何手段和方法都服务于目的，只要是能为顺利地进行课堂教学服务，能有效制止学生的课堂违纪行为，那么，任何手段都可以尝试。但是，有三大问题一定要注意：一是不能以伤害学生的身心健康为代价；二是一定要让学生感受到，你的批评是为了全体同学的进步或者是为了他本人的成长；三是千万不要以发泄教师个人的不满情绪为目的进行管理。注意了以上三个问题，我们在课堂教学中可以尝试的管理办法就更加多样性了。

【附件】

### 关注课堂管理 16 条细节

（1）从学生们有兴趣的话题开始讲。

（2）少讲多学，不搞灌输式的教学。

（3）试着把学生当成自己的孩子。

（4）不要用敲打讲桌的方式平息教室内的喧闹声或提醒学生集中精神。

（5）不要因一点小事就生气地离开教室。

（6）不要用大声吼叫的方式批评学生。

（7）不要在全班学生面前轻易点名批评甚至羞辱学生。

（8）不要在学生犯错误后动不动就通知家长。

（9）不要在批评学生时翻旧账。

（10）不用过激的言辞夸大学生的缺点和错误。

（11）不用轻蔑的言辞或表情对待学生。

（12）不把学习成绩作为评判学生的唯一标准。

（13）不在批评学生时涉及学生的生理缺陷或家庭背景。

（14）不把不良情绪带到课堂中。

（15）不忽视学生身上的任何闪光点。

（16）不迁就学习成绩好的学生的小过错。

# 后 记

教育的成功在教师，教师的成功在课堂。笔者对课堂教学的研究由来已久。1993 年受省教育厅委托主编了《中小学应用教学论》，后来成为全省的培训教材；1998 年出版了《素质教育与优化课堂设计》，发行到全国各地，成为当年的畅销书；2000 年出版了《怎样听课评课》，此书一经出版立即引起广大教师和校长的极大关注，一个时期许多书店把此书列为畅销书之首；2003 年出版了《新课程实施难点与教学对策》，这本书出版后被全国许多地区和学校纷纷作为教师培训教材，后来也成为当年的畅销书。正是沿着每个研究台阶拾级而上，使笔者加深和拓展了对课堂教学规律的认识。

从 2010 年开始，笔者应邀先后去北京、天津、河南、河北、浙江、四川、贵州、内蒙古、黑龙江、吉林等十几个省市自治区讲学。讲授的内容均是围绕“提高课堂有效性，建构高效课堂”这个主题。因为有了一些积累和思考，加之有实验基地校的实验研究体会（一所小学、一所初中），于是写了这本书。本书的出版并不表明笔者多么高明，只是因为工作在基层，熟悉教师，了解课堂，同时也是多年的教研、科研、培训给了笔者研究的空间和创作灵感。

没有理论指导的实践是盲目的实践，但是脱离实际而又空洞的理论是难以指导实践的，是无用的理论。笔者一直追求重实际、重实践、重实用、重实效的教科研研究目标，希望能给教师和校长更实际的帮助，但只可惜，现在我们的教育实践离笔者所追求的目标差距还很大。限于水平和时间仓促，书中一定会有很多疏漏乃至错误之处，恳请读者不吝指正。

徐世贵

（电子邮箱：xsg9626@163.com）